Sabine Schöneich

Schwierige Schüler?

Wie Lehrer und Schüler besser zusammenarbeiten

Über die Autorin:

Sabine Schöneich, Jahrgang 1962, geboren und aufgewachsen in Hamburg, ist Lehrerin, individualpsychologisch-pädagogische Beraterin und Supervisorin.

Der Verlag hat die Bild- und Textrechte für diesen Band gewissenhaft ermittelt. Sollte uns dabei ein Fehler unterlaufen sein, bitten wir die tatsächlichen Inhaber der Nutzungsrechte, sich bei uns zu melden, damit wir das übliche Honorar nachzahlen können.

Das Werk und seine Teile sind urheberrechtlich geschützt. Jede Nutzung in anderen als den gesetzlich zugelassenen Fällen bedarf der vorherigen schriftlichen Einwilligung des Verlages. Hinweis zu § 52a UrhG: Weder das Werk noch seine Teile dürfen ohne eine solche Einwilligung eingescannt und in ein Netzwerk eingestellt werden. Dies gilt auch für Intranets von Schulen und sonstigen Bildungseinrichtungen.

Lektorat: Cornelia Matz

© 2011 Beltz Verlag · Weinheim und Basel
www.beltz.de
Herstellung: Lore Amann
Satz: Druckhaus »Thomas Müntzer«, Bad Langensalza
Druck: Beltz Druckpartner, Hemsbach
Umschlaggestaltung: glas ag, Seeheim-Jugenheim
Umschlagabbildung: © Human Touch Photography, Wilbert van Woensel
Printed in Germany

ISBN 978-3-407-25670-6

Schöneich · Schwierige Schüler?

Inhalt

Vorwort 7

I. Teil

1. Schüler fordern uns heraus 10
2. Ballast über Bord werfen 16
3. Mutlosigkeit erkennen 23
4. Eine Atmosphäre mit gegenseitiger Achtung 29
5. Wie man in den Wald hineinruft, so schallt es heraus? 38
6. Verhalten ist zielgerichtet 48
7. Unser Resonanzkörper 57
8. Die ganze Klasse in ein Boot 63
9. Ein Adlerauge für wertvolle Momente 76
10. Auf eigenen Füßen stehen 83

II. Teil

11. Wie man einer Kampfherausforderung begegnet 90
12. Aufdeckende Gespräche: Blockaden auflösen, Weichen umstellen 101
13. Geschichten und bunte Klötze 111
14. Einbeziehung der Familie 122
15. Eltern (anders) verstehen 128
16. Von der Kunst, das Unerwartete zu tun 135
17. Die »selbsterfüllende Prophezeiung« 145
18. Abschied vom Perfektionismus 157
19. Mut im Doppelpack 165
20. Vom schwierigen Umlernen 173
21. Selbstreflexion für Lehrer 180

Danksagung 190
Literatur 191

Vorwort

Die Individualpsychologie war für meine Tätigkeit als Lehrerin mehr als fünfzehn Jahre lang eine große Unterstützung. So nahm für mich allmählich die Idee Gestalt an, individualpsychologische Konzepte auch anderen Lehrern zugänglich zu machen. Zwar gibt es bereits Fachbücher, die Lehrern individualpsychologische Methoden vermitteln. Dennoch finden sie – gemessen an ihren wertvollen Inhalten – bisher noch relativ wenig Verbreitung. Daher wollte ich ein Buch schreiben, das die Theorie der Individualpsychologie leicht verständlich vermittelt und zugleich genügend Praxisbezüge herstellt. Ich möchte den Leser nicht mit Fachwissen überfrachten, verfolge aber dennoch den Anspruch, sämtliche wichtige Termini und die Grundgedanken der Individualpsychologie zu erklären. Darüber hinaus möchte ich die wertvollsten Erfahrungen, die ich in der Praxis machen konnte, als Anregungen weitergeben. So entstand dieses Buch, in dem meine persönlichen Erlebnisse und die individualpsychologische Theorie eng miteinander verwoben sind.

Neben Individualpsychologen habe ich auch andere Autoren zitiert, sofern es zum Verständnis des inhaltlichen Zusammenhangs beiträgt. Ich trete grundsätzlich für eine Öffnung des Diskurses ein, damit Erkenntnisse verschiedener wissenschaftlicher Richtungen einander ergänzend zu neuen Erfahrungen und Erkenntnissen führen können. Der »rote Faden« dieses Buches bleiben jedoch die Individualpsychologie und ihre gezielte Anwendung in der Schule.

Der erste Teil des Buches bezieht sich auf Grundlagen der Individualpsychologie. Im zweiten Teil wird es um spezifische Themen gehen und darum, wie neben dem Schüler auch der Lehrer Stärkung erfahren und gelassener werden kann.

Im Laufe der Kapitel kommen viele Fallbeispiele vor. In all diesen Beispielen habe ich den Personen, von denen ich berichte, andere Namen gegeben und mitunter zusätzliche Veränderungen vorgenommen, sodass sie nicht erkannt werden können. Bei den Fallbeispielen handelt es sich oft um Gespräche, deren Inhalte und Verlauf ich eher fragmentarisch mitgeschrieben und zu einem späteren Zeitpunkt ausformuliert habe; insofern handelt es sich nicht im strengen Sinne um wissenschaftliche Arbeit. Das hat den Grund, dass es mir nicht um wissenschaftliche Beweisführung geht, sondern um realitätsnahe Veranschaulichung individualpsychologischer Methoden.

Die kursiv gesetzten Textstellen markieren wichtige Termini und Leitgedanken der Individualpsychologie. Gelegentlich habe ich die übliche individualpsychologische Terminologie durch persönliche Begriffe erweitert (und gegebenenfalls auch kursiv gesetzt), wenn es mir für das theoretische Verständnis sinnvoll erschien.

Um der angenehmeren Lesbarkeit willen ziehe ich die männliche Schreibweise »Lehrer« und »Schüler« vor; gemeint sind aber selbstverständlich ebenso »Lehrerinnen« und »Schülerinnen«.

Ich möchte dazu beizutragen, die Erkenntnisse der Individualpsychologie, die 1911 von Alfred Adler begründet wurde, weiterzugeben. Da jedes Verstehen zugleich subjektiv eingefärbt ist, möchte ich aber darauf hinweisen, dass dieses Buch auf meiner persönlichen Interpretation der Individualpsychologie beruht. Auch der Zeitraum, in dem ich meine Erfahrungen sammelte (1990er-Jahre und Beginn des neuen Jahrtausends), hat die Deutungen und Schwerpunktsetzungen meiner Arbeit geprägt.

Ich habe dieses Buch für Lehrer geschrieben, die im Umgang mit »schwierigen« Schülern positive Veränderungen bewirken wollen. Dabei hatte ich durchweg zwei Zielgruppen im Blick, denen die positiven Veränderungen zugute kommen sollen – die Lehrer und die Schüler. Beiden Gruppen kann die Individualpsychologie Wege zur Ermutigung aufzeigen. Die Kapitel dieses Buches enthalten also Konzepte und Beispiele dafür, wie sowohl Lehrer als auch Schüler ermutigt werden können. Darüber hinaus stellen berufliche Zufriedenheit und ein größerer Schutz vor Überlastung spezifische Ziele für Lehrer dar, und sämtliche Konzepte dieses Buches sollen diesen Zielen Rechnung tragen. Beziehen wir uns dagegen auf die Schüler, lässt sich sagen: Wenn es gelingt, einen »schwierigen« Schüler zu kooperativem und konstruktivem Verhalten zu führen, werden die Weichen seines Lebensweges grundlegend umgestellt. Insofern dienen die in diesem Buch vorgestellten Methoden in gleichem Maße den sogenannten »schwierigen« Schülern.

I. Teil

1. Schüler fordern uns heraus

Der Lehrerberuf stellt von Jahr zu Jahr größere Anforderungen an unser Können und unsere nervliche Belastbarkeit. Das gilt umso mehr, wenn wir Schüler mit auffälligem Verhalten unterrichten. Doch was wir am dringendsten benötigen, um diesen wachsenden Anforderungen gerecht zu werden, wird uns am wenigsten vermittelt oder mit auf den Weg gegeben: *Ermutigung*.

Was macht Ermutigung aus und warum ist sie aus individualpsychologischer Sicht so unentbehrlich? Durch Ermutigung erschließen wir die Kraft, die uns hilft, etwas zu beginnen, das uns zunächst verunsichert. Auch die Kraft, etwas durchzustehen, das uns belastet. Schließlich die Kraft, einen neuen Anlauf zu nehmen, wenn wir beim ersten Versuch noch nicht den erwünschten Erfolg haben. Ermutigung ist ebenso der Schlüssel zu allen positiven Veränderungen, die Schülern mit »schwierigem« Verhalten weiterhelfen. »Mut« beziehungsweise »Ermutigung« ist so etwas wie Doping für die Seele und zugleich ein Gegenmittel bei Stress – glücklicherweise natürlichen Ursprungs und ausschließlich gesund. Ermutigung ist das Herzstück der Individualpsychologie.

Schüler mit »schwierigem« Verhalten begegnen uns inzwischen täglich, und sie lassen sich in nahezu jeder Klasse finden. Schon die üblichen Zeugnistexte weisen uns den Weg zu diesen »schwierigeren« Schülern, denn hier tauchen oft die gleichen, sich wiederholenden Hinweise auf. Da wirken Lehrer nicht selten naiv, wenn sie einem Schüler z. B. geschrieben haben: »Du kannst dich noch nicht an Regeln halten.« *Kann* das Kind das wirklich nicht? Haben wir nicht eigentlich Grund zu der Annahme, dass es sich nicht an Regeln halten *will*? Doch spätestens bei dieser Frage würde sich ein Individualpsychologe schützend vor das Kind stellen, denn wir sollten keinesfalls dazu übergehen, negative Absichten zu unterstellen. Dieses Buch wird vielmehr verdeutlichen, dass Kindern mit »schwierigem« Verhalten ihre Ziele nicht bewusst sind, dass es andererseits aber Wege gibt, ihnen ihr Verhalten transparent und veränderbar zu machen. Außerdem haben wir durch unser eigenes Lehrerverhalten einen nicht zu unterschätzenden Einfluss auf das Verhalten des Kindes. Auch das soll in diesem Buch verdeutlicht werden.

Welches Verhalten lässt sich überhaupt als »schwieriges« Schülerverhalten bezeichnen? Hier einige typische Beispiele:

- eine Sonderstellung in der Klassengemeinschaft einnehmen
- mit Sprache provozieren (z. B. Schimpfwörter, sexuelle Begriffe)
- Regeln ignorieren
- anderen Schaden zufügen

- häufig im Unterricht den Platz verlassen und den Lernprozess abbrechen
- sich vor der Klasse so gebärden, dass man erhöhte Aufmerksamkeit auf sich zieht
- die Arbeit an den Aufgaben verweigern
- die Rolle des Hilflosen, Clowns oder Dummen spielen
- sich verhalten, als hätte man sich nicht unter Kontrolle
- den Lehrer regelmäßig zur Auseinandersetzung zwingen
- sich an Mitschülern oder am Lehrer rächen wollen

Es ist eine beunruhigende Tatsache, dass in Deutschland, aber auch in anderen Ländern, die Anzahl der »schwierigen« Schüler pro Klasse von Jahrzehnt zu Jahrzehnt zunimmt, statt dass ein Abwärtstrend zu beobachten ist. Die Autorin und Journalistin Susanne Gaschke schreibt zu diesem Thema:

> *»Nimmt man die Beobachtungen der Pädagogen ernst, dann steht unsere Gesellschaft vor einem erheblichen Problem. Während man vor zwanzig Jahren mit ein oder zwei auffälligen Kindern pro Klasse rechnen musste, sind es heute eher fünf oder sechs.« So »[...] wachsen der Schule neue Aufgaben zu, für die sie bisher nicht vorgesehen war«* (2001, S. 117).

Eigentlich gab es schon immer Schüler mit »schwierigem« Verhalten, und spätestens seit den 1960er-Jahren machen sich Pädagogen Gedanken darüber, wie man diesen Problemen mit pädagogisch vertretbaren Methoden begegnen kann. Den meisten ist inzwischen klar, dass weder die autoritäre noch die antiautoritäre Erziehung geeignete Erziehungskonzepte bereitstellt. Doch welchen dritten Weg soll man beschreiten? Pädagogische Orientierung tut not, denn die täglichen Erziehungsprobleme sind noch immer überwiegend ungelöst.

Häufige Unterrichtsstörungen gehen zulasten aller Beteiligten: der Mitschüler, der Lehrer, der Eltern und der »schwierigen« Schüler selbst. Die täglichen Störungen wirken sich zudem auf alle Bereiche des Unterrichts aus: Das Klima ist angespannt bis feindlich, das Lernniveau sinkt und die Leistungen gleich mit. In Klassen mit mehreren Schülern, die ein auffälliges Verhalten aufweisen, spielt sich oft schon bald ein Verhaltensmodus ein, der nur noch aus Wiederholungen zu bestehen scheint, wenn auch mit kleinen Variationen: Der Lehrer reagiert mit Mahnungen, das störende Verhalten geht weiter, es folgen schärfere Sanktionen, das störende Verhalten geht weiter. Das zeigt leider, wie »festgefahren« die jeweiligen Situationen sind. Bei einigen betroffenen Lehrern kann man in der Folge irgendwann einen ausgeprägten Zynismus beobachten, manche reagieren auch mit chronischen Krankheiten auf derartige Situationen. Allen gemeinsam ist ein Gefühl des Ausgebranntseins, das sich körperlich und seelisch manifestiert. Hinzu kommt der Umstand, dass manche Lehrer ihren Beruf schon viele Jahre ausüben, ohne jemals ein annähernd brauchbares Mittel erhalten zu haben (beispielsweise in der Lehrerausbildung), wie man mit Schülern umgehen kann, die ein »schwieriges« Verhalten an den Tag legen.

Wer als Lehrer über längere Zeit die beschriebenen Frustrationen erlebt, geht nicht selten dazu über, sich irgendwann mit Härte zu wehren. Dadurch beginnt allerdings erst recht ein teuflisches Spiel: Auf Härte wird mit Machtkampf reagiert, wird mit Härte reagiert, wird mit Machtkampf reagiert … und so fort. Es liegt auf der Hand, dass dies ein Fass ohne Boden ist. Zudem ist der Preis, der gezahlt werden muss, ziemlich hoch – bezahlt wird (trotzdem) mit der eigenen seelischen und körperlichen Gesundheit. Meiner Ansicht nach können Härte und traditionell verstandene Disziplin keine Antwort auf auffälliges Schülerverhalten sein, selbst wenn in letzter Zeit wieder mehr Bücher und Artikel veröffentlicht werden, in denen der härtere Erziehungsstil propagiert wird.

In der chinesischen Lebenskunst des Taoismus, dessen Ursprünge in der Zeit vor Christi Geburt liegen, heißt es: »Das Harte führt zum Tod, das Weiche zum Leben.« Diese philosophische Erkenntnis ist immerhin mehr als zwei Jahrtausende alt und lehrt uns, dass Härte grundsätzlich keine gute Alternative sein kann, auch nicht in der Pädagogik.

Es gibt dagegen auch Lehrer, die ausgesprochen »weich« auf Schüler mit auffälligem Verhalten reagieren, d.h. mit überdurchschnittlich viel Nachgiebigkeit und Verständnis. Im Vergleich zu den bereits beschriebenen Formen scheint dies die etwas gesündere Form zu sein, geht man von der zitierten taoistischen Lebensweisheit aus. Doch auf Dauer scheint auch dieser Weg keine optimale Lösung zu sein; es fehlt der goldene Mittelweg. Ein ganz anderer Weg, der angesichts der großen Probleme zunächst verständlich erscheint, ist der »inneren Rückzug« des Lehrers. Das wirkt sich dann allerdings so aus, dass die jeweiligen Lehrer ihre Unterrichtsstunden ohne emotionale Beteiligung abhalten und von den Schülern nicht mehr ernst genommen werden. Man kann wohl davon ausgehen, dass sich ein großer Teil der Lehrer mittels Mischformen durch den schwierigen Schulalltag manövriert.

Die Individualpsychologie hält effizientere und gesündere Lösungen bereit. Es geht also auch und nicht zuletzt um Lehrergesundheit, wenn in diesem Buch individualpsychologische Lösungen für den Umgang mit »schwierigen« Schülern vorgestellt werden.

Viele Lehrer setzen bereits erfolgreiche pädagogische Methoden ein; das soll hier auch erwähnt sein. Einige dieser Methoden ähneln denen der Individualpsychologen. So lassen sich z.B. höhere Anteile eines heiteren und partnerschaftlichen Umgangsstils beobachten, viel motivierendes Verhalten oder ein Gespür dafür, sich nicht auf Provokationen einzulassen. Es gibt Überschneidungen oder ähnliche Ursprünge bei den unterschiedlichen pädagogischen Richtungen. Da »das Rad nicht immer neu erfunden werden muss«, haben selbstverständlich auch Individualpsychologen über ihren Tellerrand hinweg zu anderen pädagogischen Konzepten geschaut und sich schon in den ersten Jahrzehnten des letzten Jahrhunderts von den frühen Reformpädagogen inspirieren lassen. Insofern wird dem Leser dieses Buches manches schon vertraut sein, zumindest in den ersten Kapiteln. Dennoch möchte ich jenen Lesern, die mit ihrem eigenen pädagogischen Konzept recht zufrieden sind oder viele konzeptuelle Ähnlichkeiten erkennen, schon an dieser Stelle verraten: Die Individualpsychologie bereichert die Pädagogik um einen wesentlichen Punkt – den tiefenpsychologischen Aspekt. Indem wir Kenntnisse über unbewusste Vorgänge und über frühe Kindheitseindrücke in unser pädagogisches Vorgehen einbeziehen, sind wir von vornherein für die Unterrichtsarbeit mehr als gut gerüstet. Individualpsychologische Methoden können einem Lehrer zusätzliche Sicherheit vermitteln und ein größeres Verhaltensrepertoire erschließen.

Selbst wenn es manchmal nicht den Anschein haben mag, sind Unterrichtsstörungen auch für die »schwierigen« Schüler keine erfreuliche Angelegenheit. Denn mittelfristig verbauen sich diese Schüler den Weg zu besseren Leistungen und langfristig zu einer soliden Berufsausbildung. Dass »schwierige« Schüler sogar in Zeiten des Störens nicht wirklich glücklich sind, soll später noch deutlich werden. Diese Schüler benötigen dringend Hilfe, weil durch ihr problematisches Verhalten nicht nur der Ablauf des Unterrichts bald »festgefahren« ist, sondern auch ihr persönlicher Lebensweg.

In der Regel sind auch die Eltern »schwieriger« Schüler ratlos und durch das auffällige Verhalten ihres Kindes selbst gestresst und überfordert. Deshalb kann Elternberatung beziehungsweise Familienberatung viel bewirken, was in Kapitel 14 noch gezeigt werden soll.

Die Individualpsychologen Rudolf Dreikurs und Vicki Soltz schrieben bereits in den 1970er-Jahren in ihrem Buch »Kinder fordern uns heraus«, dass unsere demokratische Gesellschaft ein Erziehungskonzept benötigt, das auch zu den entsprechenden Werten passt, die mit einer Demokratie verbunden sind. In diesem Zusammenhang möchte ich in Erinnerung rufen, dass es nach wie vor eines der erklärten Ziele des deutschen Grundgesetzes ist, demokratisches Zusammenwirken zu entwickeln. Die beiden Autoren Dreikurs und Soltz hätten sich damals wohl kaum vorstellen können, dass die Suche nach sinnvollen pädagogischen Konzepten, die sich mit demokratischen Grundgedanken vereinbaren lassen, auch heute noch andauert – etliche Jahre nach der Jahrtausendwende. Offenbar können die gegenwärtig verbreiteten Erziehungskonzepte nicht annähernd als zufriedenstellend eingestuft werden, sprechen doch die Buchveröffentlichungen der letzten Jahre schon im Titel von einer bestehenden »Erziehungskatastrophe« (Gaschke 2001) und von Kindern als »Tyrannen« (Winterhoff 2008).

Umso positiver ist zu bewerten, dass seit ein paar Jahren eine neue Debatte um Erziehung entstanden ist. Es bleibt zu hoffen, dass die Öffentlichkeit in Deutschland stärker auf die Erziehungskonzepte der Individualpsychologie aufmerksam wird, die seit mehr als einem halben Jahrhundert weiterentwickelt werden. Der bekannte Psychotherapeut und Autor Paul Watzlawick schreibt, dass die Wiederentdeckung des Werkes Alfred Adlers »überfällig« sei (Watzlawick 2006, S. 67). In den USA hat die Individualpsychologie einen größeren Bekanntheitsgrad erreicht. Dort wurden die Erziehungskonzepte in den letzten Jahren überarbeitet und verbessert, sodass beispielsweise das aus den USA stammende individualpsychologische Elterntraining »Step« inzwischen auch in Deutschland regen Zulauf findet.

Obwohl in den Regalen der Buchhandlungen eine viel versprechende Auswahl an Fachliteratur steht, kann davon ausgegangen werden, dass nicht wenige Pädagogen und Lehrer weiterhin nach guten pädagogischen Konzepten suchen. Konzepte, die vielleicht unsere Flexibilität, unsere Fantasie und unser »Herz« trainieren. Und die obendrein erfolgversprechender sind als bereits bekannte Konzepte. Dazu kann ich sagen: Die Individualpsychologie ist so herzerfrischend menschenfreundlich, ja sogar mit einer Prise Humor versehen, dass es Spaß macht, sie anzuwenden. Ihre Anwendung dehnt sich auf alle Bereiche der Pädagogik und der Psychologie aus: Beratung, Schule, Erziehung, Psychotherapie, Supervision. Vor allem Rudolf Dreikurs, bekanntester Schüler Alfred Adlers, hat dazu beigetragen, dass in der Individualpsychologie neben psychotherapeutischen Methoden auch Erziehungskonzepte entwickelt wurden. Manche erprobte Methode erfährt heute neue Aktualität. Beispielsweise hat man schon in der ersten Hälfte des letzten Jahrhunderts erfolgreiche Methoden für den Umgang mit Hyperaktivität gefunden, lange bevor man zu der Bezeichnung ADHS (»Aufmerksamkeitsdefizit-Hyperaktivitäts-Syndrom«) kam. In der damaligen Zeit bevorzugte man eher den Begriff »Zappelphilipp«. In diesem Zusammenhang ist die Tatsache bemerkenswert, dass man bei individualpsychologischen Methoden (noch heute) gänzlich ohne pharmazeutische Mittel auskommt.

Da dieses Buch weniger allgemeine Erziehungsmethoden, sondern in erster Linie Methoden für den Umgang mit Schülern vorstellt, möchte ich in Anlehnung an den Titel des individualpsychologischen Buches »Kinder fordern uns heraus« (Dreikurs/Soltz 1971) sagen: Schüler fordern uns heraus. Wir können uns aussuchen, wie wir diese Aussage verstehen wollen. Schon der Begriff *Herausforderung* ist sowohl positiv als auch negativ besetzt. Je nachdem, welche Haltung wir (momentan oder grundsätzlich) unserem Leben gegenüber einnehmen, werden wir eher eine defensive oder eine offensive Haltung einnehmen, wenn wir mit einer Herausforderung konfrontiert sind. Wie wirkt dieser Satz auf uns? Fordern die Schüler uns Lehrer zum Kampf heraus, beispielsweise indem sie uns provozieren, und wir sehen uns im Geiste bereits in der Niederlage? Dann werden wir uns vor allem vor ihnen schützen wollen, vielleicht zu Recht. Oder fordern sie uns dazu heraus, nach konstruktiven Methoden und positiven Umgangsformen zu suchen, sodass wir uns zusammen mit ihnen weiterentwickeln können? Die *Sichtweise*, die wir einnehmen, wird unsere Gefühle beeinflussen. Nicht nur das, sie wird auch unser Verhalten beeinflussen. *Ein überzeugter Individualpsychologe ist vor allem eines – ein Optimist.* Eignen wir uns doch einfach schon in diesem ersten Kapitel die optimistische Sichtweise der Individualpsychologen an und betrachten die Herausforderung im positiven Sinne. Schüler fordern uns (ohnehin täglich) heraus, und die schwierigsten Persönlichkeiten können uns weiterbringen, weil sie uns selbst verändern können.

Es geht immer auch um uns selbst und unser eigenes Wohlbefinden. In der Schule sind wir, bildlich gesehen, umgeben von kleinen »Krafträubern«. Denn die Kraft, die wir schwierigen Schülern entgegensetzen, fehlt uns womöglich anschließend für andere Dinge, wenn wir nicht achtgeben. Wir müssen uns also schützen, doch wir können und müssen uns auch öffnen. Ich vertrete die Ansicht, dass wir möglichst viel Freude an unserem Beruf haben, aber dennoch nicht in ihm »aufgehen« sollten. Vielmehr verdienen die anderen Lebensbereiche wie Familie, Partnerschaft, Freundschaften und Freizeitbeschäftigungen ebenfalls unsere Aufmerksamkeit und unsere Kraft. Hier zu einem wohltuenden Gleichgewicht zu gelangen scheint mir eine der größeren

Herausforderungen der Gegenwart zu sein. Ich kenne nur wenige Menschen, denen es gelingt, Beruf und Privatleben in ein gutes Verhältnis zueinander zu bringen. Dieses Buch soll Möglichkeiten aufzeigen, wie wir nicht nur so wenig Kraft wie möglich einsetzen (hier werden uns auch die ostasiatischen Kampfkünste zu mancher Einsicht verhelfen), sondern wie wir letztendlich sogar Kraft zurückerhalten.

2. Ballast über Bord werfen

Wenn wir eine Klasse übernehmen, ist es ein wenig so, als würden wir uns mit einem Schiff auf große Fahrt begeben. Wir hoffen, dass die Mannschaft gut zusammengestellt ist (Schülerzusammensetzung), und wahrscheinlich fahren wir mit einer guten Grundversorgung los (materielle/fachliche Ausstattung des Klassenraums sowie didaktische und pädagogische Grundlagen). Doch bevor wir unsere Anker lichten, sollten wir nicht vergessen, das Schiff von altem Ballast zu befreien und es dann gut auszufegen. Möchte man mit seiner Klasse dem Weg der Individualpsychologie folgen, kann man guten Gewissens einiges an Ballast »über Bord werfen«, sodass die Reise gleich leichter beginnen kann. Mit »Ballast« sind pädagogische Maßnahmen gemeint, die in der Zusammenarbeit mit unseren Schülern wenig hilfreich sind, ja, sich sehr wahrscheinlich sogar kontraproduktiv auswirken. Solche Maßnahmen und Handlungen, die also getrost über Bord geworfen werden können, sollen im Folgenden erläutert werden.

Erster Ballast: Bestrafung und Belohnung

Meistens kennen »schwierige« Schüler Strafen schon zur Genüge. Das mag daran liegen, dass die bestehende Eltern- oder Erziehergeneration größtenteils von Eltern erzogen wurde, die autoritäre Erziehungsformen noch gutheißen, zumindest punktuell. Hat ein Erwachsener heute mit einem Kind zu tun, das ihn vor unerwartete Probleme stellt, greift er intuitiv auf die aus der eigenen Kindheit »vertrauten« Erziehungsformen zurück, wenn auch mit gemischten Gefühlen – denn Strafen sind eher verpönt. So werden Strafen zwar möglichst selten oder in verkappter Form durchgeführt, doch das Kind hat ein äußerst sicheres Gespür dafür, was mit ihm gemacht wird. Auch schulische Sanktionen sind manchmal »verkappte Strafen« und werden als solche vom Schüler durchschaut – und das rächt sich. Schnell stecken die jeweiligen erziehenden Lehrer und der »schwierige« Schüler in einer Strafenspirale. Strafen schaffen nicht die gewünschten Resultate. Da man sich aber oft nicht anders zu helfen weiß, hofft man, der Grad der Strafe müsse beim nächsten Mal nur erhöht werden, dann würde das Kind schon irgendwann nachgeben und sich nach Wunsch verhalten. Tatsächlich wiederholen sich die Verhaltensauffälligkeiten nur, und das Strafen beginnt von Neuem. Solche spiralförmigen Abläufe sollten von vornherein vermieden werden. Natürlich wissen die meisten Lehrer, dass Strafe keine geeignete Erziehungsform ist. Aber sie schleicht sich immer wieder ein, der Griff zur Strafe scheint geradezu archaisch in unserer menschlichen Natur angelegt zu sein.

Der Individualpsychologe lehnt Strafe aus guten Gründen ab. Strafe treibt einen Keil zwischen den Erwachsenen und das zu erziehende Kind. Die Vertrauensbasis, die mit viel Geduld zwischen beiden aufgebaut werden muss, wird durch Bestrafung unterhöhlt, oder die Strafe verlängert den vertrauensbildenden Prozess unnötig. Unter Umständen nimmt die Fähigkeit des Schülers, zu vertrauen, sogar stärkeren Schaden (wobei ich schon andeutete, dass der typische Individualpsychologe ein Optimist ist und so schnell kein Kind »verloren« sieht). Hinzu kommt noch ein weiterer Aspekt, der gegen Strafe spricht. Man muss damit rechnen, dass sich das Kind durch Bestrafung verletzt fühlt und den Erwachsenen schon bald in irgendeiner Form »zurückverletzen« will. Es schmiedet Rachepläne, und dann wird's ganz arg.

Ähnlich verhält es sich mit Belohnung. Sie wird zwar nur noch in seltenen Fällen in »Reinform« durchgeführt, denn auch diese Erziehungsmaßnahme ist inzwischen verpönt. Doch kann man viele harmlos wirkende, kleinere Belohnungsformen beobachten, auch in Schulen. Dazu zählt z. B. das Zeichnen von Sternchen an die Tafel, sobald Schüler sich diszipliniert verhalten.

Ein Individualpsychologe steht dieser Methode aus mehreren Gründen mit Skepsis gegenüber. Zum einen vermittelt ein Lehrer damit eine negative Botschaft, die den wenigsten Lehrern bewusst ist, die beim Schüler jedoch unterschwellig ankommt: »Das Lernenwollen ist als Ziel nicht motivierend genug.« Der jeweilige Lehrer zeigt mit seinen Sternchen, dass er glaubt, der Unterricht sei nicht aus sich selbst heraus wichtig und faszinierend (sodass der Lehrer mit Belohnungen nachhelfen muss). Oder der Lehrer geht davon aus, dass sein Unterricht im Prinzip zwar aus sich selbst heraus bedeutsam ist, traut seinen Schülern aber nicht zu, dies zu erkennen. Selbst wenn die Einstellung des Lehrers unausgesprochen bleibt, wird sie vom Schüler auf subtile Weise erspürt und übernommen. Aus individualpsychologischer Sicht gibt es noch weitere Bedenken, wenn es um Belohnung geht: Sie macht vom Lehrer abhängig. Denn von der subjektiven Wahrnehmung des Lehrers hängt der Erhalt der Belohnung ab.

Dazu unternehmen wir einen kurzen Exkurs in die 2c, die allerdings nur in unserer Vorstellung existiert. Der Lehrer überlegt: »Hat die Schülerin eben schon etwas zu laut mit ihrem Sitznachbarn gesprochen, oder war dies gerade noch verzeihlich? War es das zweite oder das dritte Mal?« Wie gereizt reagiert der Lehrer heute auf leise gesprochene Worte! Hatte er womöglich gerade eine private Auseinandersetzung mit seiner Frau, bevor er morgens losfuhr? Andererseits handelt es sich bei der nächsten Störung gerade um die niedliche Berit, und er schaut großzügig darüber hinweg. Sven dagegen nervt ihn schon wieder …

Dies soll nur einen kurzen Eindruck zur subjektiven Wahrnehmung von Schülerverhalten vermitteln. Als Nachteil von Sternchen kommt auch die starke Konzentration der Schüler *auf den Lehrer* (der die Belohnung vergibt), statt auf den Unterrichtsinhalt hinzu. Dies trägt gewissermaßen zur Entfremdung zwischen Lernenden und Lerngegenstand bei. Schon allein aus diesem Grund würden sich einem Individualpsychologen bei der »Sternchenmethode« die Nackenhaare sträuben, denn eine Fixierung auf Erwachsene wird nach Möglichkeit vermieden. Das Lernen darf nicht dem

Zweck dienen, eine fremdbestimmte Anerkennung beziehungsweise Belohnung zu erhalten. Sollen die Schüler lernen, den Lehrer zu umgarnen, zu beeindrucken, gar zu täuschen? Oder sollen sie herausfinden wollen, wie sie beispielsweise ihre nächste Geschichte noch spannender schreiben können, damit ihre Mitschüler im nächsten Sitzkreis noch gebannter lauschen? Sicher, die angestrebte unmittelbare Lernintention wird es nicht in jeder Unterrichtsstunde geben, und das Gebundensein an die unterrichtende Lehrkraft wird auch nie ganz aufgehoben werden können – aber Letzteres sollte wenigstens nicht unnötig verstärkt werden.

Etwas Ähnliches, das wir über Bord werfen sollten, ist übermäßiges Loben – nicht zu verwechseln mit der Anerkennung einer gelungenen Leistung. Übermäßiges Loben meint, dass ein Lehrer seine persönliche Begeisterung über eine Schülerleistung kundtut, ohne dass dieses Lob für den Schüler oder den Rest der Klasse nachvollziehbar ist. Das kann passieren, wenn der Lehrer einen Schüler persönlich bevorzugt (»Lieblingsschüler«). In anderen Fällen ist ein Schüler ohnehin schon so leistungsstark (»Klassenprimus«), dass seine Leistungen nicht besonders hervorgehoben werden bräuchten. Das übermäßige Loben ist Gift für die Klassenatmosphäre, denn es führt zu Neid, Konkurrenzverhalten und nicht selten zu Mobbing. Im strengen individualpsychologischen Sinne wirkt sich jedes Lob – nicht nur übermäßiges – ungünstig auf die Schüler und den Lernprozess aus. Weil es die Fixierung auf den Lehrer fördert. Die Grenze zwischen Lob und Anerkennung kann manchmal sehr fließend sein. Im Zweifelsfall kann man darauf achten, ob die Anerkennung des Schülers als Botschaft in folgendem Sinne ankommt: Der Schüler hat *für sich selbst* (nicht zur Zufriedenheit des Lehrers) einen Lernzuwachs erreicht oder etwas geleistet, was *für die Gemeinschaft von Wert* ist.

Zweiter Ballast: negative Kritik

Rudolf Dreikurs legt uns ans Herz, *auf negative Kritik zu verzichten und Fehler verkleinern zu helfen.* Die Lernatmosphäre ist dadurch positiv, denn sie wird nicht durch negative Vorkommnisse belastet. Wenig Schimpfen, Äußern von Unmut oder Nörgeln vonseiten des Lehrers – das macht eine Menge aus! Negative Kritik bewirkt aus der Sicht der Individualpsychologie nur Folgendes: Die Konzentration auf das Negative lässt dieses nur noch mehr anwachsen, zumal man sich auch zeitlich mit dem Negativen »aufhält«. Lehrer fördern mit negativer Kritik die Entmutigung ihrer Schüler, denn die Aufmerksamkeit richtet sich auf das Nichtgelungene. Selbst wenn man seinen Schülern nur häufig sagt, wie sie sich besser verhalten könnten, vermittelt man ohne Absicht, aber kontinuierlich: »So, wie du dich verhältst, bist du noch nicht okay.« Dieser unterschwellig entstehende Eindruck entmutigt Schüler. Leider schwächt Entmutigung den Menschen und ruft nicht die Kraft zur Verbesserung hervor, wie manche irrtümlich annehmen. Stattdessen bedarf es eines positiven Hebels, was in späteren Kapiteln noch genauer erläutert wird. Sehr wahrscheinlich passiert es jedem Lehrer mal, sich über Negatives aufzuregen, schließlich ist das eine menschliche Reaktion. Doch versprechen sollte man sich davon nichts.

Ähnlich wenig Beachtung sollte man Fehlern schenken. Ohnehin gehören sie bekanntlich zu jedem Lernprozess dazu. Ein Lehrer mag kurz auf gemachte Fehler hinweisen, wenn der Schüler dies nicht auf anderem Wege, also ohne Lehrer, entdecken kann. Aber der Lehrer sollte sich nicht lange bei Fehlern »aufhalten«. Man kann kleine Tipps geben, damit die Fehler verschwinden, abnehmen oder weniger wahrgenommen werden. Denn nehmen wir sie weniger wahr, richten wir auch unsere Aufmerksamkeit weniger darauf. Und unsere Aufmerksamkeit sollte besser dem Guten und Gelungenen gelten, weil uns das Orientierung und Zuversicht gibt. »Ermutigung statt Fehlerfahndung« sollte unser Motto lauten.

Dies gilt auch für Fehlverhalten. Es reicht, den jeweiligen Schüler kurz wissen zu lassen, dass sein Verhalten nicht in Ordnung war (wenn ihm das nicht ohnehin schon klar ist), aber bitte keine langen Moralpredigten – sonst macht er es womöglich noch mal. Wir müssen uns vor Augen halten, dass negative Kritik immer auch eine Form von Aufmerksamkeit ist. Braucht der jeweilige Schüler diese Aufmerksamkeit womöglich? Dann sollten wir uns schleunigst um positivere Alternativen bemühen, denn unsere negative Kritik würde ihn zu dem verleiten, was wir am wenigsten erreichen wollen – zu Wiederholungen seines Fehlverhaltens.

Dritter Ballast: »Breitwalzen« schlechter Angewohnheiten

Ein weiterer pädagogischer Grundsatz von Rudolf Dreikurs lautet im Originaltext: »Kein Aufhebens von ›schlechten‹ Angewohnheiten machen« (Dreikurs 1971, S. 274). Der Begriff »Aufhebens« ist austauschbar durch »breitwalzen«, »thematisieren«, »zum Mittelpunkt machen«. Viele Erwachsene sind der Auffassung, dass ein Problem durch Breitwalzen allmählich abnimmt. Möglicherweise verbirgt sich dahinter der Glaube, der jeweilige Schüler wisse nicht, dass seine schlechte Angewohnheit stört oder sich für ihn nachteilig auswirkt. Oder man geht davon aus, dass das wiederholte Auf-den-Schüler-Einreden ihm irgendwann so zum Halse heraushängt, dass er seine Angewohnheit zu unterdrücken versucht, nur um diese Situation nicht mehr erleben zu müssen. Doch leider zeigt die Erfahrung, dass das Auf-den-Schüler-Einreden viel häufiger zum Gegenteil führt: Der Schüler hält an seiner Angewohnheit noch hartnäckiger fest. Mir fällt dazu eine Lehrerin aus meiner Referendarszeit ein, die nicht müde wurde, mindestens ein Jahr lang einem bestimmten Schüler vor der ganzen Klasse zu sagen: »X passt wieder mal nicht auf … « Natürlich hörte man aus ihrer Stimme schon einen gewissen Zynismus heraus, denn im Grunde ärgerte sie sich darüber, dass sich sein Verhalten trotz ihrer vielen Erinnerungen nicht besserte. Doch genau das mag sogar der Grund dafür gewesen sein, warum es sich nie besserte: Im Stillen freute der Schüler sich darüber, dass sie sich ärgerte. Das Sprechen in der dritten Person zeigte dem Schüler außerdem, dass sie gar nicht mehr *mit* ihm sprach – als habe sie es aufgegeben, ihn direkt anzusprechen. Die Lehrer-Schüler-Beziehung ist in so einem Fall durch einseitige Erwartungen belastet. So gelangen wir zu einem weiteren Grund, warum wiederholtes Thematisieren negativer Verhaltensmuster meistens zu keiner

Verbesserung führt: Für den Schüler entsteht sehr leicht der Eindruck, er solle eine fremdbestimmte Erwartung erfüllen, also einem anderen Menschen einen Gefallen tun – nämlich dem Lehrer. Es erfordert Fingerspitzengefühl, in einem Lehrer-Schüler-Gespräch *mit* dem Schüler zu sprechen und ihm nachvollziehbar zu machen, dass es sich *für ihn selbst* lohnt, seine Angewohnheit abzubauen. Dann hätte man wesentlich bessere Chancen, den Störfaktor in den Griff zu bekommen, und würde nicht »dafür sorgen« – in dem Sinne wird das Breitwalzen individualpsychologisch gesehen –, dass die Angewohnheit beibehalten wird.

Vierter Ballast: »böse« reagieren

Vor der Klasse mal ärgerlich zu werden ist menschlich und stellt kein besonderes Problem dar, solange es nicht zu oft passiert. Manche Pädagogen kultivieren das »Bösewerden« allerdings zu einer pädagogischen Maßnahme. Sie »schleudern Blitze«, predigen mit lauter Stimme – und haben in den ersten Minuten tatsächlich eine still lauschende Klasse vor sich. Doch der Effekt nutzt sich schnell ab, und nicht nur das. Es gibt Schüler, die sich durch das wütende Verhalten des Lehrers sogar noch angestachelt fühlen. Ein bisschen gleicht die Maßnahme also dem Gießen von Öl auf Flammen. Ehe man sich versieht, befindet man sich dann in einem *Machtkampf*, wovon der Individualpsychologe dringend abrät. Hinterfragt man das tiefer sitzende Gefühl eines »herumschreienden« Lehrers, wird deutlich: Das »Herumschreien« ist in den meisten Fällen ein Zeichen von Ohnmacht beziehungsweise ein Zeichen dafür, dass der Lehrer sich nicht anders zu helfen weiß. Und das spüren auch die Schüler unterschwellig. Die schlimmere Variante ist, wenn »herumschreiende« Lehrer Macht über ihre Umgebung erlangen wollen. Welche Gründe auch immer vorliegen: Häufiges »Bösewerden« führt mit der Zeit dazu, dass sich das Lernklima extrem verschlechtert.

Fünfter Ballast: mit Eltern, Schulleitung oder Verweis drohen

Auch das Drohen mit Elternbriefen, der Schulleitung oder gar mit einem Schulverweis führt eigentlich selten zu den erwünschten Veränderungen – aus ähnlichen Gründen wie den genannten. Der Lehrer zeigt damit dem Schüler nur seine Ohnmacht, weil er (offenbar) nicht selbst handlungsfähig ist. Außerdem wirken sich Drohungen ungünstig auf die Beziehung zwischen Lehrer und Schüler aus, weil sie gegenseitiges Vertrauen verhindern.

Sechster Ballast: weitere Klimabelastungen

Nach den bisher aufgezeigten Maßnahmen, die sich pädagogisch ungünstig auswirken, sollen Handlungen genannt werden, die sich weniger auf den Umgang mit bestimmten Schülern beziehen, sondern auf den mit der ganzen Klasse. Insofern ist von »Klimabelastungen« die Rede, also von Belastungen für das allgemeine Lernklima, die sich allerdings ebenso auf »schwierige« Schüler auswirken.

Zunächst einmal ist das Stichwort »Ranking« zu nennen. Lehrer, die in ihren Klassen Konkurrenzverhalten fördern, erreichen zwar mittelfristig ihr pädagogisches Ziel, dass sich ihre Schüler beim Lernen mehr anstrengen. Schaut man sich das Ganze aber langfristig an, gehen die wenigsten Schüler dieser Klasse gern in die Schule (höchstens diejenigen mit den besten Noten), denn den Schülern fehlt gegenseitige Unterstützung. Der Individualpsychologe würde von fehlendem *Gemeinschaftsgefühl* sprechen.

Des Weiteren sei das »Petzen« genannt. Wir alle kennen solche Momente vermutlich: »Wer hat die Schweinerei auf dem Klo gemacht?« Schüler lieben leider solche Momente, in denen es um die Suche nach einem Täter geht oder in denen über eine geeignete Bestrafung des bereits ermittelten »Täters« beratschlagt wird. Ich lasse es einmal dahingestellt, ob auch der jeweilige Lehrer solche Gespräche liebt. Wichtig erscheint mir nur die Tatsache, dass das Anprangern eines Sünders schon auf mittelalterlichen Märkten viele Gaffer anzog und sich diese Rituale damals zu einer *Kultur* entwickelten. Wenn wir es zu ähnlichen Situationen in der Klasse kommen lassen, gießen wir Wasser auf die Mühlen solcher Vorlieben, denn wir erwecken solche Bedürfnisse und erziehen die Kinder dazu, sie auszuleben. Mit anderen Worten: Wir lassen eine derartige Kultur entstehen. Die Schüler beginnen bald, sich auf die »Fehler« ihrer Mitschüler zu konzentrieren, um einen Anlass zum »Petzen« zu haben. Kinder gebrauchen das Wort »Petzen«, unter Erwachsenen würde man es »Denunzieren« nennen. Ich weise bewusst auf den Begriff »Denunzieren« hin, weil der Begriff »Petzen« verharmlost, wozu wir die Schüler tatsächlich erziehen.

Wie würde man sich im individualpsychologischen Sinne verhalten? Es würde vollkommen reichen, wenn wir kurz und ruhig der Klasse erklären, dass das jeweilige Kind gesucht wird, z. B. zwecks einer »Wiedergutmachung«, und dass man Hinweise gern im Anschluss an die Unterrichtsstunde entgegennimmt. Dann sollte man sich umgehend wieder dem Unterrichtsthema widmen.

Zusammenfassend lässt sich sagen: Individualpsychologen befassen sich von jeher mit psychischen und sozialen Problemen, trotzdem vermeiden sie es, sich auf das Negative zu *konzentrieren*. Zu ähnlichen Schlüssen gelangen auch Wissenschaftler und Autoren anderer Richtungen. So folgert beispielsweise der Autor René Egler: »Worauf wir uns konzentrieren, das wächst« (Egler 1994, S. 114). Dabei ist völlig unerheblich, ob es sich um etwas Positives oder Negatives handelt. Allein die Konzentration auf eine Sache fördert ihr Vorkommen. Individualpsychologen haben dies erkannt und sind konsequent dazu übergegangen, Negativem weniger Aufmerksamkeit zu schenken und sich stattdessen auf die positive Entwicklung eines Menschen zu konzentrieren. Insofern könnte es eine Überlegung wert sein, ob man, wenn man »Streitschlichter« an seiner Schule einsetzt, sie gezielt lieber »Friedensstifter« nennt.

Obwohl der sogenannte »Klassenrat« einst im Rahmen individualpsychologischer Erziehungskonzepte entstand, wird ein Individualpsychologe darauf achten, dass hier nicht immerzu über Negatives geredet wird. Wir Lehrer setzen uns möglicherweise selbst unter Druck, wenn wir den Klassenrat regelmäßig abhalten. Freuen wir uns doch, wenn es nichts zu besprechen gibt, und fügen wir beispielsweise eine zusätzliche Kunststunde ein! Meine Schüler freuen sich immer darüber. Ganz nebenbei erfüllen wir damit einen weiteren individualpsychologischen Erziehungsgrundsatz: »Vergnügen zusammen erleben« (Dreikurs/Soltz 1971, S. 281).

An vielen Grundschulen ist es zur Gewohnheit geworden, den Unterricht mit einem »Morgenkreis« zu beginnen. Mancherorts findet auch ein »Abschlusskreis« statt. Ich finde es empfehlenswert, am Ende einer Woche im Abschlusskreis die Schüler mit der ritualisierten Formulierung »Ich fand es schön, …« beginnen zu lassen. Es ist verblüffend, wie viel es ausmacht, sich bei diesem Ritual ausschließlich auf das Positive einer Woche zu konzentrieren. Jedes Mal erlebte ich, dass die Schüler in einer rundum entspannten, optimistischen Stimmung den Abschlusskreis verließen und in dieser Gemütsverfassung ins Wochenende gingen.

3. Mutlosigkeit erkennen

Ein »schwieriger« Schüler fällt nicht nur einmal, sondern wiederholt durch unerwünschtes Verhalten auf. Deshalb nehmen wir ihn ab einem bestimmten Zeitpunkt als »schwierig« wahr. Doch wie gerät ein »schwieriger« Schüler überhaupt in diesen Kreislauf hinein, sich immer regelmäßiger auffällig zu verhalten? Individualpsychologen sprechen von einer *Psychodynamik der Mutlosigkeit*. Ein Schüler mit »schwierigem« Verhalten ist fast ausnahmslos ein *entmutigter* Schüler, das ist eine der wesentlichsten Erkenntnisse.

Um sich einmal in einen entmutigten Schüler hineinzuversetzen, soll anhand eines Beispiels eine Entwicklung geschildert werden, die zunehmend in die Entmutigung führt. Für dieses Beispiel habe ich die Biografien von mehreren mir bekannten Kindern miteinander verbunden. Die so entstandene Biografie zeigt deshalb ganz unterschiedliche Umstände und Erlebnisse, die sich entmutigend auf ein Kind auswirken.

Beispiel

Michael wurde als erster Sohn geboren. Die Mutter litt schon zum Zeitpunkt seiner Geburt unter Depressionen. Sie hatte sich das Kind nicht gewünscht, und schon in den ersten Monaten bekam Michael dies deutlich zu spüren. Seine Mutter war nicht in der Lage, ihrem Kind Liebe zu geben, da sie zu sehr mit ihren eigenen Problemen beschäftigt war. Wenn Michael als Baby ihren Blick suchte, reagierte sie kaum oder gar gereizt. Zwar gab es den Vater und die beiden Omas, die sich des Öfteren um das Kind kümmerten, wenn es der Mutter schlecht ging. Doch fand deren Fürsorge nicht kontinuierlich statt, sondern nur von Zeit zu Zeit, sodass Michael wechselnde Gesichter erlebte, jedoch keine Liebe durch eine feste Bezugsperson. So konnte er als Kleinkind nur wenig Grundvertrauen entwickeln – weder in sich selbst noch in andere Menschen. Michael war schon früh ein seelisch labiles Kind, was zu einer gewissen Empfindlichkeit führte. Nach außen hin wirkte er zwar eher emotionslos, innerlich entwickelte er dagegen »Antennen«, um ständig die Befindlichkeiten seiner Umgebung auszuloten. Immerzu prüfte er, ob seine Mutter gerade besonders gereizt war oder ausnahmsweise mal zugänglicher. Auch die Atmosphäre, in der er aufwuchs, vermittelte ihm nur wenig emotionale Sicherheit. Die Ehe seiner Eltern hatte zwar Bestand, aber es gab viele Probleme, und der Umgangston war eher rau und kühl. Der Vater war beruflich viel unterwegs, mitunter sogar tagelang. Als Michael drei Jahre alt war, brachte sein Vater ihm eines Tages Zeichenstifte mit. Michael spürte, dass sein Vater selbst Freude am Zeichnen hatte, und ließ sich auf das Zeichnen stärker ein. Es eröffnete ihm die Möglichkeit, eine Verbindung zum Vater zu entwickeln. Als Bezugsperson erhielt der Vater nun einen größeren Stellenwert, da die Mutter noch immer Probleme mit sich selbst hatte; überdies war sie zum zweiten Mal schwanger.

Während dieser Monate widmete sich der Vater häufiger dem kleinen Michael, indem er seine Zeichenfähigkeiten an seinen Sohn weitergab. Michael genoss diese Form der Zuwendung, auch wenn er sie fast nur an den Wochenenden erlebte. Bald wurde das zweite Kind geboren, ein Mädchen. Die Mutter hatte ihre Depressionen inzwischen etwas überwunden, außerdem konnte sie mit einer Tochter mehr anfangen, denn sie war mit jüngeren Schwestern aufgewachsen. Diese neue Entwicklung wirkte sich allerdings noch negativer auf Michael aus. Während die Mutter entspannt mit dem Baby spielte, fühlte er sich umso mehr vernachlässigt. Eifersucht quälte ihn, und Michael begann, seine kleine Schwester zu hassen. Wenn sein Vater endlich mal wieder zu Hause war, begann Michael fanatisch zu zeichnen. Er hätte alles getan, um wenigstens die Zuwendung seines Vaters sicher zu erlangen, und das Zeichnen erschien ihm als der einzige Weg. Immerhin ging sein Vater auf die Zeichnungen von Michael ein, wenn auch eher halbherzig, denn er war inzwischen oft müde und gestresst von beruflichen und privaten Sorgen. Michael entwickelte keine Beziehung zu seiner kleinen Schwester, allenfalls eine Hassbeziehung. Er wurde auch in keine Aufgabe mit einbezogen, z. B., indem er mal den Kinderwagen seiner Schwester schieben oder sie füttern durfte. So wuchsen beide eher nebeneinander als miteinander auf. Im Laufe der Zeit entdeckte Michael, dass es doch einen Weg für ihn gab, die Aufmerksamkeit seiner Mutter zu erhalten: Er ärgerte seine Schwester, die dann natürlich regelmäßig laut weinte, oder er störte seine Mutter, wenn diese sich zum Mittagsschlaf zurückgezogen hatte. Das führte bald zu einer Verkettung von Zornesausbrüchen innerhalb der Familie, doch Michael fühlte sich nun nicht mehr so unbedeutsam. Schließlich kam er zur Schule. Man kann sich vorstellen, dass Michael vom ersten Tag an auf Schwierigkeiten stieß. Da er immer sehr zurückgezogen gelebt und nicht einmal mit seiner Schwester gespielt hatte, fand Michael keinen rechten Zugang zu seinen Mitschülern. Selbst nach einem halben Jahr hatte er keinen einzigen Freund in seiner Klasse. Was sein Lernen anging, war er zu Hause nie gefördert worden, sodass es ihm schwerfiel, sich etwas zuzutrauen oder Interesse für seine Umwelt zu entwickeln. Nur das Zeichnen machte ihm Freude, allerdings begriff Michael schon bald, dass Zeichnen in der Schule eher eine Nebenrolle spielte. Das machte ihn noch mutloser als in seinen ersten Kindheitsjahren. Was sein Sozial- und Lernverhalten anging, griff Michael nach einiger Zeit auf die Verhaltensmuster zurück, die er bereits zu Hause »erprobt« hatte: Ärgern und Provozieren. Dadurch kam er wenigstens zur Geltung, denn sein auffälliges Verhalten brachte seine Klassenlehrerin dazu, den Unterricht minutenlang zu unterbrechen und mit ihm zu schimpfen. Außerdem wurde seinetwegen die Beratungslehrerin eingeschaltet, die sich eingehend mit ihm beschäftigte. Michael galt bald als besonders »schwieriger« Schüler. Seinetwegen wurden viele Sanktionen gestartet, und die Eltern wurden häufig zu Gesprächen in die Schule gebeten. Michaels Zeugnis war ebenfalls schlecht; er hatte in den Grundschuljahren fast nur schlechte Noten.

Die Entwicklung zeigt, wie sich ein Kind allmählich zum »Störer« entwickelt, weil es in seinen ersten Lebensjahren selbst nach etlichen Versuchen keinen Weg findet, auf positive Weise dazuzugehören. So verschlimmert sich im Laufe der Jahre die Mutlosigkeit. Entmutigte Schüler haben in der Regel nur *wenig Selbstwertgefühl*, ob es nun das Lernen betrifft oder das soziale Miteinander. Sie wirken nicht selten »selbstbewusst«, doch wir sollten uns von ihrem – oft draufgängerischen – Auftreten nicht täuschen lassen. Es sind in der Seele verletzte Kinder. Im Sinne der Individualpsychologie lässt sich diese Aussage tatsächlich verallgemeinern. Das Ausmaß der Unfähigkeit, sich angemessen zu integrieren, zeigt den Grad der Entmutigung an und damit verbunden den Grad des seelischen Verletztseins. Das gilt auch für Erwachsene. »Mutlosigkeit untergräbt Selbstrespekt und Integrität. Sie führt zu Fehlverhalten und Verstellung, zu Angstgefühlen und Furcht. Und was noch schlimmer ist – sie ist ansteckend« (Dinkmeyer/Dreikurs 1980, S. 53).

Ein entmutigter Erwachsener hat oft einen vergleichbaren Lebensweg hinter sich wie Michael. »Trotzdem wird er sich immer wieder bemühen – und viele entmutigte Menschen bemühen sich sogar sehr, übersehen aber bei ihren Anstrengungen gute Gelegenheiten und zerstören ihre Chancen aufgrund ihrer pessimistischen Erwartungen« (Dinkmeyer/Dreikurs 1980, S. 43). Wie kann man sich extreme Mutlosigkeit vorstellen? »Mutlosigkeit ist das Endprodukt wiederholten Versuchens, Suchens und Hoffens; sie ist die Endstufe der Hoffnung, wenn alles bereits hoffnungslos ist, noch ein Versuch, ohne Glauben an Erfolg, bis man schließlich ganz aufgibt« (Dinkmeyer/Dreikurs 1980, S. 44).

Der Schriftsteller Khaled Hosseini beschreibt in seinem Roman »Drachenläufer« eindrucksvoll an einer Stelle des Buches, wie verschieden sich Entmutigung und Ermutigung auf ein Kind auswirken können. Dem Leser werden Entmutigung und Ermutigung im unmittelbaren Vergleich zueinander vorgeführt, und zwar anhand zweier männlicher Protagonisten. Das Verhalten der beiden erwachsenen Romanfiguren steht nicht zuletzt deshalb in einem starken Kontrast zueinander, weil beide in direktem Anschluss agieren. Erzählt wird der Roman aus der Perspektive eines kleinen Jungen Amir, der seine erste Kurzgeschichte geschrieben hat und sie nun seinem Vater und dessen Freund zeigen möchte.

Zunächst wendet er sich seinem Vater (»Baba«) zu mit dem Hinweis, eine Geschichte geschrieben zu haben: »Baba nickte und schenkte mir ein dünnes Lächeln, das wenig mehr als ein gespieltes Lächeln ausdrückte. ›Na, das ist doch sehr schön, oder?‹, sagte er. Mehr nicht. Und dann blickte er mich durch die Rauchwolke an. Ich stand dort gewiss kaum länger als eine Minute, aber bis zu diesem Tag ist es die längste Minute meines Lebens gewesen. Die Sekunden quälten sich dahin, jede einzelne von der nächsten durch eine Ewigkeit getrennt. Die Luft wurde schwül, feucht, beinahe fest. Ich atmete Ziegelsteine. Baba starrte mich bloß unverwandt an, ohne mich aufzufordern, vorzulesen, was ich geschrieben hatte.« Daraufhin wendet sich der Freund des Vaters (»Rahim Khan«) dem Jungen zu: »Er streckte die Hand aus und schenkte mir ein Lächeln, das nichts Gespieltes an sich hatte. ›Darf ich sie mir einmal ansehen, Amir jan? Ich würde sie sehr gern lesen« (Hosseini 2008, S. 37 ff.). Schließlich fahren beide Männer im Auto des Vaters davon, doch der Freund des Vaters wendet sich ein zweites Mal an den Jungen und fügt nach einer Gesprächspause ein einziges Wort hinzu: »Bravo«. Der Autor des Romans lässt den erwachsen gewordenen Amir rückblickend sagen, dass ihn dies mehr ermutigt habe als jedes Kompliment, das er später als Schriftsteller von Lektoren erhalten habe.

Der Romanausschnitt verdeutlicht unter anderem, dass Er- und Entmutigung im weitesten Sinne in vielen Lebenssituationen vorkommen. Sie beschränken sich nicht auf konkrete Handlungen, die ein Mensch entweder erfolgreich oder erfolglos beendet. Um beim Romanbeispiel zu bleiben: In diesem Textausschnitt holt sich das Kind von zwei Bezugspersonen Rückmeldungen zu seinem ersten geschriebenen Text. Wie sooft im Leben ist dieses Textergebnis kaum objektiv einschätzbar; vielmehr hängt seine Beurteilung von den subjektiven Erwartungen und Maßstäben des jeweiligen Beurteilers ab. So verhält es sich allerdings recht häufig. Ermutigung oder Entmutigung münden schließlich in einem Gefühl, einer *Haltung*, die der entsprechende junge Mensch zu einer wichtigen Angelegenheit oder Thematik einnimmt.

Abb. 1: »Das Geheimnis des friedlichen Kriegers« Quelle: D. Millman (Autor)/T. Taylor Bruce (Illustrator): Das Geheimnis des friedlichen Kriegers. Ch. Falk-Verlag. Copyright der deutschen Ausgabe by Ch. Falk-Verlag, Seeon (Copyright der Originalausgabe by Dan Millman 1991, veröffentlicht von H.J. Kramer Inc., Tiburon, Ca., 4. Auflage 2001)

Und eben diese Haltung hängt grundsätzlich stark von den Mitmenschen ab, besonders von Bezugspersonen. Unsere Mitmenschen sind es, die auf uns aufmerksam werden (oder nicht), die sich uns zuwenden (oder nicht), die uns ihr Mitgefühl zeigen (oder nicht), die unsere Bemühungen und Ergebnisse würdigen (oder nicht), die uns ihre Wertschätzung und Zuneigung zeigen (oder nicht). Selbst wenn ein Mensch seine Handlungen allein ausführt, beeinflussen seine Mitmenschen den Erfolg seiner Handlung: Ihre Reaktionen bestärken oder schwächen sein Vertrauen in die eigenen Fähigkeiten. Auch der Erfolg einer Handlung hängt wiederum letztlich vom Selbstvertrauen des Handelnden ab.

In dem Romanausschnitt geht es dem Jungen trotz Entmutigung am Ende immerhin so gut, dass er, durch die zweite Bezugsperson wieder ermutigt, weiterschreibt und an sich glaubt. Leider geschieht es in der Realität oft anders; nicht immer wird Entmutigung durch Ermutigung wieder ausgeglichen. Manche Kinder erleben ihre gesamte soziale Umgebung überwiegend als entmutigend. Würden wir den Entwicklungsverlauf eines solchen Kindes als Grafik betrachten, würde der Trend eine abwärts verlaufende Linie oder Spirale ergeben. So verläuft die Psychodynamik der Mutlosigkeit.

Als Lehrer fragen wir uns: Welche Auswege aus der Psychodynamik der Mutlosigkeit bieten sich an, wenn wir ein entmutigtes Kind in unsere Klasse bekommen? Im günstigsten Falle können wir eine solche Entwicklung im Frühstadium stoppen. Ich spreche von den ersten Monaten, in denen sich der Schüler noch »an uns ausprobiert«. Wenn es uns gelingt, angemessen zu reagieren, braucht seine Entwicklung gar nicht erst so einen Verlauf zu nehmen. Doch auch im fortgeschrittenen Stadium kann man sich so verhalten, dass die Psychodynamik der Mutlosigkeit nicht zur vollen Entfaltung kommt. Das beste »Gegengift« zu Entmutigung ist, wie auch der Romanausschnitt zeigt, gezielte Ermutigung. Die Individualpsychologie stellt darüber hinaus Konzepte bereit, wie man sich als Lehrer verhalten kann, wenn sich ein entmutigtes Kind auffallend destruktiv verhält.

Im Idealfall verhalten wir uns so, wie es der Zeichner T. Taylor Bruce in einer Kinderbuchillustration dargestellt hat. Das Kinderbuch handelt von einem Jungen, der seinen eigenen Weg finden muss, sich gegen Angriffe eines Gleichaltrigen zu verteidigen. Ein alter Kampfkünstler wird daraufhin zu seinem Lehrer.

Schauen wir uns die Illustration einmal genauer an. Der Zeichner hat die wichtigsten Erziehungsprinzipien der Individualpsychologie darin festgehalten, höchstwahrscheinlich, ohne sich dessen bewusst zu sein. Der Junge fordert den Mann zum Kampf heraus, indem er sich mit Wucht und Gebrüll auf ihn stürzt. Der Mann muss mit gezielten, wenigen Bewegungen *dafür sorgen, dass das Kind mit seinem Angriff ins Leere läuft*. Wir können das Laufen ins Leere zunächst im engeren Sinne auffassen, dann verfehlt hier der Junge den Körper des Mannes und fällt ins Leere, also auf den Boden. Für pädagogisches Vorgehen betrachten wir das Laufen ins Leere aber im metaphorischen Sinne, dadurch wird diese Zeichnung noch aussagekräftiger. Wir können diesen kurzen Ablauf nämlich auch als eine Verfehlung des angestrebten negativen Zieles betrachten, das durch das professionelle Verhalten des Erwachsenen vereitelt wird.

Das Kind versucht, der anderen Person Schaden zuzufügen, aber diese Person sorgt dafür, dass der Schaden gar nicht oder so wenig wie möglich zustande kommt. Das Bild zeigt uns außerdem, dass der Erwachsene dabei lächelt. Er entwickelt keinerlei Zorn, denn er lässt sich *auch innerlich* nicht auf den Angriff ein – dies gilt gleichermaßen für unser pädagogisches Handeln, wenn es erfolgreich sein soll. Wie nach einem tatsächlichen Anlauf wird auch bei uns das Kind auf dem Boden (der Tatsachen) »landen«, nämlich bei der Erkenntnis, keinen Sieg errungen zu haben; zumindest aber landet es in einer kurzen Verwirrung.

Jetzt wird die zweite pädagogische Maßnahme wichtig, *das Hinstrecken der unterstützenden Hand*. Wieder betrachten wir das Bild und verstehen die Geste des Kampfkunstlehrers zunächst im engeren Sinne. Der Kampfkunstlehrer hätte auch die Möglichkeit, sich nicht von der Stelle zu rühren und mit einem Gefühl der Genugtuung das Kind auf dem Boden sitzen zu lassen. Diese Alternative würde sich allerdings negativ auf deren Beziehung auswirken und das vom Kind begonnene kämpferische Verhalten womöglich noch anstacheln. Dieser Kampfkunstlehrer geht viel klüger vor. Er beugt sich hinunter zum Jungen, streckt ihm hilfsbereit und partnerschaftlich die Hand entgegen und zieht ihn im nächsten Augenblick wieder hoch. Im übertragenen Sinne erkennen wir hier wieder ein pädagogisches Prinzip. Der Schüler, der einer anderen Person mit unsozialem Verhalten schaden will und dies nicht erreicht, fühlt sich nach den ersten Minuten ziemlich erfolglos. Damit aber Frustration oder Beschämung gezielt vermieden werden, wird der Lehrer ihn sobald wie möglich unterstützen, d.h. ihm Gelegenheiten geben, sich auf eine positive Weise zu integrieren und Selbstwertgefühl zu entwickeln. Adler verwendet für dieses pädagogische Vorgehen den Kernbegriff *Ermutigung*.

In der Illustration erfolgen die beiden herausgestellten pädagogischen Prinzipien zwar nacheinander, im Idealfall aber sorgt der Erziehende kontinuierlich dafür, dass negatives Verhalten seine Wirkung verfehlt, während in möglichst vielen Situationen das Selbstwertgefühl des Kindes bestärkt wird. Zusammen durchgeführt, wirkt sich das schon bald *ermutigend* aus. Diese Veranschaulichung soll in die wichtigsten individualpsychologischen Erziehungsmethoden einführen; die konkrete Umsetzung der hier dargestellten Prinzipien soll noch an zahlreichen Fallbeispielen gezeigt werden.

4. Eine Atmosphäre mit gegenseitiger Achtung

»*Das Glück tritt gern in ein Haus ein, wo gute Laune herrscht.*«

(Aus Japan)

Ein gutes Lernklima stellt die Grundlage für alle pädagogischen Maßnahmen dar. Vermutlich haben wir alle eine annähernd ähnliche Vorstellung von einem guten Lernklima. Im Allgemeinen assoziieren wir damit »freundliche Umgangsformen«, »Freude beim Lernen«, »Unterstützung«, vielleicht auch »Motivation« oder »Erfolgserlebnisse«. Diese assoziierten Begriffe ließen sich auch als Indikatoren eines guten Klassenklimas verwenden. Schwieriger zu beantworten ist dagegen die Frage, was zu einem guten Lernklima führt. Schließlich lässt sich eine Atmosphäre nicht objektiv messen, testen oder gar evaluieren – allenfalls erspüren. Die Atmosphäre zwischen Menschen ist zudem nichts Statisches, sondern abhängig von Einzelaspekten und grundsätzlich schwankend. Dennoch kann eine gute Klassenatmosphäre, ist sie erst einmal entstanden, kaum etwas aus dem Gleichgewicht bringen. Sie verfügt dann über eine gewisse Stabilität, die Sicherheit gibt.

Durch die Beschäftigung mit der Individualpsychologie bin ich zu der Überzeugung gelangt, dass vor allem *gegenseitige Achtung* den Nährboden für ein gutes Lernklima bildet. Ohne gegenseitige Achtung ist kein freundlicher Umgang möglich, keine Freude am Lernen, kein Klima mit gegenseitiger Unterstützung und gegenseitigem Vertrauen. Liest man individualpsychologische Ausführungen über Erziehung, stehen eher andere Begriffe im Vordergrund. Nichtsdestotrotz ist der Grundsatz gegenseitiger Achtung in individualpsychologischer Fachliteratur und Praxis immer erkennbar.

Es ist gewiss kein Zufall, dass in verschiedenen ostasiatischen Kampfkünsten Begriffe wie »Achtung« ebenso wie »Vertrauen« einen hohen Stellenwert einnehmen, besonders in den Schulen dieser Kampfkünste. Offenbar handelt es sich um Grundsätze, die im ostasiatischen Raum kulturübergreifend als wertvoll erachtet werden und nicht nur auf einzelne Länder beschränkt sind. Bei vielen ostasiatischen Kampfkünsten begegnen die Menschen einander z. B. mit einer kurzen Verbeugung, um sich ihre Achtung zu zeigen. Sogar beim Betreten oder Verlassen der Räume ist es üblich, sich kurz zu verneigen. Im deutschsprachigen Raum wird dagegen verhältnismäßig selten auf die Bedeutung gegenseitiger Achtung eingegangen. Das mag daran liegen, dass sie als selbstverständlich vorausgesetzt wird. Doch solange der Begriff »Achtung« nur marginal oder gar nicht in erzieherischen Kontexten auftaucht und solange es nur wenige Rituale an deutschsprachigen Schulen gibt, in denen Achtung zum Ausdruck gebracht wird, bleibt zumindest ungewiss, ob gegenseitige Achtung hier tatsächlich praktiziert wird.

Folgende Geschichte stammt aus Korea:

> »In einem Dorf lebte einst ein alter Mann. Wenn dieser Mann jemandem begegnete, grüßte er jedes Mal würdevoll und verbeugte sich tief. Die Dorfbewohner sagten, der Alte sei verrückt, aber das kümmerte diesen nicht. Eines Tages starb der alte Mann. Da merkten die Dorfbewohner plötzlich, dass ihnen etwas fehlte. Auf einmal verstanden sie, was der Alte für sie getan hatte, und begannen, sich auch immer höflich zu grüßen und zu verneigen, wenn sie einander trafen. So ehrten sie das Andenken des Verstorbenen und machten ihr Dorf berühmt für seine Freundlichkeit und Höflichkeit.«
> (In: Myong 1994, S. 64)

Ko Myong stammt aus Korea und lebt seit vielen Jahren in Deutschland. Er lehrt und verbreitet die koreanische Kampf- und Bewegungskunst »Shinson Hapkido«. In seinem Lehrbuch für Shinson Hapkido schreibt er:

> »Wenn Menschen in dem Vertrauen oder wenigstens in der Hoffnung zusammenkommen, gemeinsam zu leben und zu lernen, ist es sehr wichtig, dass sie sich mit Achtung begegnen. Daher ist das erste, was im Shinson Hapkido-Unterricht gelehrt wird, Achtung – sowohl sich selbst als auch den anderen gegenüber. Nur wenn wir uns selbst achten und vertrauen, können wir auch anderen Menschen und der Natur Achtung und Vertrauen entgegenbringen« (Myong 1994, S. 64).

Beschäftigen wir uns mit dem Begriff »Achtung«, gelangen wir unvermittelt zu ähnlichen, mit ihm in Zusammenhang stehenden Begriffen wie etwa »Würde«.

Achtung und *Würde* sind Begriffe, die untrennbar miteinander verbunden sind, denn Achtung bezieht sich auf die Würde eines Menschen: Ein Mensch hat Achtung vor der Würde des anderen Menschen. Der japanische Autor Daisaku Ikeda, der mit seinen Schriften und Vorträgen einem buddhistischen Erziehungsstil zugeordnet wird, schreibt in einem Essay über Erziehung: »Für mich bedeutet die Würde des Menschen das höchste Prinzip überhaupt« (Ikeda 1984, S. 3).

In einer Atmosphäre mit gegenseitiger Achtung stellen wir in unserem Klassenzimmer Achtung vor der Würde des einzelnen Menschen her – vor dem Schüler, vor den Eltern, vor dem Lehrer. Ein so wichtiger Grundsatz gerät allerdings selbst bei dem besten Lehrer im stressigen Schulalltag mal in Vergessenheit, spätestens, wenn zu viele Anforderungen und Eindrücke auf ihn einstürmen. Dann reagieren wir unter Umständen unfreundlich, wo Freundlichkeit angebracht wäre, oder wir sprechen in einem Ton, aus dem der Schüler manches heraushört, jedoch keine Wertschätzung ihm gegenüber. Fließt unsere Achtung aber in *jede* Minute und in *jede* Unterrichtssituation ein (oder zumindest fast), kann eine positive, bestärkende Grundstimmung in der Klasse entstehen. In den meisten Fällen überträgt sich eine solche Grundstimmung auf die Schüler einer Klasse, sodass selbst »schwierige« Kinder, die zu negativem Verhalten neigen, bald regelrecht mitgezogen werden. Besonders wenn Achtung vom Klassenlehrer ausgeht und sich als *verinnerlichte Haltung* manifestiert, begünstigt dies ein gutes Lernklima. Denn die Wahrscheinlichkeit ist groß, dass die Haltung des Lehrers allmählich auf die Klasse abfärbt. Um nicht missverstanden zu werden, möchte ich hinzufügen, dass es nicht darum geht, uns zu »Gutmenschen« zu entwickeln. Gegenseitige Achtung schließt Unkonventionalität, Authentizität und Humor mit ein.

Gegenseitige Achtung sollte also nicht verkrampft und moralisierend vorgelebt werden. Individualpsychologen erlebt man in der Regel sehr vergnügt, wenn sie mit Kindern arbeiten. Dies steht nicht im Widerspruch dazu, dass sie einander ein hohes Maß an gegenseitiger Achtung vorleben.

Für ein gutes Lernklima lohnt es sich, das Prinzip gegenseitiger Achtung kontinuierlich zu praktizieren, ähnlich wie Buddhisten sich in ständiger Achtsamkeit üben. Es geht um nichts weniger als um unsere innere Haltung zu den Dingen, im engeren pädagogischen Sinne zu unseren Mitmenschen.

Warum hat gegenseitige Achtung mit der Thematik zu tun, wie man mit »schwierigen« Schülern umgehen kann? Ich hatte schon darauf hingewiesen, dass es bei der Herstellung eines guten Lernklimas um die Grundlage für pädagogische Maßnahmen geht. Befinden sich Schüler mit »schwierigem« Verhalten in unserer Klasse, bestehen gute Chancen, dass ihr Wunsch, an diesem (positiv erlebten) Ort *dazuzugehören*, auf Dauer größer wird als ihre unbewussten negativen Absichten. Der Wunsch, dazuzugehören, wird von Individualpsychologen als *menschliches Grundbedürfnis* angesehen. Unsere pädagogischen Maßnahmen sollten darauf zielen, die »schwierigen« Schüler mit viel Ermutigung zu integrieren. Dies wird uns leichter fallen, wenn wir zunächst eine Atmosphäre mit gegenseitiger Achtung herstellen.

Eine Atmosphäre mit gegenseitiger Achtung vermittelt auch Lehrern Sicherheit und Vertrauen. Sobald man beispielsweise dazu übergeht, bei Fehlern von Schülern großzügig zu reagieren, und die Schüler grundsätzlich nicht bloßstellt, reagieren die Schüler auch auf Fehler von Lehrern in diesem Stil – was die Zusammenarbeit nach einer gewissen Zeit angenehm entspannt.

Der individualpsychologische Grundsatz der *Dazugehörigkeit* sollte im pädagogischen Rahmen eine Selbstverständlichkeit sein: Wir lassen nie jemanden aus der Gemeinschaft herausfallen – auch wer stört, gehört dazu. Dieser konsequent integrative Ansatz hat in der Individualpsychologie nicht nur einen ethischen Grund in dem Sinne, dass jeder Mensch wertvoll ist, selbst wenn er uns Probleme bereitet. Dahinter steht auch die Überzeugung, dass sich »schwierige« Schüler nicht bewusst dazu entscheiden, »schwierig« zu sein. Und: dass »schwierige« Schüler noch zu kooperativerem Verhalten geführt werden können. Diese Schüler *gehören dazu* – und das sollte ihnen von Anfang an gezeigt werden –, selbst wenn sie zum bestehenden Zeitpunkt noch keinen positiveren Weg gefunden haben. Wenn Schüler vorübergehend aus der Klasse herausgenommen werden müssen, um Eskalationen entgegenzuwirken, sollten diese Schüler im Anschluss daran sofort wieder einbezogen werden.

Wenn wir unseren Schülern gegenüber unsere Achtung zeigen, erkennen wir selbst ihre kleineren Lernfortschritte an, gehen von positiven Absichten aus und glauben an ihren guten Kern. Und wir vermeiden alles, was einen Schüler beschämen könnte, z. B. Bloßstellung aufgrund schwacher Leistungen oder Tadel wegen beispiellosen Verhaltens. Wenn wir uns außerdem daran halten, den in Kapitel 2 beschriebenen »Ballast« zu vermeiden, haben wir schon sehr viel für ein gutes Lernklima getan.

Kinder haben ein unglaublich feines Gespür für das, was unsere eigentliche, in Fleisch und Blut übergegangene Einstellung ist. Wir vermitteln dies in jedem Augenblick unseres Handelns, mit unserem Gesicht, unserer Körperhaltung, unserer Stimme und nicht zuletzt mit Entscheidungen, die wir treffen.

Sind wir dagegen z.B. insgeheim davon überzeugt, dass »man Kinder streng behandeln muss, um das Negative in ihnen zu unterdrücken«, spüren die Schüler nicht nur diese unterschwellige pessimistische Haltung in uns. Unsere Zweifel und unsere nicht wirklich lebensbejahende Haltung können auf die Kinder abfärben, hinterlassen jedenfalls mit Sicherheit eine latente Verunsicherung, was das menschliche Miteinander angeht. Denn in einer Atmosphäre, in der »Anpassung«, »Unterordnung« und »Leistung um jeden Preis« die unausgesprochenen, aber angestrebten Werte sind, wird Unsicherheit geschürt. Schließlich stellt sich ja die Frage, was passieren würde, wenn man den geltenden Maßstäben nicht mehr genügte. Wird man dann »fallen gelassen«?

In einer solchen Atmosphäre mag es sein, dass sich leistungsstarke und angepasste Schüler in Sicherheit wähnen, aber diese Art von Sicherheit bleibt eine trügerische. Denn man dürfte hinter die eigenen Leistungen niemals zurückfallen. Letzteres gilt auch für das Verhalten – es müsste immer an den geltenden Maßstäben ausgerichtet bleiben, und es bliebe kein Spielraum für individuelle Veränderungen.

Was wir Lehrer *vorleben*, war schon immer von nicht zu unterschätzender Bedeutung, weil sich unsere Schüler an uns orientieren, besonders die jüngeren. Viele Lehrer werden ähnliche Beobachtungen gemacht haben wie diese: Wenn wir unsere Freude darüber zeigen, dass ein leistungsschwächeres Kind erkennbare Fortschritte macht, vergeht kaum Zeit, bis unsere Schüler dies übernehmen. Unsere Schüler freuen sich bald mit, und manche sprechen es sogar wertschätzend vor der Klasse an, wenn einem schwächeren Kind etwas gut gelungen ist.

An einigen Tagen erlebte ich es, dass die ganze Klasse aus Anlass eines Schülererfolges laut klatschte. Das passierte z.B. einmal, als die Schüler meiner Klasse übten, Referate zu halten. Ein türkischer Schüler »kämpfte« regelrecht mit seinem Referat. Er hatte immer wieder nach einem Vorwand gesucht, es nicht halten zu müssen, musste dann wegen seiner halbherzigen Vorbereitung viel improvisieren, und zeitweise suchte er mit dramatischen Gesten nach Worten. Die Klasse verfolgte gebannt seine Anstrengungen, und alle schienen sich zu fragen, ob er dieses Referat wohl tatsächlich zu Ende bringen würde. Als es dann sogar zur großen Pause läutete, blieb es trotzdem mucksmäuschenstill in der Klasse, was ich vorher noch nie erlebt hatte. Der Junge schaffte es schließlich, mit Ach und Krach! Alle klatschten, und das Mitfiebern der Klasse dürfte ausschlaggebend für seinen Erfolg gewesen sein. Die *Grundstimmung* war *wohlwollend*, man freute sich mit ihm.

Auch dies ist eigentlich nichts Neues und doch so bedeutsam: Die *Unterstützung Schwächerer* wirkt sich immer positiv auf die Grundstimmung in der Klasse aus.

Ich kann mich noch gut erinnern, wie ich einmal in meiner ersten Klasse eine »Herbst-Werkstatt« durchführte. Als sich das Projekt dem Ende zuneigte, hatten einige Schüler noch nicht annähernd die Anzahl von Aufgaben bearbeitet, die zum ersten Mal als »Pflichtanzahl« erreicht werden sollte. Da sagte ich: »*Wir* wollen alle zusammen das Klassenziel erreichen, nämlich diese Herbst-Werkstatt. Alle sollen die genannte Aufgabenzahl am Ende mit der Mappe abgeben können. Weil aber noch längst nicht alle Schüler so weit sind, schlage ich vor: Diejenigen, die schon fertig sind (lieber nicht sagen: ›die Guten‹), setzen sich zu den Schülern, die noch nicht fertig sind, und helfen ihnen.« Ein Strahlen erschien auf den Gesichtern der Schüler, vor allem bei denjenigen, die schon im Geiste den Zug ohne sich hatten abfahren sehen. In den folgenden Minuten erlebte ich eine begeistert beginnende erste Klasse, obwohl es sich um die Endphase des Projekts handelte.

Spätestens im vierten Grundschuljahr konnte ich beobachten, dass mein Prinzip, Schwächeren tendenziell etwas größere Hilfen zu geben und dadurch ihre Chancen zu erhöhen, gemeinsame Ziele zu erreichen, nachhaltig auf die Klasse abgefärbt hatte. Das wurde mir in Augenblicken wie dem folgenden bewusst: In unserer Schule wird der jährliche Vorlesewettbewerb so durchgeführt, dass zunächst in jeder Klasse die Schüler zwei Gewinner wählen. Dafür lesen alle Schüler reihum etwas vor. Ohne dass ich eine Empfehlung ausgesprochen hatte (und das finde ich in diesem Fall wesentlich), wurde ausgerechnet Anna von der Mehrheit als zweite Gewinnerin für den Wettbewerb gewählt. Anna war in den Vorjahren eine besonders unsichere Leserin gewesen, und für diesen Wettbewerb hatte sie sich durch viel Üben gut vorbereitet. Die Klasse bemerkte ihre enormen Fortschritte und entschied sich prompt für sie, obwohl manch andere Schüler meiner Einschätzung nach eindeutig besser vorgelesen hatten. Doch die Klasse wollte offenbar den bei ihr auffallendsten Fortschritt honorieren und wählte Anna.

Ein Schuljahr lang hatte ich einmal eine »Vorbereitungsklasse 3/4« (VK) übernommen. Dabei handelt es sich um eine jahrgangsübergreifende Klasse, in die das ganze Schuljahr lang Schüler aufgenommen werden, die mit ihren Eltern gerade erst aus dem Ausland zugewandert sind und über keine Deutschkenntnisse verfügen. Der Aufenthalt in dieser Klassenform soll etwa ein Schuljahr andauern, deshalb ergab es sich, dass der Drittklässler Armin schon bald in die Regelklasse kommen sollte. Als ich ihm das mitteilte, hatte er sofort Tränen in den Augen, und die anderen Schüler bekamen das mit. Daraufhin besprach ich mit der Klasse, welche Gefühle und Ängste er wahrscheinlich hatte (ohne dass er dabei war), und dann, wie wir Armin beim Wechsel helfen könnten. So kam es, dass die Klassensprecher ihn am entsprechenden Morgen feierlich zum neuen Klassenraum begleiteten, dass sie ihm in den großen Pausen weiterhin das Mitspielen anboten und dass er uns noch oft in unserem Klassenraum besuchte, wenn gerade eine kleine Pause stattfand. Mir erschien es aber auch so, dass diese Form von Unterstützung für die zurückbleibenden Schüler von Bedeutung war. Einige Schüler lebten dabei richtig auf. Es machte den Eindruck, als würden sie sich mit Armin identifizieren und echtes Mitgefühl für ihn empfinden. Kein Wunder, schließlich erlebten sie, wie man mit ihnen umgehen würde, sobald auch für sie die Zeit reif wäre.

Ich komme zurück zum Begriff »Achtung«. Ich hatte bereits erwähnt, dass Achtung in das gesamte Menschenbild der Individualpsychologie einfließt. Um Achtung als Erziehungsprinzip zu sichern, hat **Alfred Adler den Begriff** *Gleichwertigkeit* geprägt und immer wieder hervorgehoben. Im Sinne der Individualpsychologie bedeutet dieser Terminus, dass jeder Mensch von *gleichem* Wert ist – unabhängig von seinem Alter, seinem Status oder gar von seiner Rasse. Die Begriffe »Achtung« und »Gleichwertigkeit« zielen in die gleiche pädagogische Richtung: Um gegenseitige Achtung zu kultivieren, müssen wir uns um Gleichwertigkeit bemühen.

Der Grundsatz der Gleichwertigkeit kann in vielen Situationen zum Ausdruck gebracht werden. In Einzelgesprächen lasse ich z. B. oft den jeweiligen Schüler auf einem höheren Stuhl sitzen und setze mich selbst auf einen niedrigeren Stuhl, um *gleiche Augenhöhe* zu erreichen. »Gleiche Augenhöhe« meine ich hier symbolisch. Sie hat von Anfang an eine positive Wirkung auf den Verlauf des Gesprächs, offenbar fühlt sich das Kind weniger »unter« mir, selbst wenn ihm dies nicht bewusst ist. Ich habe die Beobachtung gemacht, dass Schüler dadurch nicht weniger Respekt vor Lehrern haben. Im Gegenteil, sie scheinen zu spüren, dass ein Lehrer es nicht nötig hat, sich »groß zu machen«.

Vor vielen Jahren wurde uns Studenten an der Hamburger Universität eine Anekdote erzählt, in der *Gleichwertigkeit* ebenfalls optisch zum Ausdruck kam. Der Schulleiter einer Grundschule wollte kurz einen Lehrer sprechen, der zu dem Zeitpunkt gerade in seinem Klassenraum unterrichtete. In der Klasse fand gerade »offener Unterricht« statt. Der Schulleiter ließ seinen Blick über die Klasse schweifen, konnte den Lehrer aber nicht entdecken, denn jener hockte zwischen all seinen Schülern. In diesem Zusammenhang interessiert weniger das optische Verschwinden des Lehrers. Vielmehr hatte die gleiche Kopfhöhe hatte dazu beigetragen, dass der Lehrer nicht mehr als gesonderte Person herausragte.

Als ich eines Tages dem stotternden Schüler Patrick helfen wollte, war mir das Prinzip der Gleichwertigkeit sehr dienlich. Ich hatte von einem Sonderschulpädagogen den Tipp erhalten, dass manche Stotterer ihr Stottern durch Singen in den Griff bekämen. Als Patrick auf diese Weise im Einzelunterricht lautes Lesen übte, stellte sich der Erfolg auch sofort ein. Nun hatte er allerdings nicht das Selbstbewusstsein, vor der ganzen Klasse singend vorzulesen. Lange Zeit war dies auch kein ernstes Problem – so lange, bis die Zeit des jährlichen Vorlesewettbewerbs immer näher rückte. Zufällig befand sich Patrick auch in meiner nachmittags stattfindenden Sprachfördergruppe. Ich wollte den Umstand nutzen, dass Patrick hier weniger Ängste hatte, weil die Gruppe klein war und nur aus leistungsschwächeren Schülern bestand. Patrick ließ sich auf meine Idee ein, vor der Gruppe singend vorzulesen – verbunden mit der Vereinbarung, dass ich als Lehrerin in diesem Stil begann. Ich begab mich bewusst auf die *gleiche Ebene* wie er, zumindest was die erlebten Schwierigkeiten anging. So begann ich singend: »Nun möch-te uns der Pa-trick das Buch ein-mal sin-gend vor-le-sen …« Und er sang beziehungsweise las ohne Stottern. Natürlich sorgte unser gemeinsames Auftreten vor der Sprachfördergruppe nicht nur für Verblüffung, sondern auch für Gelächter. Dann passierte etwas Unerwartetes. Die Gruppe war fasziniert, und fast alle wollten nun auch singend vorlesen. Das wirkte sich sehr entspannend auf Patrick aus. Eine Schülerin »sang« so gelassen vorlesend, dass ich sie *mit ins Boot holte*: Ich fragte sie, ob sie sich vorstellen könne, nach meinem kurzen ersten Singen als erste Schülerin singend vor der ganzen Klasse zu lesen, um danach Patrick als eigentlichen Kandidaten »singen« zu lassen. Sie war sofort bereit dazu, und der Plan von »uns dreien« ging auf. Am entsprechenden Tag erklärte ich zunächst der Klasse, dass wir einen ungewöhnlichen Weg versuchen wollten, Patrick aus seinem Stottern herauszuhelfen, nämlich durch Singen. Und dass die Klasse mithelfen würde, wenn sie diese Form akzeptieren würde. Dann folgte der von uns vorher erprobte Ablauf, und Patrick »sang« seinen Vorlesetext tatsächlich fast ohne zu stottern. Zwar erreichte er in der Endauswahl nicht sehr viele Punkte, aber das schien ihn nicht zu stören. Viel wichtiger war, dass er (neuen) Mut geschöpft und bewiesen hatte, überhaupt teilnehmen zu können, und dass er langfristig möglicherweise einen Weg gefunden hatte, sein Stottern auf Dauer noch mehr in den Griff zu bekommen.

Ein wichtiger Nebeneffekt dieser Geschichte war die zusätzliche Stärkung des zu diesem Zeitpunkt bereits angewachsenen positiven Sozialverhaltens des Mädchens, das die »Dritte im Bunde« geworden war. Was mein eigenes singendes Vorlesen angeht, wäre ich unter Umständen auch so auf die Idee gekommen, aber mein verinnerlichter Grundsatz der Gleichwertigkeit hatte mich stärker für diese Möglichkeit sensibilisiert.

Im Klassenrat, auf den ich an späterer Stelle noch näher eingehen möchte, spreche ich mit den Schülern meiner Klasse lieber über Einzelfälle, ohne die Namen der gemeinten Personen zu nennen. Das gilt für die ganze Klasse als Vereinbarung. Ich habe festgestellt, dass das Weglassen der Namen dazu beiträgt, die Werte »Achtung« und »Gleichwertigkeit« einmal mehr im Schulalltag umzusetzen. Denn im Allgemeinen geht es häufiger um Probleme mit »schwierigen« Schülern, weil sie mehr als andere ihren Mitschülern zur Last fallen. Indem ihre Namen nicht ausgesprochen werden, entsteht für diese Schüler weniger der Eindruck, man verurteile sie wie vor einem Gericht. Vielmehr wird der jeweilige Vorfall wie ein Modellfall behandelt, der schließlich in der Frage mündet: »Wie könnten wir als Klasse damit umgehen?« Die Fragestellung richtet sich selbstverständlich auch an die »schwierigen« Schüler. So sitzen beim Klassenrat Schüler mit weniger gut entwickeltem sozialem Verhalten gleichwertig zwischen den anderen Schülern und nicht als Angeklagte vor ihnen. Durch die anonyme Besprechung des Problemfalles wird die Würde dieser Schüler gewahrt. Ich habe nicht selten erlebt, dass auch diese Schüler sich mit konstruktiven Vorschlägen zum Modellfall äußerten, selbst wenn sie die »Täter« waren (was mich immer ein wenig amüsierte). Außerdem erhalten die »schwierigen« Schüler auf diese Weise keine besondere (negative) Aufmerksamkeit.

Die Entwicklung der letzten Jahrzehnte führte nicht nur an deutschen Schulen dazu, dass *Lehrer* mehr und mehr *zu Lernbegleitern* werden. Mitunter wird auch schon vom Lehrer als »Lernberater« gesprochen. Dies geschieht ganz im Sinne individualpsychologischer Pädagogik, denn durch die neue Rolle als Lernbegleiter werden Lehrer neben ihren Schülern gleichwertiger wahrgenommen. Aufgrund dieser Entwicklung werden Lehrer vielleicht bald nicht mehr wie arrogante Belehrende dargestellt (beispielsweise in Witzen und Karikaturen), die »über« ihren Schülern stehen.

Um die Prinzipien »Achtung« und »Gleichwertigkeit« stärker umzusetzen, können wir uns bewusst selbst beobachten – beispielsweise wenn wir mit unseren Schülern *sprechen*. Rudolf Dreikurs (1971, S. 266) hat zwei Merkmale herausgearbeitet, die uns zeigen, *wie* wir mit den Schülern sprechen. Erstens sollten wir auf den *Ton unserer Stimme* achten: Sprechen wir in freundlichem Ton? Signalisieren wir mit unserer Stimme unser Vertrauen in die Schüler? Vermitteln wir mit unserem Ton eine heitere, gelassene Stimmung? Oder sprechen wir mit autoritärer Stimme, vielleicht eher ungeduldig oder ärgerlich? Was schwingt da mit? Zweitens macht Dreikurs darauf aufmerksam, dass wir nicht in den Fehler verfallen sollten, *zu* unseren Schülern zu reden. Vielmehr ist es ein individualpsychologischer Grundsatz, *mit* Schülern zu sprechen. Das ist gar nicht so einfach zu unterscheiden, zumal die Grenzen fließend sein können.

Die Unterscheidung fällt leichter, wenn wir uns als Lehrer wiederum selbst beobachten: Welche Haltung zum Schüler nehme ich gerade beim Sprechen ein? Halte ich womöglich einen Monolog, belehre oder beschimpfe ich ihn? Dann sollte ich innehalten und das »Gespräch« zu einem anderen Zeitpunkt fortsetzen, denn genau betrachtet führe ich gar kein Gespräch mit ihm, jedenfalls nicht *mit* ihm. Wenn ich dagegen *mit* meinem Schüler spreche, nehme ich automatisch eine andere Haltung ein: Ich bin entspannt, spreche nicht lange, um mein Gegenüber antworten zu lassen, nehme die Antwort mit Interesse an und lasse das Gespräch eher fließen (statt zu kontrollieren, dass mein Anliegen beim Gesprächspartner ankommt). Kurz gesagt, wenn ich *mit* meinem Schüler spreche, möchte ich nichts Bestimmtes durchsetzen, sondern gemeinsam zu einer Lösung gelangen. Ein bedeutender Unterschied! Die gute Botschaft: Wenn wir darauf verzichten, beim Schüler etwas durchsetzen zu wollen, erreichen wir viel mehr. Das bedeutet andererseits, uns als Lehrer darin üben zu müssen, Schüler für unsere Ideen *zu gewinnen*, vor allem für die Interessen der Klassengemeinschaft.

Zu Achtung gehört selbstverständlich auch eine angemessene Portion *Selbstachtung*.

> *»Ein Lehrer, der vor jedem Kind Achtung hat und es mit Würde und Freundlichkeit behandelt, kann es zur Anerkennung von Ordnung und Spielregeln bringen, die für jedes soziale Funktionieren notwendig sind. Auf der anderen Seite muss der Erzieher auch genügend Selbstachtung haben und nicht nachgeben, wo Festigkeit vonnöten ist. Viele gütige Lehrer können nicht fest sein und viele, die fest sind, sind nicht freundlich. Mit Festigkeit verbundene Güte ist jedoch Ausdruck gegenseitiger Achtung; sie ist die Grundlage für eine gute und beständige Beziehung. Kinder wollen ihre Lehrer achten, wollen aber selbst auch geachtet sein«* (Dreikurs 2003, S. 87).

Damit soll kurz auf eine Einschränkung eingegangen werden, die Achtung angeht. Es versteht sich von selbst, dass Achtung gepaart mit Freundlichkeit vermittelt wird. Aber mitunter ist es sinnvoll, vorübergehend auf Freundlichkeit zu verzichten. Ich habe die Erfahrung gemacht, dass Freundlichkeit in manchen Situationen unangemessen ist, z. B. wenn ein Lehrer eine Klasse neu übernommen hat und die Klasse aus vielen Schülern besteht, die weder vor Personen Achtung zeigen noch wertschätzend mit Gegenständen umgehen. Da gilt es zunächst, sich als Lehrer die Achtung seiner Schüler zu erarbeiten, und das muss in manchen Fällen mit entschlossener Durchsetzungskraft geschehen. Unter Individualpsychologen gilt die Faustregel: Nur ein Lehrer, der genügend *Selbstachtung* hat und sich diese zu erhalten weiß, kann auch von seinen Schülern geachtet werden. Um jedoch die negativen Seiten des Sichdurchsetzens so gering wie möglich zu halten (schließlich beeinträchtigt dies wiederum auf Dauer das gute Lernklima, und es kommt häufiger zu Machtkämpfen zwischen Lehrern und Schülern), sollte diese Phase aber so kurz wie möglich andauern und bald durch ein Auftreten ersetzt werden, in dem mit *Festigkeit* die gegenseitige Achtung erhalten wird.

5. Wie man in den Wald hineinruft, so schallt es heraus?

»Wie man in den Wald hineinruft, so schallt es heraus.« Im übertragenen Sinne besagt das alte deutsche Sprichwort: Wie Lehrer auf ihre Schüler zugehen, freundlich oder unfreundlich, so reagieren ihre Schüler, also entsprechend freundlich oder unfreundlich. Meiner Meinung nach steht es tatsächlich außer Frage, dass Lehrer mit ihrem Gemütszustand und ihrem Verhalten einen starken Einfluss auf das Verhalten ihrer Schüler haben. Doch das Verhalten eines Lehrers ist keine Garantie für die Reaktionen »auf der anderen Seite«. Daher soll es im Folgenden darum gehen, warum wir oft auch dann an Grenzen stoßen, wenn wir unsere Schüler mit Achtung behandeln.

Warum hat das Sprichwort »Wie man in den Wald hineinruft, so schallt es heraus« also nur eingeschränkte Gültigkeit? Die Antwort liefert uns die Kommunikationsforschung: Dem Sprichwort liegt eine reduzierte Auffassung von Kommunikation zugrunde, eine Auffassung, die menschliche Kommunikation nicht realitätsnah erfasst. Das Sprichwort erweckt den Anschein, als starte eine Kommunikation ab einem bestimmten Zeitpunkt und verlaufe von da an linear, wenn auch in wechselnder Richtung, als gebe es lediglich einen »Sprecher« *(Sender)*, der sich mit einer eindeutigen *Botschaft* an einen »Zuhörer« *(Empfänger)* wendet, der dann die adäquate Antwort zurückgibt. Doch die real ablaufende menschliche Kommunikation verläuft wesentlich komplexer, sodass die Begriffe »Sender«, »Empfänger« und »Botschaft« allenfalls das Grundschema von Kommunikation darstellen können. Weder kann von einem genau bestimmbaren Anfang einer Kommunikation ausgegangen werden noch von eindeutigen Botschaften, noch von gleich bleibenden Rollen (Sender/Empfänger) im Kommunikationsverlauf noch von einer kalkulierbaren Abfolge des Kommunikationsprozesses. Würde man eine derart reduzierte Auffassung von Kommunikation zugrunde legen, wie das Sprichwort nahelegt, würde man die *Kreisförmigkeit* und die komplexen *Wechselwirkungen von Kommunikationsprozessen* nicht berücksichtigen.

Daisaku Ikeda schreibt in seinem Essay über Erziehung zu diesem Thema:

> »Diesen Punkt, den man auch Wechselbeziehung nennen könnte, möchte ich ganz besonders hervorheben. In unserer Umwelt existiert nichts, was für sich allein bestehen könnte. Alles steht mit seiner jeweiligen Umgebung in Verbindung und bildet ein Ganzes … Die moderne Psychologie und die Ökologie zeigen, dass gewaltige Wechselbeziehungen zwischen Menschen untereinander, zwischen Mensch und Natur und dem ganzen Universum bestehen« (Ikeda 1984, S. 3).

Zur gleichen Thematik schreiben Watzlawick/Beavin/Jackson:

> »Ein Kreis hat weder Anfang noch Ende. Das [...] zwingt uns, die Auffassung abzulegen, dass z. B. Ereignis a vor Ereignis b stattfindet und daher dessen Eintreten bedingt, denn mit derselben fehlerhaften Logik könnte man annehmen, dass Ereignis b vor Ereignis a kommt – je nachdem, wo man willkürlich die Kontinuität des Kreises bricht und diesen Punkt ›Anfang‹ oder ›Ursache‹ nennt« (Watzlawick/Beavin/Jackson 1985, S. 47 ff.).

Paul Watzlawick, einer der federführenden Autoren des Buches »Menschliche Kommunikation« (1985), arbeitete lange Zeit als Psychotherapeut und Kommunikationsforscher. Von ihm und seinen Mitautoren können wir Lehrer einiges darüber erfahren, wie sich Kommunikationsabläufe im Allgemeinen und insofern auch in unserem Unterricht abspielen. Dieses Hintergrundwissen über Kommunikation erschließt uns zugleich die Individualpsychologie um weitere Bereiche – besonders wenn es darum geht, Wechselbeziehungen zwischen Handlungen zu verstehen. Es lohnt sich also ein Exkurs in die Kommunikationsforschung.

Zunächst einmal stellt sich die Frage nach dem Zusammenhang von »schwierigem« Schüler*verhalten* und dem Begriff »Kommunikation«. Auf den ersten Blick scheint es sich noch um zwei verschiedene Paar Schuhe zu handeln. Doch etwa seit den 1960er-Jahren wird in den Wissenschaften der Begriff »Kommunikation« nicht mehr nur auf Gespräche und gesprächsähnliche Situationen bezogen, sondern in weitestem Sinne verwendet: Alles *Verhalten* ist Kommunikation (Watzlawick/Beavin/Jackson 1985, S. 23). Demnach schließt Kommunikation jede noch so banal erscheinende Handlung mit ein; selbst nicht ausgeführte Handlungen tragen zur Kommunikation bei. Bleibt zu ergänzen, dass sämtliche *nonverbale Ausdrucksformen*, die sogenannte »Körpersprache« inbegriffen, Teil des Kommunikationsprozesses sind. Kommt beispielsweise ein Lehrer in einen Klassenraum und lässt seinen Blick über den Raum und die sich darin befindenden Schüler schweifen, sagt nichts, sondern verlässt dann wieder den Raum – hat gerade eine Form von Kommunikation stattgefunden.

Die an Schulen recht geläufige Beschreibungsweise, ein Schüler verhalte sich »immer« so und so, ist aus der Sicht der Verhaltens- und Kommunikationsforschung nicht vertretbar. In der gleichen Weise, wie man Wechselwirkungen zwischen Organismen (z. B. Zellen, Organe, Kulturen) in der Biologie und anderen verwandten Disziplinen untersucht, müssen auch Verhaltensformen von Schülern in einem größeren Kontext gesehen werden. Das bedeutet, sich konsequent von einer monadischen Auffassung vom Individuum zu lösen: Ein Mensch besteht nicht für sich und schon gar nicht als in sich abgeschlossenes System, sondern verändert sich, passt sich an und lebt in wechselseitiger Beziehung zu seinem Umfeld. Wollen wir also einen Schüler, der sich auffällig verhält, verstehen, müssen wir möglichst viele kontextuelle Aspekte zum Verständnis seines Verhaltens heranziehen. Dazu zählen in erster Linie Aspekte, die sein soziales Umfeld ausmachen beziehungsweise in der Vergangenheit ausmachten. Solche Aspekte für die Interpretation des Schülerverhaltens nicht zu berücksichtigen, hieße, ihn lediglich in künstlicher Isolierung zu betrachten, wie es in früheren Zeiten üblich war – aber auch oft genug noch heute.

> »Wenn aber die Grenzen dieser Untersuchung weit genug gesteckt werden, um die Wirkungen eines solchen Verhaltens auf andere, die Reaktionen dieser anderen und den Kontext, in dem all dies stattfindet, zu berücksichtigen, so verschiebt sich der Blickpunkt von der künstlichen Monade auf die Beziehung zwischen den Einzelelementen größerer Systeme« (Watzlawick/Beavin/Jackson 1985, S. 22).

Betrachten wir nun also die bei uns täglich stattfindenden Unterrichtssituationen als kommunikative Prozesse in diesem weit gefassten Sinne. Wiederholen sich kommunikative Abläufe in unserem Klassenzimmer mit den gleichen Personen und unter ähnlichen Bedingungen, kann man schon bald etwas – wie ich finde – Spannendes entdecken. Nämlich, dass Kommunikationsprozesse nicht nur wechselseitig ablaufen, sondern dass sie, sobald sie sich eingespielt haben, *regelhaft* werden. Die Ähnlichkeit mit mathematischen Regeln ist zutreffend, weil die kommunikativen Regeln klar formuliert werden können und durchaus ihre eigene Logik haben. Wir brauchen uns nur daran zu erinnern, wie oft uns das Wort »immer« über die Lippen geht, z. B. wenn wir uns mit Kollegen über Unterrichtssituationen austauschen. Aus Sicht der Kommunikationsforschung stellt sich in der Tat mit der Zeit eine gewisse Regelhaftigkeit ein. Sie wird durch wechselseitige Regulierung der miteinander kommunizierenden Menschen hervorgerufen: Wenn jenes passiert, folgt dieses und daraufhin dieses ... (und alle beteiligten Personen stellen sich darauf ein).

Sämtliche Personen, die an dem sich wiederholenden Kommunikationsprozess beteiligt sind, bilden dabei zusammen ein *System*. Das legt zunächst den Rückschluss nahe, Kommunikationsprozesse seien möglicherweise doch kalkulierbar. Die Regelhaftigkeit drückt jedoch eher eine hohe Wahrscheinlichkeit aus, keine Gesetzmäßigkeit. Anders ausgedrückt: Der an sich regelhafte Ablauf verläuft zwar relativ häufig in gleicher Weise, kann aber andererseits schon durch minimale Veränderungen durchbrochen werden. Das ist der Punkt, der uns am meisten interessieren sollte: In der Möglichkeit minimaler Einwirkungen, die einen Kommunikationsprozess verändern, liegt für uns Lehrer eine große pädagogische Chance. Schließlich haben wir es in der Schule oft genug mit Verhaltensmustern zu tun, die »eingefahren« sind. Doch bei näherer Betrachtung sind unsere Unterrichtssituationen weniger »festgefahren«, als sie auf uns wirken.

Um miteinander kommunizierende Menschen als *Systeme* zu begreifen, soll kurz die *Systemtheorie* herangezogen werden, ein interdisziplinäres Erkenntnismodell. Ganz unterschiedliche wissenschaftliche Disziplinen befassen sich mit der Systemtheorie, so unter anderem die Biologie, die Chemie, die Logik, die Philosophie, die Physik, die Wirtschaftswissenschaften, aber auch die Kommunikationsforschung und die Psychologie. Folglich ist die Systemtheorie keine eigenständige Disziplin, sondern ein Rahmen für einen interdisziplinären Diskurs, in dem der Begriff *System* als Grundkonzept geführt wird. In Anlehnung an diesen Diskurs lässt sich der Begriff »System« folgendermaßen definieren: Ein *System* beschreibt eine Menge von Elementen und deren Relation untereinander.

Wir können uns beispielsweise den menschlichen Körper als ein System vorstellen. Tatsächlich wird unser Körper von Biologen als ein System angesehen, und seine Abläufe werden entsprechend gedeutet. Zur Erklärung des Körpers als eines Systems dienen Begriffe wie »internes Gleichgewicht«, »Ausgleichsbewegung« und »Kraft«. Diese Begriffe zeigen bereits, dass aus der Sicht von Wissenschaftlern Systeme über ein Eigenleben verfügen. Somit sind sie in der Lage, über sich selbst hinauszugreifen und nicht nur passiv Impulse von außen aufzugreifen. Ludwig von Bertalanffy, Biologe und Systemtheoretiker, spricht hier von *offenen* Systemen im Gegensatz zu *geschlossenen* Systemen, die über keine Wechselwirkungen mit der Umwelt verfügen. Ein offenes System hingegen verfügt über relativ hohe Flexibilität, die es ihm ermöglicht, sich in einem dynamischen Umfeld zu stabilisieren. Offene Systeme variieren also im Austausch mit ihrer Umwelt ihre Reaktionen, ohne dabei ihre Systemstrukturen vollständig umbauen zu müssen. Da offene Systeme *von selbst* dazu übergehen, ihre interne Organisation bei Umweltveränderungen umzustellen, spricht man vom »Blackbox«-Phänomen; wobei die »Blackbox« im ursprünglichen und bildlichen Sinne darauf hinweist, dass Menschen keinen Einblick in das betreffende System erhalten.

Andererseits kann man durch das *veränderte Verhalten* des Systems Rückschlüsse auf seine innere Selbstkorrektur ziehen. Dieser Prozess, der sich im Innern des Systems abspielt, wird als *Selbstorganisation* bezeichnet und stellt eine wissenschaftliche Erkenntnis dar: Systemtheoretiker gehen davon aus, dass Systeme prinzipiell nach *Selbsterhaltung* streben. Wofür kann diese Erkenntnis von Nutzen sein? Das wissenschaftliche Interesse an Systemen dient in den unterschiedlichen Disziplinen vorrangig dem Ziel, Vorhersagen über das Systemverhalten machen zu können.

Auch bei Schülerverhalten ist diese Möglichkeit, Vorhersagen bezüglich eines Verhaltens machen zu können, von großem Nutzen. Für uns Lehrer ist hier noch eine weitergehende Frage interessant: Wie lässt sich auf ein System einwirken, das an sich stabil, aber unerwünscht ist? Auf Schule bezogen: Wie lässt sich auf einen Unterrichtsprozess einwirken (der als Ganzes einem System entspricht), dessen Ablauf regelmäßig unerfreuliche Störungen enthält? Kann man den Prozess oder die störende Person (die für sich gesehen wiederum einem System entspricht) zu einer *Selbstkorrektur* verleiten? Diese Perspektive wird uns in diesem Buch noch stärker beschäftigen.

Die täglichen Erfahrungen wie auch systemtheoretische Erkenntnisse zeigen, dass es grundsätzlich nicht einfach ist, einen kommunikativen Ablauf zu verändern. Schon mancher Lehrer mag bei dem Versuch gescheitert sein, kreislaufartige Situationen, die sich in der Schule abspielen, durch pädagogische Interventionen zu beenden. Die Systemtheorie hält dafür folgende plausible Erklärung und einen aussagekräftigen Begriff bereit: Systeme, also auch menschliche, sind auf natürliche Weise *homöostatisch*. Das heißt, sie entsprechen – sind sie erst einmal entstanden – einem Organismus, der trotz wechselnder äußerer oder innerer Störeinflüsse eine hohe Stabilität aufweist. Der Begriff »Homöostase« stammt aus dem Griechischen und bedeutet »gleich bleibender Zustand«.

Das Buch »Einstellungsänderung und Systemgeschehen« liefert folgende Erklärung:

>»Ein solches System (...) ist gegen Änderungen seiner selbst sehr resistent. In systemtheo-
retisch-kybernetischer Sprache bevorzugt dieses System sogenannte kompensierende
Rückkopplungen, also Rückwirkungen, die dazu beitragen, störende Einflüsse von außen
zu neutralisieren. Das System selbst wandelt sich dabei nicht [beziehungsweise verändert
seine Grundstruktur nicht, d. Verf.]«* (Heinert 1979, S. 98).

Soziologisch betrachtet handelt es sich auch bei Familien oder Lehrerkollegien um Systeme, die aus sich selbst heraus nach einem gleich bleibenden (also gewissermaßen stabilen) Zustand streben. Das erklärt, warum es relativ selten zu nachhaltigen Veränderungen in Familien oder Kollegien kommt. Zwischen den zum System gehörenden Menschen bestehen feste Strukturen, die zugleich flexibel sind. Kommen neue Personen hinzu, entspricht dieser Neuzugang im Sinne der Systemforschung zunächst einem »Störeinfluss«. Der störende Einfluss dauert aber nicht lange an. Neugeborene werden beispielsweise von Anfang an von ihren Familien so eingegliedert, dass sie ins System »passen« beziehungsweise den »Gleichgewichtszustand« wiederherstellen. Dasselbe gilt für neue Lehrer im Kollegium. Sie passen sich verblüffend schnell in einer Weise an, dass das jeweilige Lehrerkollegium-System relativ störungsfrei weiter »funktionieren« kann. Wer jetzt vermutet, dass die Eingliederung eher typisch »angepasste Persönlichkeiten« erfordert, irrt im systemtheoretischen Sinne. Denn Systeme benötigen einander ergänzende Elemente, demnach auch individuelle Persönlichkeitstypen. Bleibt das System durch den hinzukommenden Menschen im Gleichgewicht – in diesem Fall das Lehrerkollegium –, ist das ein Indiz dafür, dass die »individuell« erscheinende Persönlichkeit ins System passt oder mit ihren Eigenarten vom System gebraucht wird.

Wird ein Supervisor *von außen* hinzugeholt, um bei Störungen *im* Kollegium zu helfen, ist er im systemtheoretischen Sinne auch zunächst ein »Störeinfluss«. Vorübergehende Irritationen, die durch das Auftreten des Supervisors entstehen, sind demnach zu erwarten, denn der Supervisor trifft auf systemimmanente Kräfte, die beharrlich versuchen, den im systemtheoretischen Sinne »alten Zustand« beizubehalten oder gegebenenfalls wiederherzustellen. Man kann sich das so vorstellen, als ob »sich neue Mechanismen ausbilden, um der veränderten Lage Rechnung zu tragen« (Watzlawick/Beavin/Jackson 1985, S. 33).

Dabei spielt es keine Rolle, ob die systemerhaltenden Vorgänge bewusst oder unbewusst herbeigeführt werden. Vor einer vergleichbaren Situation stehen auch Familientherapeuten, wenn sie in ein Familiensystem eingreifen müssen, weil die internen Probleme den Familienangehörigen unlösbar erscheinen. Trotz Leidensdruck neigt jede einmal entstandene Familie dazu, ihr System erhalten zu wollen und auf Störeinflüsse – in diesem Fall den Therapeuten – »neutralisierend« zu reagieren.

Mit den letzten Erklärungen möchte ich keinesfalls zum Pessimismus verleiten, wenn es um notwendige Veränderungen durch Hinzunahme kompetenter Fachleute geht. Selbstverständlich ist es Therapeuten oder Supervisoren möglich, in einem System so zu intervenieren, dass am Ende positive Veränderungen herbeigeführt werden. Nur sollte man die Erkenntnisse der System- und Kommunikationsforschung nicht außer Acht lassen, sondern sich dieser Prozesse bewusst sein. Dasselbe gilt für Unterrichtsprozesse mit »schwierigen« Schülern. Wir sollten uns bei allen Versuchen, positiven Einfluss zu nehmen, der »Gegenkräfte« bewusst sein, die ein System aus sich selbst heraus entwickelt.

Um zu verstehen, wie das »Gleichgewicht« in Systemen hergestellt und erhalten wird, kommen wir auf die bereits erwähnte Kreisförmigkeit von Kommunikationsprozessen zurück. Watzlawick, Beavin und Jackson (1985, S. 31) erklären das Phänomen folgendermaßen:

> *»Eine Kausalkette, in der Ereignis a Ereignis b bewirkt, b dann c verursacht und c seinerseits d usw., würde die Eigenschaft eines deterministischen, linearen Systems haben. Wenn aber d auf a zurückwirkt, so ist das System zirkulär und funktioniert auf völlig andere Weise ...«* (Watzlawick/Beavin/Jackson 1985, S. 31).

Für das in zwischenmenschlichen Systemen ablaufende wechselseitige Verhalten verwenden Kommunikationsforscher den Begriff »Rückkopplung«. Rückkopplungen haben eine regulierende Funktion.

> *»Rückkopplungen können bekanntlich positiv oder negativ sein. Die negative Form ... (ist) eng mit dem Begriff der Homöostasis (des Ruhezustandes) verbunden und (spielt) so eine wichtige Rolle bei der Herstellung und Erhaltung des Gleichgewichts in Systemen und daher auch in menschlichen Beziehungen. Positive Rückmeldungen dagegen führen zu Änderungen im System, d.h. zum Verlust der Stabilität oder des Gleichgewichts«* (Watzlawick/Beavin/Jackson 1985, S. 32).

Beschäftigen wir uns weiter mit den Möglichkeiten eines Eingriffs in den Kommunikationsprozess. Wenn der gesamte Kontext den Ablauf eines Kommunikationsprozesses bedingt, hängt letzterer zugleich von jedem einzelnen Aspekt des Kontextes ab. Zu den einzelnen Aspekten eines kommunikativen Ablaufs gehören Komponenten wie der Umstand, der Ort, die Sprache, die kommunizierenden Personen und vieles mehr. Somit können wir annehmen, dass schon mit der Abänderung einer dieser Komponenten der (bis dahin regelhafte) Ablauf nicht mehr einwandfrei gewährleistet ist, ja wahrscheinlich verändert wird. Diese Hypothese interessiert uns Lehrer hinsichtlich der Frage, ob wir auf das Verhalten eines »schwierigen« Schülers gezielt einwirken können. In diesem Fall *wollen* wir hier nämlich gewissermaßen stören, verändern oder zumindest irritieren. Kann uns dies schon gelingen, wenn wir lediglich eine Komponente des Kommunikationsprozesses abändern? Kann uns dies auch dann gelingen, wenn wir nicht einmal den zentralsten Teil des Kommunikationsprozesses verhindern können, und zwar das Störverhalten eines »schwierigen« Schülers als an die Klasse gerichtete Botschaft (»Botschaft« hier als Begriff der Kommunikationstheorie)? Um es noch konkreter zu sagen: Können wir ausreichend Einfluss auf einen Kommunikationsablauf in der Klasse nehmen, selbst wenn wir nicht das Verhalten eines »schwierigen« Schülers direkt verhindern können? Könnten wir dies, würde sich uns Lehrern ein bislang unterschätzter Spielraum von Möglichkeiten eröffnen. Und ich meine: Ja, wir haben diese Möglichkeiten. Jeder Lehrer kann schon entscheidend einwirken, indem er nur eine einzige Komponente des Kommunikationsprozesses verändert. Es soll nicht behauptet werden, dass dies leicht ist; uns soll zunächst lediglich die Möglichkeit interessieren.

Nehmen wir der Einfachheit halber ein konstruiertes Beispiel aus dem Schulalltag. Eine Klasse befindet sich zusammen mit ihrem Lehrer im Klassenraum; der Unterricht hat bereits begonnen. Der Klassenraum ist der *Ort* des Kommunikationsprozesses, der Unterricht ist der *Umstand*, der den Ablauf konstituiert. Ein »schwieriger« Schüler beginnt, an seinem Sitzplatz Grimassen zu schneiden. Nach ein paar Minuten gestikuliert er außerdem wild mit seinen Händen und Armen. Von Minute zu Minute konzentrieren sich immer weniger Schüler der Klasse auf den Unterricht, sondern schauen nur noch zu diesem Schüler. Bedeutung, Handlungsabsicht, Ort und Umstand scheinen auf den ersten Blick feststehende, also unveränderbare Komponenten des weiteren Kommunikationsprozesses zu sein. Wirklich unveränderbar? Würde der Lehrer auf die allgemein übliche Weise reagieren, womöglich schlecht gelaunt und mit Tadel, hätte er dieses »Spiel« bald verloren. Nun verändert der Lehrer aber einmal im Sinne der genannten These lediglich eine der Komponenten, die die Kommunikation bedingen. Und zwar verändert er den *Umstand* – in diesem Fall ist es der Unterricht, der den Rahmen für die ablaufende Kommunikation bildet: Der Lehrer teilt seiner Klasse mit, dass alle für den heutigen Tag schon sehr fleißig gearbeitet hätten und er den Unterricht nun unterbreche, damit die Klasse als Pause eine Einlage erhalte, nämlich die »Clown-Darbietung« jenes Schülers.

Der noch immer Faxen machende Schüler wäre nun mit einem völlig neuen Umstand konfrontiert: Der eigentliche Unterricht würde plötzlich nicht mehr den Rahmen für seine Handlung abgeben. Zudem würde der Schüler in diesem Fall ausgerechnet der Aufforderung seines Lehrers nachkommen, wenn er sein Verhalten fortsetzte, während doch sein ununterbrochenes Faxenmachen bereits ein Hinweis dafür ist, dass er ungern tut, was der Lehrer von ihm erwartet. Unter diesen (veränderten) Umständen würde also der Faxen machende Schüler die Situation höchstwahrscheinlich unangenehm finden und seine kommunikative Handlung abbrechen. Eine Variante dazu: Der Lehrer verkündet, alle Schüler dürften aufgrund des schönen Wetters draußen auf der Schulhofwiese weiterarbeiten. Damit würde der Lehrer zum gleichen Resultat gelangen, nämlich dass der Schüler seine Faxen-Darbietung abbrechen müsste. Mit dem Unterschied, dass der Lehrer in diesem Fall nicht den Umstand, sondern den *Ort* als Aspekt des Kommunikationsprozesses verändert hätte. Der »schwierige« Schüler würde unversehens allein in einem leeren Klassenraum sitzen, würde er seine Faxen nicht abbrechen und den anderen nach draußen folgen. Ihm würde auf jeden Fall das Publikum und somit der Sinn seiner Handlung genommen werden. Nebenbei bemerkt: Der Anwesenheit eines Publikums wird in der Individualpsychologie ein größerer Stellenwert zugeschrieben, weil ein Publikum den Handlungen meist überhaupt erst ihre Bedeutung gibt. Für uns Lehrer ist wesentlich, dass sich bedeutsame Komponenten einer Kommunikation leichter entfernen oder verändern lassen, als man glaubt.

Bezeichnenderweise kann der Lehrer im konstruierten Beispiel das störende Verhalten seines Schülers (also die »Botschaft« an die Klasse) nicht verhindern. Im Sinne der Kommunikationsforschung bleibt die *Botschaft* als signifikante Form also unverändert. Doch indem der Lehrer eine Komponente des Kommunikationsprozesses verändert, bewirkt er, dass die Botschaft ihre *Wirkung* einbüßt.

Umberto Eco hat sich nicht nur einen Namen als Schriftsteller gemacht hat, er zählt auch zu den Pionieren auf den Gebieten der Kommunikationsforschung, besonders der Semiotik. Folgt man den Gedankengängen Ecos, lässt sich die zuletzt erklärte These auch umkehren: Der Kommunikationsprozess kann sich ebenso verändernd auf seine (ihn bedingenden) einzelnen Komponenten auswirken, beispielsweise auf die Umstände. Eco schreibt über Kommunikationsprozesse und mögliche Veränderungen:

> »(Man) könnte sich fragen, ob der Kommunikationsprozess die Umstände, unter denen er stattfindet, verändern kann. Die Erfahrung der Kommunikation, die die Erfahrung der Kultur ist, erlaubt es uns, positiv zu antworten, und wäre es nur insofern, als sich auch die Umstände, verstanden als ›reale Basis‹ der Kommunikation, ständig in eine Welt von Zeichen übersetzen und mittels dieser Zeichen identifiziert, bewertet und abgelehnt werden, während die Kommunikation ihrerseits in ihrer pragmatischen Dimension Verhaltensweisen erzeugt, die zu einer Veränderung der Umstände beitragen« (Eco 1988, S. 441).

Ich fasse die wesentlichste Aussage dieses Kapitels zusammen: Aus den wissenschaftlichen Erkenntnissen und Beobachtungen hinsichtlich menschlicher Kommunikation geht hervor, dass wir Lehrer keinesfalls dem Verhalten eines »schwierigen« Schülers ausgeliefert sind. Vielmehr sind wir selbst grundsätzlich ein Teil des kommunikativen Ablaufs und können Einfluss auf ihn nehmen.

Um ein Beispiel für Wechselseitigkeit und Regelhaftigkeit in Kommunikationsprozessen zu zeigen, möchte ich von einem Erlebnis während meiner Zeit als Grundschullehrerin berichten.

Die Mutter meines Schülers Max bat um ein Gespräch mit mir. Sie erschien dann zusammen mit ihrem Sohn. Die Mutter begann zu erzählen, was sich ihrem Glauben nach in der Pause zwischen den Schülern meiner Klasse abgespielt hatte. Während ihrer Erzählung kamen durchgängig Worte wie »Gewalt«, »Schläger«, »Opfer«, »zusammengeschlagen«, »verprügelt« und »gedroht« vor. Ihre wichtigste Botschaft an mich als Klassenlehrerin lautete, Max sei das Gewaltopfer des Mitschülers Helge geworden. Um den weiteren Verlauf des Gesprächs nachvollziehbarer zu machen, möchte ich erwähnen, dass (nicht nur) ich zu diesem Zeitpunkt einen ganz bestimmten Eindruck von der Mutter erhalten hatte. Man könnte sagen, die Mutter machte sich einen Sport daraus, uns Lehrern übermäßig kritisch »auf die Finger zu schauen« und, als Ergebnis ihrer kritischen Überprüfungen, uns Versäumnisse vorzuhalten. Dadurch betrachtete ich ihre Schilderungen einerseits in diesem Lichte und relativierte vieles davon im Stillen, d. h. ich ging davon aus, dass manches übertrieben dargestellt war. Andererseits war es meine Pflicht, davon auszugehen, dass die körperlichen Übergriffe grundsätzlich stattgefunden hatten – die Frage war nur, was sich tatsächlich abgespielt hatte.

Zunächst konnte ich nur Vermutungen anstellen. Glücklicherweise fiel mir der seltsame »Zufall« auf, dass ausgerechnet Max wegen solcher Vorfälle zu seiner Mutter gegangen war. Max hatte nämlich in letzter Zeit selbst öfter mal seine Mitschüler gepiesackt, auch körperlich. Meistens hatte er das so unauffällig gemacht, dass wir Lehrer es nicht mitbekommen hatten, aber die Schüler berichteten davon immer häufiger. Auch der Sportlehrer hatte Derartiges beobachtet. Hatte Max womöglich sogar die letzten Vorfälle, von denen seine Mutter berichtete, selbst in Gang gesetzt? Ich zog es vor, der Mutter zunächst sachlich und freundlich zu erklären, dass solche Streitereien häufiger mal vorkämen und es im Allgemeinen nur schwer zu ermitteln sei, wer der »Schuldige« sei, weil oft mehrere Streithähne ihren Anteil daran hätten. Doch die Mutter ließ nicht locker, sondern forderte, ich solle diese unerfreulichen Vorkommnisse öfter in der Klasse »zum Thema machen« (also das Gegenteil von dem, was der Individualpsychologe Rudolf Dreikurs empfiehlt, vgl. Kapitel 2) und dass die Eltern von Helge in die Schule gerufen werden müssten.

Nun erwähnte ich die Beobachtung, dass Max selbst in letzter Zeit häufiger zu »Gewalt« geneigt habe. Die Mutter sah ihren Sohn verblüfft an und fragte ihn, ob das stimme. Für einen Moment lang rutschte mir das Herz in die Hose, denn die Wahrscheinlichkeit war groß, dass Max dies abstreiten und ich mit meiner Sichtweise unglaubwürdig und allein dastehen würde. Aber Max hatte Rückgrat und gab es zu. Toll! Ein Individualpsychologe würde sagen: Max hatte noch genügend Gemeinschaftsgefühl, um die verzerrte (eigentlich verlogene) Darstellung nicht noch weiter aufrechtzuerhalten und seine Klassenlehrerin damit in Probleme hineinzuziehen. Dadurch nahm der Verlauf des Gesprächs eine totale Wende. Max gab plötzlich zu, seinem Mitschüler Helge sogar zuerst Schaden zugefügt zu haben, und erst danach habe Helge, so erzählte er, kräftig zurückgeschlagen. Die Mutter meinte schließlich etwas kleinlaut, sie müsse wohl zu Hause mit Max einmal länger reden.

Interessant ist hier der zunächst beginnende kreisförmige Verlauf der Kommunikation, der sich mit an Sicherheit grenzender Wahrscheinlichkeit schon oft ähnlich zugetragen hatte (und noch oft wiederholt hätte, wenn ich die Mutter nicht plötzlich mit dem tatsächlichen Zusammenhang der Ereignisse konfrontiert hätte). Der gesamte Ablauf lässt nicht nur einen Zusammenhang erkennen, sondern auch eine starke Regelhaftigkeit. Seine Abfolge soll in Kurzform skizziert werden, wobei sich auch hier das Dilemma zeigt, worauf Kommunikationsforscher hinweisen: Bei Kreisläufen lässt sich weder ein eindeutig erkennbarer Anfang noch ein Ende ausmachen. Insofern ist der Beginn des Kommunikationsprozesses von mir ganz willkürlich gewählt:

Max möchte von seiner Mutter stärker wahrgenommen werden und hat bereits beobachtet, worauf sie anspringt (Mutter nimmt gern mit einem anderen Erwachsenen Kontakt auf wegen subjektiv wahrgenommener Versäumnisse) … Max provoziert daraufhin ein Kind beziehungsweise eine Person, von der er annehmen kann, dass sie heftig genug reagiert … Max erhält die Reaktion, die er braucht … Max geht zur Mutter und klagt ihr sein Leid … Mutter nimmt ihn übermäßig wahr, sodass er vorübergehend zufriedengestellt ist … Mutter nimmt mit dem anderen Erwachsenen wegen der »Versäumnisse« Kontakt auf … Mutter empfindet Genugtuung beim Vortragen der subjektiv wahrgenommenen Versäumnisse … Nach einer gewissen Zeit fühlt sich Max abermals nicht genügend wahrgenommen … (Jetzt schließt sich der Kreis und beginnt von vorn).

Warum hat es in diesem Fall *keine Wiederholung* des bereits regelhaft ablaufenden Kommunikationsprozesses gegeben? Warum hat es also im systemtheoretischen Sinne eine positive Rückkopplung gegeben, einen Ablauf mit Veränderung? Anders ausgedrückt: Wie war es möglich, die Regelhaftigkeit zu durchbrechen und bei dieser Kommunikation einen (zumindest für mich) erwünschten Ausgang herbeizuführen? Antwort: Weil diesmal alles entgegen den (unbewussten) Intentionen von Mutter und Sohn verlief. Der Sohn, der bereits begonnen hatte, sich in der Rolle des Anschwärzers einzurichten, kam plötzlich auf den Geschmack, die Wahrheit zu sagen, und verfehlte dadurch (glücklicherweise) sein ursprüngliches Ziel. Die Mutter, die eigentlich Genugtuung angesichts der Versäumnisse eines anderen Erwachsenen empfinden wollte und sich stattdessen plötzlich selbst Versäumnisse eingestehen musste, verfehlte ebenso ihr ursprüngliches Ziel. *Verfehlte Ziele sind mit Erfolglosigkeit gleichzusetzen; da wir Menschen allerdings nur Erfolg versprechende Verhaltensmuster beibehalten, wurde dieses Muster – zumindest in dieser Personenkonstellation – aufgegeben.*

Es gibt nicht wenige Menschen, die es zu arrangieren vermögen, dass andere Menschen in ihrem Sinne handeln. Sie selbst können dann in dazu adäquater Weise reagieren. Natürlich kann man das als Manipulation bezeichnen. In der Individualpsychologie geht man davon aus, dass manipulatives Handeln regelmäßig in zwischenmenschlichen Bereichen stattfindet. Dennoch bildet das Thema »Manipulation« in der individualpsychologischen Fachliteratur keinen thematischen Schwerpunkt, schon gar nicht der entsprechende Begriff. Es ist mehr damit gewonnen, das »Wie« menschlichen Handelns *genau wahrzunehmen* und zu *untersuchen*, als wenn man den Begriff »Manipulation« durch häufige Benutzung überstrapaziert oder menschliches Handeln in einem verurteilenden Licht betrachtet. Zudem handelt es sich bei solchen zwischenmenschlichen »Arrangements« meist um unbewusstes oder zumindest nicht selbst verstandenes Verhalten.

6. Verhalten ist zielgerichtet

Die Individualpsychologie unterscheidet sich von anderen psychologischen Richtungen vor allem darin, dass sie alles Seelische *final* (zielbezogen) interpretiert. Um diese Betrachtungsweise Alfred Adlers nachvollziehbar zu machen, ziehe ich zunächst einen Bericht über die aktuelle internationale Hirnforschung heran (»Der Spiegel« Nr. 34, 2008, S. 123). Demnach konnten Wissenschaftler nachweisen, dass Menschen in der Lage sind, einem nicht real stattfindenden Handlungsablauf mental und seelisch so zu folgen, als würde er tatsächlich stattfinden. Voraussetzung dafür ist lediglich die feste *Vorstellung, dass der Handlungsablauf so und nicht anders stattfindet. Dementsprechend passen sich das Denken, Fühlen und Handeln eines Menschen seiner Vorstellung an,* weniger geschieht dies im umgekehrten Sinne. Das bestätigt die Erkenntnis Adlers, dass sämtliche im Menschen ablaufenden Prozesse im Prinzip *ganzheitlicher Natur* sind. Das Denken, Fühlen und Handeln eines Menschen sind somit aufeinander abgestimmt. Im besagten Zeitungsartikel interessiert besonders die Erkenntnis, dass Vorstellungen einen so fatalen Einfluss auf den Menschen haben können, dass sie seine Wahrnehmungen steuern und ihn in die Irre führen können.

Die im Bericht dargelegten Erkenntnisse können anhand des Verhaltens von Hunden leicht nachvollzogen werden: Wie oft amüsieren wir uns über Hunde, die vermeintlichen Stöckchen hinterherlaufen! Doch sind solche Sinnestäuschungen auch bei uns Menschen möglich? Dem Bericht zufolge ist dies der Fall. Sehen wir beispielsweise einem Zauberkünstler zu, wie er einen Ball in die Luft zu werfen scheint, glauben wir in den nächsten Sekunden, den Flug des Balls wahrzunehmen. Denn wir folgen mit den Augen dem vermeintlichen Ball, obwohl sich dieser in Wirklichkeit schon wieder im Ärmel des Zauberkünstlers befindet. So lässt sich unser Gehirn leicht täuschen. Hirnforscher gehen nun davon aus, dass »Nervenbahnen (…) auf reale Bewegungen ähnlich reagieren wie auf angedeutete …«. Die Erklärung dafür ist vermutlich ein »evolutionärer Schutzmechanismus: Bis ein Nervenimpuls tatsächlich im Bewusstsein ankommt, (…) vergehen durchschnittlich 100 Millisekunden … Diese Zeitspanne kompensiert das Hirn dadurch, indem es den Fortgang der Ereignisse prognostiziert« (»Der Spiegel« Nr. 34, 2008, S. 123).

Geht man davon aus, dass nicht nur mechanische Abläufe, sondern auch zwischenmenschliche Handlungen vom Menschen unbewusst »prognostiziert«, »vorgefühlt« beziehungsweise »vorkonstruiert« werden, ist man bei einem der Kerngedanken Alfred Adlers angelangt. Nach seiner Betrachtungsweise denkt, fühlt und handelt der Mensch gewissermaßen mit *Voraussicht.* Seine Wahrnehmung ist deshalb *final, also* auf *Ziele und Erwartungen* ausgerichtet. Dieser Vorgang ist dem Menschen zwar nicht bewusst, dennoch *handelt er entsprechend* seinen Zielen und Erwartungen.

Das alles erscheint aufgrund der dargestellten wissenschaftlichen Erkenntnisse so einleuchtend, dass wir dem wahrscheinlich sofort zustimmen möchten. Doch sobald wir andere psychologische Richtungen heranziehen, können wir feststellen, dass die Beweggründe der Seele üblicherweise nicht final, sondern *kausal* erklärt werden – als gäbe es einen Impuls aus der Vergangenheit, der den Bewegungen des Menschen eine Richtung gibt. Dagegen versucht der individualpsychologisch geschulte Pädagoge/Psychologe zu erfassen, *auf welches Ziel hin* sich ein Mensch bewegt. Der Mensch bewegt sich dabei mehr oder weniger »ahnend« auf seine Ziele zu. Die »Beweggründe« eines Menschen sind also im individualpsychologischen Sinne eher die »Bewegziele« eines Menschen – so jedenfalls können wir Alfred Adlers Theorie auffassen.

Ein Künstler arbeitet auch final, während er sein Kunstwerk erschafft. Ihm schwebt eine ungefähre Vorstellung vom erwünschten Ergebnis vor Augen, sonst würde er völlig orientierungslos vorgehen (was einzelne Künstler zwar sogar bewusst als Weg einschlagen, aber das ist in diesem Kontext nicht von Belang). Ähnlich »geht« ein Mensch in seinem Leben vor. Doch wie entstehen die Ziele eines Menschen, wenn er sie sich aussucht?

Um seine Ziele zu finden, entwickelt der Mensch zunächst in den ersten Kindheitsjahren seinen individuellen *Lebensstil*. Dieser dient ihm im Laufe seines Lebens zunehmend als Muster, um sich den Herausforderungen des Lebens zu stellen. Man kann das Finden des Lebensstils auch salopp als »Learning by Doing« bezeichnen. Bestimmte Handlungsmuster werden als erfolgreich erlebt und beibehalten, andere Handlungsmuster dagegen werden zunächst probiert und wieder verworfen. Im Zuge der Lebensstilentwicklung kristallisieren sich auf diese Weise die (unbewussten) Ziele des Menschen heraus.

Am Beispiel einer Kletterpflanze, der ich menschliche Züge verleihe, möchte ich den individualpsychologischen Begriff »Lebensstil« veranschaulichen. Es erscheint vielleicht eigenartig, den individualpsychologischen Kernbegriff anhand einer parabelähnlichen Erzählung von einer Pflanze zu veranschaulichen. Nähme ich jedoch einen Menschen als Beispiel, würde der persönliche Lebensstil des gewählten Beispiels zu sehr im Vordergrund stehen. Stattdessen soll das eher unpersönliche Beispiel einer Pflanze verdeutlichen, wie sich jeder Mensch seinen individuellen Lebensstil sucht.

Ein Samen keimt im Dunkeln. Eine noch winzige Kletterpflanze steckt ihren Kopf aus dem Samen heraus und schaut um sich. Ja, da ist das Licht! Schon wird sie etwas größer, reckt sich dem Licht entgegen. Sie entwickelt dabei Kraft und freut sich am Gefühl ihrer Kraft. Doch von ihrem Platz ist es besonders weit bis zur Erdoberfläche, deshalb muss sie eine zweite Fähigkeit entwickeln: Ausdauer. In ihrer Nähe keimen noch andere Kletterpflanzen, aber keine hat einen so weiten Weg bis zur Erdoberfläche wie sie. So entwickelt diese Kletterpflanze besonders viel Ausdauer – immer in der Annahme, irgendwann das Licht zu erreichen. Einen Meter entfernt von ihr keimt eine andere Kletterpflanze, die eine ähnlich weite Entfernung zurückzulegen hat. Diese Pflanze versucht aber etwas anderes, sie schiebt sich leicht über einen fremden Keimling und lässt sich nun von diesem mit hochdrücken. Eine durchaus intelligente Idee, allerdings entwickelt diese Pflanze weder Ausdauer noch Kraft, sondern gewöhnt sich daran, auch in Zukunft immer andere Pflanzen für sich zu nutzen. Doch zurück zur ersten Pflanze. Jetzt gerade hat sie es geschafft, nach einem langen Weg hat sie das Licht erreicht. Im vollen Bewusstsein ihrer nun entwickelten Kraft und Ausdauer macht sie zuversichtlich weiter. Erst hangelt sie sich an einem dürren Strauch hoch, dann entdeckt sie einen festen Draht, der offenbar von Menschen dort befestigt wurde. Der Weg bleibt schwierig, aber sie verlässt sich nun meistens auf ihre Kraft und Ausdauer, und so entwickelt sie diese Stärken noch weiter.

Da tritt ein Ereignis ein, das das Verhalten der Kletterpflanze nachhaltig verändert: Ein heftiger Regenguss prasselt auf die jungen Pflanzen nieder. Unsere Kletterpflanze rutscht jetzt dauernd ab, egal wie fest sie sich hält. Da bemerkt sie, dass sich die anderen Kletterpflanzen an einem stärkeren Baum emporarbeiten. Und da es keinen freien Weg an diesem Baum zu geben scheint, sieht sie für sich keine andere Lösung, als eine andere Pflanze grob zur Seite zu schieben. Das fällt ihr aufgrund ihrer entwickelten Körperkraft nicht schwer, und hinterher erfüllt sie ein Gefühl großer Überlegenheit. Nun ist ihr Weg nach oben nicht mehr so beschwerlich, obwohl der Regen anhält. Da taucht wieder eine andere Pflanze neben ihr auf und erscheint auf ihrem Weg wie ein Hindernis. Da die letzte Etappe des Weges spürbar leichter zu klettern war, zögert die Pflanze diesmal schon nicht mehr, sondern schiebt sofort die andere auch aus dem Weg. Inzwischen ist sie ja recht stark geworden und hat einen Hang zur Rücksichtslosigkeit entwickelt. In diesem Stil macht sie weiter; mehr und mehr andere Kletterpflanzen werden einfach zur Seite gedrückt, und bald ist die Mitte des Baumes in Sicht, während es weiter heftig regnet. Nach jedem Zur-Seite-Schieben erfüllt sie das Gefühl, den anderen überlegen zu sein, sodass ihr dieses Gefühl allmählich mehr Befriedigung vermittelt, als überhaupt nach oben zu kommen. Es wird für sie immer mehr zu einem persönlichen Ziel: »Überlegen sein!«

Da tritt ein zweites Ereignis ein, das ihrer Persönlichkeitsentwicklung wieder eine Wende gibt. Sie rutscht plötzlich ab und hängt nur noch an einem kleinen Blatt ihres Körpers. Eine zweite Kletterpflanze kommt vorbei und zieht sie hoch. Unsere Kletterpflanze ist »gerade noch mal davongekommen«, bedankt sich bei der anderen für ihre Hilfe, und die beiden setzen ihren Weg nach oben gemeinsam fort, während es immer noch regnet. Die andere Kletterpflanze erweist sich als ein interessanter Gesprächspartner, und so haben sie sich bald eine Menge zu erzählen und zu lachen. Unsere Kletterpflanze findet so viel Gefallen daran, dass sie in Zukunft darauf achtet, Lebenswege gemeinsam mit Partnern zurückzulegen, um einander zu unterstützen und das Leben zu verschönern. Ein persönliches Ziel also, das ihr wirklich wertvoll erscheint und auf das sie sich von jetzt an konzentriert. Zugleich hat sie damit ein Ziel gefunden, das ihrem bisherigen Ziel (Überlegenheit) ein starkes Gegengewicht verleiht. Die anderen Pflanzen schätzen vor allem ihre ungewöhnliche Kraft, die bei ihr gepaart mit Ausdauer in Erscheinung tritt. Unsere Pflanze neigt aber manchmal trotzdem noch dazu, ihre Kraft in einem wenig sozialen Sinne einzusetzen, und das bringt ihr in den weiteren Jahren jedes Mal mehr Ärger als Gewinn ein, denn viele Pflanzen setzen sich mit ihren Mitteln zur Wehr. Leider erkennt die Pflanze nicht, dass sie mehr davon hätte, auf ihren rücksichtslosen Verhaltensstil gänzlich zu verzichten. Sie ist auf ihrem

Weg nach oben zu sehr auf den Geschmack gekommen, wie »gut« sich Überlegenheit anfühlt. Und hat aufgrund ihrer vorübergehend erlebten Hilflosigkeit (was in diesem Fall einer Entmutigung entspricht) die Sichtweise verinnerlicht, anderes Handeln sei meistens erfolglos. So gesehen setzt sich der Lebensstil dieser Kletterpflanze mit den Jahren aus negativen und positiven Merkmalen zusammen, zumindest, wenn man die Merkmale im Hinblick auf gemeinschaftliches Verhalten einstuft.

Das Beispiel lässt bereits ahnen, dass sich eine große Anzahl von Menschen im Laufe ihres Lebens einem Streben hingeben, das ihnen zwar die Aussicht auf Glücklichsein vorgaukelt, auf Dauer allerdings zu Enttäuschungen führt. Fast immer gelangt man auf solche *Irrwege*, sobald der direktere Weg zum Glück versperrt oder schwierig zu sein scheint. Und fast immer führen solche Irrwege geradewegs zu einem Verhalten, das sich gegen die Gemeinschaft richtet. Was sich seelisch in einem »schwierigen« Schüler abspielt, der sich kontinuierlich auf solchen Irrwegen befindet, verstehen wir am ehesten mithilfe des Begriffs *Kompensation.* In allen Fällen liegt zunächst ein *Gefühl des Defizits* zugrunde (Adler verwendet den Begriff *Minderwertigkeitsgefühl*), für das der Betreffende einen Ausgleich sucht – man könnte sagen, einen *Ausgleich in Form eines Pseudoglücksgefühls.*

Handelte es sich um drogenartige Stoffe, die ein Mensch einnähme, um ein Pseudoglücksgefühl zu erreichen, würde uns ein solcher Schritt nicht weiter wundern. Es dürfte nun auch nicht schwerfallen, sich einen solchen Vorgang auf der seelischen Ebene vorzustellen: Ein Mensch ist zunächst entmutigt aufgrund erfolgloser Bemühungen, findet dann aber eine Kompensationsform, die ihm schnell und einfach *ersatzweise* ein gutes Gefühl vermittelt. Diese Pseudoglücksgefühle beinhalten allerdings die Kehrseite, dass sie über feindliches und destruktives Verhalten erzielt werden und insofern immer gegen die Mitmenschen gerichtet sind. Alfred Adler hat sich über viele Jahrzehnte eingehend mit diesen Kompensationsformen beschäftigt. Auch Psychologen anderer Richtungen, wie beispielsweise Alice Miller (die ursprünglich Psychoanalytikerin wurde und sich später von der Psychoanalyse abkehrte), stießen früher oder später auf das Phänomen der Kompensation. Miller schreibt beispielsweise in ihrer Analyse der Biografie Adolf Hitlers, dass Hitlers Vater »… (wahrscheinlich) das Elend seiner frühen Kindheit (von der Mutter weggegeben, unehelich, arm, von unbekannter Herkunft) kompensieren und sich endlich als *Herr* fühlen wollte« (Miller 1980, S. 227). In diesem Zusammenhang soll hinzugefügt werden, dass Adler das *(unbewusste) Ziel* von Menschen, sich überlegen *über andere* zu fühlen, in seinen Werken häufig thematisiert hat.

Menschen entwickeln unterschiedliche Lebensstile und damit verbunden unterschiedliche Ziele. Man könnte annehmen, dass bestimmte Lebensumstände zu bestimmten Lebensstilen führen, doch dem ist nicht so. Ähnliche Lebensumstände bringen durchaus gänzlich verschiedene Menschen hervor. Menschen finden also ihren individuellen Stil, sich auf das Leben einzustellen, selbst wenn sie dabei keine bewussten Entscheidungen treffen. Um dies verständlicher zu machen, soll eine modellhafte Situation vorgestellt werden, die fünfmal von einem Kind anders erlebt wird. Noch wichtiger ist, dass sich das jeweilige Kind jedes Mal anders *verhält*:

Ein fünfjähriges Kind ist auf dem Spielplatz in den Schmutz gefallen. Was tut es? Rappelt es sich wieder von allein auf, reibt sich den gröbsten Schmutz ab und spielt weiter? Das wäre am unproblematischsten. Doch vielleicht verhält es sich anders. Weint es übermäßig, sodass im Umkreis alle heran laufen, um es zu trösten? Oder ist es gleich so gefallen, dass es sich die Kleidung dabei aufgerissen hat, und beim nächsten Gang zum Spielplatz hält es sich so hartnäckig am Treppengeländer fest, dass es den Spielplatzbesuch minutenlang hinauszögert? Es gäbe noch andere Varianten. Schubst das Kind beim nächsten Mal ein anderes Kind in den Dreck, damit es den gleichen Schaden auch einmal erlebt? Oder bleibt das Kind etwa so lange liegen, bis sich nach einer Stunde ein vorbeikommender Erwachsener entscheidet, das Kind hochzuheben und wieder auf die Beine zu stellen?

Damit man die unbewussten Ziele eines Kindes (und damit verbunden seine Form von Kompensation) schneller einordnen kann, hat Rudolf Dreikurs sie etwas vereinfacht in vier Kategorien eingeteilt, genannt die *vier Nahziele*. Betrachten wir dafür noch einmal die Situation des Kindes, das hingefallen ist. Das erste Beispiel beschreibt noch ein ermutigtes Kind (es rappelt sich wieder von allein auf, reibt sich den gröbsten Schmutz ab und spielt weiter). Die Varianten, die dann dem ersten Beispiel folgen, zeigen nicht nur exemplarisch je eines der Nahziele, sondern in ihrer Reihenfolge auch den Grad der Entmutigung. Das Kind, das in der Beschreibung übermäßig weint, trachtet nach *überdurchschnittlicher Aufmerksamkeit (Nahziel 1)*. Es fühlt sich nicht genug geliebt und möchte deshalb überdurchschnittlich oft erleben, dass Bezugspersonen sich mit ihm beschäftigen. Das nächste Kind, das sich am Treppengeländer festhält, will regelmäßig etwas erzwingen und somit seine *Macht oder seine Überlegenheit (Nahziel 2)* spüren. Das darauf folgende Beispiel zeigt ein Kind, das sich von anderen Menschen so verletzt fühlt, dass es nach *Rache (Nahziel 3)* strebt. Nicht selten schadet das Kind auch Personen, die ihm zuvor nichts getan haben. Schließlich folgt als Letztes ein Kind, das den Glauben an das eigene Können und den Wunsch, aktiv und nützlich zur Gemeinschaft zu gehören, völlig aufgegeben hat. Es verhält sich nur noch so, dass andere Menschen von seiner Unfähigkeit ausgehen, damit *man es in Ruhe lässt (Nahziel 4) und ihm die wichtigsten Tätigkeiten abnimmt*.

Zusammenfassend kann man sagen, dass die ersten drei Nahziele eine kämpferische, zumindest aber aktive Haltung zum Leben aufweisen, während das letzte Ziel eine passive, resignierende Haltung zum Leben erkennen lässt.

Hier noch einmal die Kurzbezeichnungen für die (unbewussten) Nahziele eines Menschen:

1. Nahziel: erhöhte Aufmerksamkeit
2. Nahziel: Macht
3. Nahziel: Rache
4. Nahziel: Unfähigkeit demonstrieren

Beobachtet man »schwierige« Schüler im Schulalltag, wirken ihre unbewussten Ziele zwar etwas komplexer, aber als Hauptziele treffen die vier Nahziele meist verblüffend oft zu. Grundsätzlich gilt: *Um herauszufinden, was ein Schüler unbewusst bezweckt, müssen wir vor allem eines beobachten: Was erreicht er mit seinem Verhalten in seinem zwischenmenschlichen Umfeld?* Wenn es uns schwerfällt, darauf eine Antwort zu finden, können wir uns auch fragen: *Was passiert denn meistens?* Spätestens dann ergibt sich aus den *Folgen* seiner auffälligen Handlungen das unbewusste Ziel des Schülers. Denn das Fatale ist, dass dem Schüler die eintretenden Folgen eine (ihm nicht bewusste) Zufriedenheit schenken – sonst würde er sein Verhalten nicht so oft wiederholen.

Individualpsychologen gehen davon aus, dass sich der Lebensstil eines Menschen in den ersten sechs bis sieben Jahren bildet. In den folgenden Jahren korrigiert ein Mensch zwar noch seine *Leitlinie*, wie Adler es nennt, aber die Hauptmerkmale des Lebensstils werden allmählich beständiger und manifestieren sich schließlich als Charakter eines Menschen.

Wie stark beeinflusst das Umfeld die Entwicklung eines Lebensstils? Muss man mit objektiven Bedingungen rechnen, die die Lebensstilentwicklung von vornherein *determinieren*? In dieser Frage halten Individualpsychologen am »›weichen‹ Determinismus« fest. Denn einerseits spielen Faktoren wie das soziale oder familiäre Umfeld eine wesentliche Rolle, andererseits hängt es immer vom einzelnen Menschen ab, welche *Stellung* er dazu einnimmt. Das lässt sich am besten bei Geschwistern nachvollziehen: Sie wachsen zwar unter sehr ähnlichen Bedingungen auf, entwickeln sich aber nicht selten ausgesprochen gegensätzlich. Dennoch lässt sich an menschlichen Biografien erkennen, dass sich manche Faktoren sehr prägend auf die Persönlichkeitsentwicklung auswirken. Dazu gehören: die Gesellschaftsschicht, die Einkommensverhältnisse, die Geschwisterposition in der eigenen Familie, das Ehe-/Partnerschaftsverhältnis der Eltern, städtische oder ländliche Umgebung, Berufe der Eltern und Verwandten, Atmosphäre in der Familie, Familienwerte, politische Einstellungen in der Familie, gesundheitliche Faktoren. Hinzu kommen »Schicksalsschläge«, die gelegentlich auch Kinder dazu veranlassen, im Leben eine neue Richtung einzuschlagen. Im Zuge mancher Veränderungen gewinnt ein Mensch Fähigkeiten und Charaktermerkmale hinzu, gegebenenfalls entwickeln sich auch Seiten an ihm zurück oder er »verlernt« sie ganz.

Aus individualpsychologischer Sicht bleibt der Blick auf die unbewussten Ziele das eigentlich Interessante. Ziele können von einem Menschen beibehalten, aber mit neuen Mitteln verfolgt werden. Es kommt auch im Laufe eines Lebens vor, dass ein Mensch bewusst oder unbewusst anfängt, neue Ziele zu verfolgen.

Grundsätzlich sind bei der Lebensstilentwicklung die menschlichen Reaktionen des unmittelbaren sozialen Umfelds von großer Bedeutung. An ihnen »prüft« der Mensch, wie sein Verhalten wirkt und ob es sich lohnt, ein Verhalten beizubehalten. Dieses Vorgehen ist vergleichbar mit dem Versuch-und-Irrtum-Verhalten vieler Organismen in Stress-Situationen (Watzlawick/Beavin/Jackson 1985, S. 34). »Verhalten« ist hier wieder im weitesten Sinne gemeint und bezieht sich auf alles, was ein Mensch tut, entwickelt, herbeiführt oder gar lässt. Dazu zählen beispielsweise Kontaktaufnahme, Gefühlsausdruck, Kooperation, Rückzug, Fähigkeitstraining, Konzentration,

Entfaltung von Neugier, Aufmerksamkeit, Zuneigungsbekundung, Klammern, Mithilfe, Isolation, Kampf, Spiel, Krankwerden. Wann immer Erwachsene oder andere Kinder auf ein Kind eingehen, fördern sie damit die Richtung seines (zukünftigen) Verhaltens.

Jedes Kind möchte in erster Linie geliebt werden und dazugehören. Gelingt ihm das nicht oder nur wenig, möchte es lieber auf negative Weise wahrgenommen werden als gar nicht. Leider fühlen sich negative Ziele wie »Macht« oder »Rache« fast so gut wie Liebe und Zuwendung an, sodass mit ihnen fehlende Zuwendung leicht kompensiert wird. Wenn Erwachsene ein Kind ärgerlich zurückweisen, ist das immerhin eine Form von negativer Beachtung. Ein Kind möchte eben lieber »eine runtergehauen bekommen«, als überhaupt nicht beachtet zu werden. So betrachtet ist also der »Erfolg« kindlichen Verhaltens etwas Relatives und die Bewertung von seiner persönlichen Sichtweise abhängig. Wie auch immer, ein Kind behält nach einer Weile sein Verhalten bei und gewöhnt es sich als Muster an. Adler spricht deshalb in seinen Werken auch von *Lebensstilmustern*.

Wie schon erwähnt, gilt in der Individualpsychologie der Grundsatz, dass Seelisches und Körperliches nicht als getrennte Angelegenheiten zu betrachten sind, sondern dass jeder Mensch *ganzheitlich* »funktioniert«. Auf diese Weise können auch Krankheiten interpretiert werden. Sie können einem Menschen als Mittel zum Ziel dienen. Insofern bietet sich auch bei Krankheiten die individualpsychologische Frage an: Was bewirkt jemand mit seiner Krankheit in seinem zwischenmenschlichen Umfeld? Kinderkrankheiten können z. B. ein Hinweis dafür sein, dass Eltern ihre Liebe ungleich verteilen. Das kranke Kind »sorgt« womöglich durch sein Kranksein dafür, seinen Anteil an Zuwendung zu bekommen. Vor Pauschalisierungen sei hier allerdings gewarnt, denn es kann auch alles anders sein – dieser Vorbehalt ist Adler immer wichtig gewesen. Jeder Fall muss als Einzelfall sorgfältig untersucht und beobachtet werden.

Folgt man den individualpsychologischen Erkenntnissen über den mitunter verdeckten Sinn von Krankheiten, stellt sich dennoch die Frage, ob ein Mensch eine Krankheit selbst herbeiführen kann, eventuell sogar schon ein Kind. Die Frage kann eindeutig mit »Ja« beantwortet werden, aber auch hier gilt wieder der Hinweis, dass dies unbewusst geschieht. Wissenschaftler haben nachgewiesen, dass z. B. Fieber von Kindern selbst herbeigeführt werden kann. In Asien erreichen Menschen dies auch über Hypnose. Individualpsychologen haben erkannt, dass Kinder Fieber als Mittel gegen ihre Eltern einsetzen können. Es »zwingt« die Eltern, etwas Bestimmtes zu unternehmen oder zu lassen; sie scheinen keine andere Wahl zu haben. Allerdings ist das herbeigeführte Fieber trotzdem gefährlich für das jeweilige Kind.

Für den Umgang mit »schwierigen« Schülern ist hier wesentlich: Mithilfe individualpsychologischer Methoden können wir die unbewussten Ziele eines »schwierigen« Schülers frühzeitig erkennen und ihn diese möglichst nicht erreichen lassen. Darüber hinaus können wir Wege finden, einem »schwierigen« Schüler sein Verhalten beziehungsweise seine Ziele bewusst zu machen. Dabei erweisen uns auch die bereits beschriebenen Erkenntnisse über Kommunikationsprozesse gute Dienste.

Man kann mit der gesamten Klasse Gespräche über »Verhalten« und »Ziele« führen, z. B. innerhalb des Klassenrats. Die Schüler werden so für wechselseitig ablaufende Kommunikationsformen sensibilisiert, und sie können sich beizeiten selbst helfen oder sich zumindest selbst verstehen.

Als ich einmal Klassenlehrerin einer dritten Klasse war, sprachen wir im Klassenrat darüber, was man gegen Provokationen durch andere Schüler tun könne. Es lag auf der Hand, den Schülern zunächst das Ziel von Provokationen zu verdeutlichen, um daraufhin gemeinsam über angemessene Reaktionen nachzudenken. Als Beispiel diente der »Stinkefinger«. Die Schüler kamen schnell darauf, dass eine Person mit nach oben gerichtetem Mittelfinger nur ein einziges Ziel hat, nämlich andere Menschen damit zu ärgern. Doch wie erreicht die Person ihr Ziel und welche Voraussetzungen sind dafür nötig?

Dazu eine kurze Information vorweg: Im Zusammenhang mit dem »Stinkefinger« als Mittel zur Provokation können wir uns die Erkenntnisse der Semiotik (die Lehre von den Zeichen) zunutze machen. Im Rahmen der Semiotik wurde wissenschaftlich dargelegt, dass ein Zeichen zuerst über seine *Bedeutung* (Semantik) verstanden werden muss, um seine *Wirkung* zu entfalten. Diese Aussage lässt sich in etwa auch umkehren: Berauben wir ein Zeichen seiner Bedeutung, verliert es seine Wirkung auf den Menschen. Am leichtesten lässt sich dies verstehen, wenn wir uns vorstellen, ein Jugendlicher würde im Amazonasdschungel auf Menschen treffen, die noch sehr naturverbunden und fern unserer Zivilisation lebten. Sollte sich der Jugendliche über irgendetwas ärgern, würde er sicher keinem der Einwohner den »Stinkefinger« zeigen – aus dem einfachen Grund, weil es dem Jugendlichen sinnlos erschiene, ein Zeichen zu benutzen, dessen Bedeutung der Gemeinte gar nicht kennt. Es wäre lediglich das, was es eigentlich ja auch ist, nämlich ein zum Himmel gerichteter Mittelfinger.

> *»Während es durchaus möglich ist, Symbolserien mit syntaktischer Genauigkeit zu übermitteln, so würden sie doch sinnlos bleiben, wenn Sender und Empfänger sich nicht im Voraus über ihre Bedeutung geeinigt hätten. In diesem Sinn setzt jede Nachricht ein semantisches Übereinkommen voraus«* (Watzlawick/Beavin/Jackson 1985, S. 22).

Ich komme auf die Frage zurück, was Schüler gegen solche Provokationen tun können, nachdem ihnen das Ziel des Provozierens bewusst geworden ist. Wie ließe sich nun die Bedeutung des »Stinkefingers« aufheben, sodass derjenige, der die Provokation erreichen will, sein Ziel nicht erreicht? Es gäbe mehrere Möglichkeiten. Eine davon wäre, sich offensiv dumm zu stellen und zu rufen: »Ich kenne das Zeichen nicht. Sag´ du mir, was das heißt!« Eine andere Möglichkeit wäre, als Antwort selbst einen anderen Finger (also keinen Mittelfinger) hochzuhalten. Das würde zu einer Störung des Kommunikationsablaufs führen, weil sich der andere die Frage stellen müsste, was diese Rückantwort bedeute. Da jedoch der andere Finger gar keine Bedeutung hat, käme es im sprachwissenschaftlichen Sinne zum Zusammenbruch der Kommunikation, denn auf der semiotischen Ebene (Ebene der Bedeutungen) bestünde keine vereinbarte Übereinkunft der benutzten Zeichen. In beiden Fällen würde auch die Bagatellisierung des Zeichens zur Aufhebung der Bedeutung führen.

Ich hatte keine Scheu, vor meiner Klasse auch kurz den Mittelfinger in die Höhe zu strecken und zu sagen: »Das ist mein Mittelfinger. Ich bin froh, ihn zu haben, denn ohne ihn könnte ich meine Hand nicht so gut benutzen. Ihr alle habt auch einen Mittelfinger …« Spätestens da hörte der sogenannte »Stinkefinger« auf, eine provozierende Wirkung auf die Schüler zu haben. Fast alle Schüler dieser Klasse wollten in Zukunft alle »Stinkefinger« ignorieren, nachdem ihnen klar geworden war, dass der jeweilige Mitschüler nur das *Ziel* hat, eine Provokation zu erreichen.

7. Unser Resonanzkörper

Da kommt Sven. Er hat wieder mal sein Dauergrinsen aufgesetzt, und seine Körperhaltung ist nicht weniger ausdrucksstark – die Brust herausgestreckt, schlendert er wie ein kleiner »Gernegroß« über den Schulflur. Er scheint allen Herumstehenden sagen zu wollen: Jetzt komme ich! Bei uns Lehrern stellt sich unmittelbar der Eindruck ein: »Der strotzt nur so vor Selbstbewusstsein!«, »Dem geht es doch bestens!«.

Was für ein Irrtum! Doch zunächst ist wichtig, dass der Schüler exakt diesen Eindruck erwecken will. Denn tatsächlich wäre er zu »gerne groß«. Daran erkennen wir allerdings, wie »klein« er sich in seiner Seele tatsächlich fühlt. Dieser Schüler braucht in Wirklichkeit unsere Unterstützung. So viel kann man aufgrund dieses ersten Eindrucks aus individualpsychologischer Sicht sagen. Bei dieser Kurzbeschreibung handelt es sich mit Sicherheit um einen entmutigten Schüler.

So stellt sich die Frage, wie wir als Lehrer herausfinden können, wie es um das seelische Befinden unserer »schwierigen« Schüler steht. Ein Weg dorthin führt über unsere *eigenen Empfindungen*. Wir können uns darin üben, Schüler ganz *bewusst emotional auf uns wirken zu lassen*. Das bezieht unsere seelischen und körperlichen Regungen als Ganzes mit ein. Denn die Empfindungen, die wir in Gegenwart eines Menschen spüren, liefern uns wertvolles Untersuchungsmaterial. Wir erhalten wichtige Hinweise, um das (unbewusste) Verhalten von Schülern zu ergründen. Verstehen wir uns also als eine Art »Aufnahmegerät«, das Botschaften empfängt und Wirkungen an sich selbst überprüft. Noch besser: Verstehen wir uns als *Resonanzkörper*. In Anlehnung an die Musik bedeutet das, dass wir selbst mitschwingen und ein Widerhallen zulassen, ähnlich einem Saiteninstrument mit der darin enthaltenen Luft. Wobei die eigenen Schwingungen etwas gedämpfter ausfallen als diejenigen, die unser Gegenüber erzeugt.

Zunächst einmal können wir einfach nur hinspüren, ohne zu bewerten. Was fühlen wir? Im nächsten Schritt hinterfragen wir die eigenen Gefühle:

- Sollen diese Gefühle gezielt bei mir hervorgerufen werden?
- Welches unbewusste Ziel des anderen könnte sich dahinter verbergen?
- Was möchte der Schüler möglicherweise kompensieren?
- Verbirgt sich hinter meinem Eindruck ein Gegenteil?
- Fühlt der andere Mensch möglicherweise genau das, was sich auf mich übertragen hat?

Mit der Zeit werden wir immer sicherer. Wie im Beispiel am Anfang des Kapitels habe ich erlebt, dass Menschen mitunter gewissermaßen doppelbödige Signale senden.

Wirkt z. B. ein schon älterer Schüler aufgrund seines Auftretens Furcht einflößend, kann man bei näherem *Hinspüren* auch noch etwas anderes, Gegensätzliches wahrnehmen – etwa die Botschaft »Tu mir nichts!«. Mit etwas Übung wird es uns Lehrern möglich, solche Zwischentöne und Gegensätze zu erspüren.

Der Sinn dieser erhöhten Wahrnehmung ist, noch gezielter pädagogisch handeln zu können. Erfasst man das Problem eines Schülers nicht nur verstandesmäßig, sondern auch »über das Gefühl«, gelangt man noch näher an den Kern seines Problems.

Es hat gewiss verschiedene Gründe, dass unsere Fähigkeit, unser Gegenüber zu »erfühlen«, im Allgemeinen nicht (mehr) voll ausgereift ist. Zum einen hat die Evolution dafür gesorgt, dass wir mittlerweile kopflastiger geworden sind. Außerdem strömen täglich so viele emotionale Eindrücke auf uns Menschen ein, dass »weniger fühlen« einen Schutz darstellt – vor einer Überforderung der eigenen Psyche. Wenn jetzt also ein stärkeres *Sicheinlassen* angestrebt werden soll, sei zugleich empfohlen, dabei nicht die Maximierung anzustreben, sondern die Optimierung. Ich wiederhole: Das Sicheinlassen soll lediglich dazu dienen, pädagogisch gezielter vorgehen zu können. Um nicht ständig mein »Aufnahmegerät« auf »Empfang« schalten zu müssen, bin ich z. B. dazu übergegangen, nur in bestimmten Situationen »anzuschalten«. Bei sich wiederholenden schwierigen Situationen kann man sich im Voraus vornehmen, einen »schwierigen« Schüler stärker auf sich wirken zu lassen. Das reicht oft schon.

Manche Kinder scheinen so etwas wie mediale Fähigkeiten zu haben. Wir merken das z. B. dann, wenn uns ein Schüler stärker beschäftigt als andere oder wenn wir unvermittelt auf einen Schüler reagieren, obwohl um uns herum ganz viel anderes passiert und viel mehr Menschen versuchen, unsere Aufmerksamkeit einzufordern.

Eine befreundete Lehrerin erzählte mir einmal, wie sie durch eine Menschenmenge über den Schulflur gegangen war. Der Geräuschpegel war extrem hoch und viele Menschen drängelten sich dicht an ihr vorbei. Trotzdem hörte sie plötzlich weiter weg die Stimme eines Schülers ihrer Klasse, und sie drehte sich unvermittelt um. Der Junge lächelte sie aus etwa zehn Metern Entfernung kurz an und ging dann in der Menschenmenge wieder unter. Die Lehrerin hatte speziell mit diesem Jungen schon häufig ähnliche Erlebnisse gehabt. Er verstand sich darauf, sie zu »erreichen«.

Nicht immer fallen die Kontakte mit unseren Schülern so aus, dass sie uns stärker berühren. Es ist sogar gesund, dass sich viele Lehrer angewöhnt haben, nach Schulschluss von den eigenen Schülern »abzuschalten«. Doch wenn wir individualpsychologisch arbeiten wollen, sollten wir unsere Sensibilität hinsichtlich kommunikativer Abläufe allmählich steigern. Unsere subjektiven Gefühle und Beobachtungen sind wichtige Anhaltspunkte. Fragen, die wir uns öfter stellen können, lauten z. B.:

- Was fühle ich, wenn ich mit diesem Schüler zu tun habe?
- Wie fühlt sich das an? Was möchte ich am liebsten machen?
- Was »macht« dieses Kind mit mir?
- Wie macht es das?
- Was passiert dann meistens?

Und dann lauschen wir in uns hinein. Versuchen, uns über unsere Erinnerung erneut in die mit dem Schüler erlebte Situation zu versetzen oder beim nächsten Mal noch präsenter zu sein. Wir beginnen also, das Geschehen immer regelmäßiger psychologisch zu erfassen und zu deuten.

Wenn wir dazu übergehen, die eigenen Gefühle im Kontakt mit unseren Schülern noch stärker wahrzunehmen, machen wir vielleicht irgendwann einmal die Beobachtung, dass wir an uns Gefühle oder Reaktionen bemerken, die bei uns sonst mit anderen Menschen viel seltener vorkommen. Wir fühlen und reagieren z. B. plötzlich mit enormer Wut, obwohl wir gewöhnlich nicht leicht aus der Ruhe zu bringen sind. Vielleicht beginnen wir auch, unser Können zur Schau zu stellen, obwohl wir sonst zu Zurückhaltung neigen. In diesem Fall sind wir möglicherweise durch den Kontakt mit einem Schüler zu Wettbewerbsverhalten verleitet worden, obwohl es dazu oberflächlich betrachtet keine besondere Veranlassung gab. Wie ist das zu erklären? In der Psychoanalyse nennt man dieses Phänomen »Übertragung«.

Die Entstehung von Übertragungen kann man sich in etwa so vorstellen: Die betreffenden Schüler erwarten unbewusst, dass wir uns so verhalten wie (meistens) ihre Eltern, und verhalten sich selbst so, als müssten ihre Erwartungen eintreffen. Diese Erwartungen beziehen sich auf den gesamten Handlungsverlauf, und die Schüler ziehen uns in ein bestimmtes Rollenverhalten hinein. In den meisten Fällen gelingt es uns wohl, gegenzusteuern und bei dem Verhalten zu bleiben, das unserem Wesen entspricht beziehungsweise das uns angemessen erscheint. Manchmal gelingt es aber auch nicht, und dann lösen Schüler tatsächlich durch ihr Verhalten (und ihre Erwartung) Gegenreaktionen bei uns aus, die fast »unkontrolliert« wirken. Unsere Reaktion (und die wiederum damit verbundenen Erwartungen) nennt sich dann »Gegenübertragung«. Da Kommunikation naturgegeben wechselseitig abläuft und mit Erwartungen verbunden ist, ist Übertragung an sich nichts Ungewöhnliches. Man kann sagen, dass Übertragung sich in allen menschlichen Beziehungen *spontan* herstellt (Freud 1924, S. 58).

Ein Beispiel: Die Schülerin Mareike war ohne Jacke auf den Pausenhof gegangen, obwohl wir draußen winterliches Wetter hatten. Ich rief ihr zu, sie möge noch ihre Jacke holen. Doch sie schüttelte nur den Kopf. Als ich ein zweites Mal mit schon etwas strengerer Stimme rief, grinste sie und blieb auf der Stelle stehen. Ich zögerte irritiert, ließ mich dann aber zu keinen unüberlegten Handlungen verleiten. Denn ich spürte rechtzeitig: Mareike hatte sich in den Kopf gesetzt, mir zu zeigen, dass sie »die Stärkere« sei. Und für dieses Gefühl der *Überlegenheit* war ihr der Preis, zu frieren, nicht zu hoch! Daraufhin brach ich die Kommunikation ab, denn die Aussicht darauf, dass ich sie zwingen konnte, war ausgesprochen gering. Außerdem widersprach dies meinen Vorstellungen von zwischenmenschlichem Umgehen. Meiner Einschätzung nach hatte Mareike eine bessere Chance, sich keine Erkältung zuzuziehen, wenn ich den »Kampfplatz« verließ. Sie hätte dann eine unbeteiligte Pausenaufsicht nachträglich bitten können, das Gebäude für sie aufzuschließen. Also ging ich lieber weg.

Doch was veranlasste Mareike dazu, mit mir »kämpfen« zu wollen, wenn ich doch selbst diese Ambition gar nicht hatte und mir ihre Reaktion völlig unpassend erschien? Sie muss in mir ihre Mutter »gesehen« haben; das ist die schlüssigste Erklärung dafür. Eine gewisse Empfänglichkeit für die auf mich projizierte Rolle war bei mir wohl auch vorhanden. Denn es hätte nicht viel gefehlt, und ich hätte dem Impuls nachgegeben, ihr wiederum »als Mutter« zu zeigen, dass ich stärker war. Allein der damals spürbare Impuls zeigt, dass die Übertragung bereits passiert war – auch wenn ich dem Impuls dann (glücklicherweise) nicht nachgab. Eine passende Gegenübertragung wäre gewesen, wenn ich tatsächlich versucht hätte, zu zeigen, dass ich »die Stärkere« von uns sei. Doch mit Sicherheit hätte ich mich mit Mareike in dem Kampf wiedergefunden, den sie mit ihrer Mutter tagein, tagaus führte.

Die geschilderte Situation lieferte mir wichtige Aufschlüsse über Mareikes Beziehung zu Erwachsenen: Mareike *übertrug* ihre familiär existierende Machtkampfbeziehung auf das Verhältnis zu anderen Erwachsenen. Bei *Übertragungen* ruft eine bestimmte Rolle, Funktion oder das Geschlecht in einem Menschen reflexartig das gleiche Gefühl hervor, wie es bei einer anderen wichtigen Bezugsperson erlebt wird. In diesem Fall löste meine Rolle als erziehende und Verantwortung tragende Erwachsene bei Mareike dieselben Gefühle aus, wie sie sonst durch ihre Mutter ausgelöst wurden. Das führte dazu, dass Mareike mir gegenüber das gleiche Verhaltensmuster einsetzte wie ihrer Mutter gegenüber. Auf einem solchen Wege werden fremde Menschen (in diesem Fall ich als Lehrerin) unvermittelt in eine Rolle hineingezogen – ob sie das nun wollen oder nicht. Und ehe sie sich versehen, werden sie auch in Zukunft zu »Mitspielern«. Letzteres verstärkt noch den in Gang gekommenen Handlungsablauf, sodass manchmal beide Personen nicht mehr recht wissen, »wie ihnen geschieht«. Wenn man aber solche Situationen genügend selbstreflektiert erlebt, gerät man nicht mehr so leicht in das typische Gegenübertragungsverhalten hinein. Im letzten Kapitel wird daher noch ausführlich auf das Thema Selbstreflexion eingegangen.

Als ich Mareike zu einem späteren Zeitpunkt zusammen mit ihrer Mutter erlebte, konnte ich deren durch Machtkämpfe geprägte Beziehung sofort erkennen. Für uns Lehrer gilt hier zunächst einmal: Besser nicht auf einen Machtkampf einlassen! Also schnellstens aus der Übertragungssituation aussteigen.

Dagegen setzen Psychoanalytiker in Therapien Übertragungsvorgänge gezielt zum Nutzen ihrer Patienten ein, indem sie *bewusst* die Gegenübertragungsrolle *übernehmen*, um zuerst eine starke (elternähnliche) Beziehung aufzubauen. Darauf aufbauend kann der Psychoanalytiker diese Rolle dann in einer späteren Phase thematisieren und umgestalten.

Wie schon gezeigt, können wir aus den (zunächst unfreiwillig) gemachten Erlebnissen Aufschlüsse erhalten. Mareikes Verhaltensmuster liegt nun wie ein aufgeschlagenes Buch vor uns, und ihr unbewusstes Ziel lässt sich leicht erkennen: *Überlegenheit.* Das sind wertvolle Beobachtungen, mit denen wir als Lehrer weiterarbeiten können. Wollen wir individualpsychologisch vorgehen, werden wir einerseits dafür sorgen, dass die Schülerin ihr Ziel, sich »überlegen« zu fühlen, bei uns nicht mehr erreicht. Parallel dazu werden wir der Schülerin neue Wege aufzeigen, wie sie sich wertvoll und dazugehörig fühlen kann. Möglicherweise werden wir auch ein Einzelgespräch mit ihr führen, in dem wir ihr behutsam ihr Verhalten verständlich machen.

Ich komme wieder darauf zurück, dass wir Lehrer uns selbst als Aufnahmegerät oder Resonanzkörper nutzen können. Die Individualpsychologen Dreikurs, Grunwald und Pepper haben in ihrem Buch »Lehrer und Schüler lösen Disziplinprobleme« (1995/2007) typische beim Lehrer entstehende Gefühle und Reaktionen zusammengestellt, die ihm Anhaltspunkte liefern können, welches (unbewusste) Ziel ihr »schwieriger« Schüler verfolgt (1995, S. 23 ff.):

Fühlt man sich als Lehrer durch einen Schüler belästigt, verfolgt der Schüler wahrscheinlich das erste *Nahziel Aufmerksamkeit* (Dreikurs/Grunwald/Pepper 2007, S. 23). »Wenn wir uns bedroht oder in unserer Stellung herausgefordert fühlen, weil das Kind nicht zur Mitarbeit bereit ist, und uns genötigt fühlen, es zu dem zu zwingen, was wir von ihm wollen …« (Dreikurs/Grunwald/Pepper 2007, S. 30), verfolgt der Schüler wahrscheinlich das zweite *Nahziel Überlegenheit/Macht*. »Wenn wir uns durch das Kind besiegt und verletzt fühlen und nicht länger daran denken, was für das Kind gut ist, sondern es am liebsten ›umbringen würden‹« (Dreikurs/Grunwald/Pepper 2007, S. 30), verfolgt der Schüler wahrscheinlich das dritte *Nahziel Rache*. Möchte man nach mehreren erfolglosen Versuchen aufgeben, es weiter mit einem Schüler zu versuchen, verfolgt der Schüler wahrscheinlich das vierte *Nahziel Unfähigkeit*, um nur noch in Ruhe gelassen zu werden (Dreikurs/Grunwald/Pepper 2007, S. 23).

Auch im Kontakt mit Eltern können wir bewusst unsere Selbstbeobachtung einsetzen, also unsere eigenen Wahrnehmungen und spontanen Reaktionen als Informationsquelle nutzen. Manche Schüler konnte ich viel besser verstehen, nachdem ich ihre Eltern *selbst erlebt* hatte.

Eines Tages kam ein Vater außerhalb der eigentlichen Elternsprechtage zu mir zum Einzelgespräch, weil sein Sohn schon seit der Einschulung schwache Leistungen erbracht und bisher kaum Interesse an der Schule entwickelt hatte. Schon nach wenigen Minuten redete der Vater so vehement auf mich ein, dass ich mich nicht nur »kleingemacht«, sondern vor allem belehrt fühlte. So massiv hatte ich das bisher nur selten erlebt. Mir war zwar zu dem Zeitpunkt bekannt, dass dieser Mann einen Beruf ausübt, in dem er auf Menschen einwirkt, aber ich hatte nicht mit so viel Suggestivkraft und Energie gerechnet. Da ich durch meine berufliche Arbeit auch nicht gerade »auf den Mund gefallen« bin, setzte ich ihm bald meine Kraft entgegen, indem ich ihn zunächst höflich, dann mit großer Entschlossenheit unterbrach. Was dann stattfand, konnte schon nicht mehr als Gespräch bezeichnet werden, das entsprach eigentlich schon eher einem Kampf. Nachdem ich mehrere Versuche unternommen hatte, wieder zum Gespräch zurückzufinden, der Vater jedoch nur noch wie im Rausch auf mich einredete, brach ich das Treffen ab. Als der Mann nach etwa einer halben Stunde gegangen war, lehnte ich mich erschöpft im Stuhl zurück, und mein erster Gedanke war: »Welche Chance hätte hier mein Schüler gehabt, zumal er seinen Vater seit Jahren und noch dazu täglich erlebte?« Da verstand ich, dass die »Dummheit« meines Schülers vermutlich sein Ausweg war, sich gegen die jahrelangen Wortschlachten des Vaters »abzuschirmen«.

Im individualpsychologischen Sinne offenbarte sich hier also ein tiefer liegender *Sinn*, eine allmählich erkennbare innewohnende *Logik*. Um es genauer zu erklären:

Seine »Dummheit« beziehungsweise seine Nichtaufnahmefähigkeit diente dem Schüler als *Mittel zum Ziel*, sich gegen das Verhalten seines Vaters zu schützen und *in Ruhe gelassen zu werden*. Tragisch nur, dass der Junge sich grundsätzlich angewöhnt hatte, wegzuhören, wenn irgendwo geredet wurde, also auch im Unterricht. Eine zunächst rettende Lebensstrategie war zu einer Falle geworden. Leider waren mehrere Jahre nötig, um den Schüler aus diesem Verhaltensmuster wieder »herauszuholen«, wobei ich hinzufügen muss, dass nur er selbst sich dort wieder hinausbegeben konnte. Meine individualpsychologischen Beratungen konnten ihn lediglich dabei begleiten.

Ein anderes Mal sprach ich mit einem Vater, der schon zu Beginn unseres Gesprächs eine auffällige Körperhaltung einnahm. Er kauerte auf seinem Stuhl, leicht in sich verdreht, während die Beine so stark übereinandergeschlagen waren, dass er insgesamt wie verknotet wirkte. Dabei ließ er alle paar Minuten seinen Arm wie zum Angriff nach vorn schnellen, während er mahnend oder verweisend einen ihm wichtigen Gedanken hervorhob. Seine Stimme passte zum Gesamteindruck: Der Mann sprach mit einer leicht gepressten Stimme, wurde dabei oft schneidend, und wenn er zur Offensive überging, wurde auch seine Stimme laut und angreifend. Eine Aura von Verbitterung umgab diesen Mann. Wen wundert es, dass sein Verhalten zum Gesamteindruck passte? Seine gesamte Konzentration schien er darauf zu richten, sich selbst zu schützen – seine Persönlichkeit, seine Gefühle und Wertvorstellungen. Er tat dies in größtem Misstrauen gegenüber anderen Menschen, aber auch zu sich selbst schien er kein Vertrauen zu haben. Sein Kauern hatte auch etwas Lauerndes, und tatsächlich mussten seine Gesprächspartner regelmäßig darauf gefasst sein, dass er blitzschnell zum Angriff überging. Ich wusste das bereits, weil ich den Vater schon viele Male in unterschiedlichen Situationen erlebt hatte. Meistens enthielten seine Aussagen eine unterstellende, mitunter geradezu vernichtende Kritik. Dabei schien er ein besonders scharfer Beobachter zu sein, nichts entging seinem kritischen Blick. Ich brauche sicher nicht weiter auszuführen, dass sich manche Person in Gegenwart dieses Mannes unwohl fühlte. Es erschien mir aber wichtig, die Gefühle, die er nicht nur bei mir auslöste, *voll wahrzunehmen*, auch und gerade weil es unangenehme Gefühle waren. Denn auf diesem Wege konnte ich ihn nicht nur besser einschätzen, sondern seine Tochter verstehen, die ich unterrichtete und die ebenso wie der Junge im zuletzt beschriebenen Beispiel schlechte Schulnoten hatte.

Der Zusammenhang zwischen dem Verhalten des Vaters und den Problemen der Tochter springt ins Auge: Die Schülerin wirkte bis zu dem Tage immer eher scheu, misstrauisch und ohne Selbstvertrauen. Außerdem lachte sie nur selten und schien sich ihres Lebens nicht zu freuen. Vor allem in Lernbereichen, die eindeutige Lösungen erfordern, wie Mathematik und Rechtschreibung, wirkte die Schülerin immer wie blockiert und machte lange Zeit kaum Lernfortschritte. Ständig schien sie das Gefühl zu haben, etwas falsch zu machen. Diese Schülerin brauchte dringend die Wertschätzung eines Erwachsenen, der ihr etwas zutraute, den Anspruch nicht zu hoch schraubte und dabei möglichst gelassen blieb. Diese Form von Unterstützung konnte ich meiner Schülerin viel gezielter geben, nachdem ich ihren Vater erlebt und dabei meine eigenen Gefühle bewusst wahrgenommen hatte.

8. Die ganze Klasse in ein Boot

Ich komme auf das Bild mit dem Schiff zurück, mit dem wir uns auf eine Reise begeben wollen. Inzwischen haben wir eine gute Ausgangslage: Wir haben alles an Ballast abgeworfen, was unsere Fahrt beschwert hätte, außerdem starten wir unsere Fahrt mit guten Grundsätzen und einer verbesserten Beobachtungsgabe. Insofern sind wir für den Anfang gut gerüstet. Richten wir nun unsere Aufmerksamkeit auf die »Mannschaft«. Wenn wir präventiv vorgehen und dabei die gesamte Klasse genügend im Blick behalten, reduziert sich von vornherein das Auftreten von Unterrichtsstörungen. Bei Schülern, die bereits beim Eintritt in die Schule »schwierig« wirken, wollen wir bald geeignete Maßnahmen finden, um sie einzubinden; allerdings braucht man dafür einige Monate Geduld (in besonderen Fällen einige Jahre).

Hinsichtlich der »schwierigeren« Schüler sind bisher folgende Fragen offengeblieben:

- Wie erreiche ich, dass sich auch »schwierige« Schüler auf positive Weise dazugehörig fühlen?
- Wie erreiche ich mehr Zusammenhalt in der Klasse, mehr Wir-Gefühl?
- Wie können unsere Schüler Mitverantwortung fühlen und leisten?
- Wie ermutige ich Kinder, die beispielsweise mit ihren Leistungen »hinterherhinken« oder aus einer bestimmten »Rolle« herauskommen wollen?

Wir Erwachsenen können und sollten Kindern eine ganze Menge *zutrauen*, wenn es um Einsichten und Problemlösungen geht. Sie haben auf diesem Gebiet meistens bereits mehr Fähigkeiten entwickelt, als im Allgemeinen angenommen wird. Deshalb ist es sinnvoll, manche *Probleme mit der gesamten Klasse offen zu besprechen*. Die Schüler dürfen nur nicht den Eindruck erhalten, einem hilflosen Lehrer gegenüberzusitzen. Die Einbeziehung der Klasse stellt eine Übung dar für Mitverantwortung und für gemeinsame Gestaltung des Zusammenlebens, enthebt den Lehrer aber nicht seiner verantwortlichen Rolle.

Die Bezeichnung »Klassenrat« dürfte mittlerweile an sämtlichen deutschen Schulen bekannt sein. Weniger bekannt dürfte dagegen sein, dass das Abhalten eines Klassenrats schon spätestens seit den 1960er-Jahren von Individualpsychologen empfohlen wird. Im Sinne Alfred Adlers wird durch den Klassenrat das *Gemeinschaftsgefühl* gestärkt; unter Lehrern würden wir sagen, dass dies die Klassengemeinschaft stärkt. Am besten lässt sich der Klassenrat im großen Sitzkreis abhalten, denn dies erhöht das Gefühl, zusammenzugehören. Ich habe immer wieder erlebt, wie wichtig sich die Kinder fühlen, und zwar auf positive Weise wichtig – das sei hier hervorgehoben –, wenn sie bei ernsten Problemen mit einbezogen werden und helfen können. Diese Form des »Wichtigseins« bildet ein positives Gegengewicht zum »Sich-wichtig-Fühlen« im Sinne von anmaßendem, egoistischem Verhalten. Wer bereits Situationen im Klassenrat erlebt hat, in denen Schüler bei einer Problemlösung unmittelbar beteiligt waren, wird gemerkt haben, wie eifrig die Kinder überlegen und Vorschläge machen – vorausgesetzt, ihre Einbeziehung ist vom Lehrer *ernst gemeint*. Problemlösungen, die von Schülern vorgeschlagen werden, sind nicht selten interessanter als die Vorschläge von Lehrern. Hin und wieder sollte sich aber auch der Klassenlehrer mit Vorschlägen einbringen, beispielsweise wenn es um unkonventionelle Lösungsansätze geht, auf die Schüler weniger leicht von selbst kämen. Schüler in Probleme mit einzubeziehen, sie mithelfen zu lassen, ja, sie überhaupt um Unterstützung zu bitten bedeutet, ihnen Mithilfe zuzutrauen, ihnen *Vertrauen* zu schenken. Vertrauen wirkt sich besonders bei »schwierigen« Schülern positiv aus, weil es ihr geringes und labiles Selbstwertgefühl stärkt. Vertrauen beziehungsweise Zutrauen sollte in der Erziehung und im zwischenmenschlichen Bereich einen vergleichbar hohen Stellenwert haben wie Achtung. Zutrauen wirkt sich ermutigend aus.

Später werden noch verschiedene Beispiele für die Nutzung des Klassenrats beschrieben; zunächst folgt ein konstruiertes Beispiel für eine im Klassenrat gefundene Lösung, die individualpsychologischer Herangehensweise entspricht.

Viele pädagogische Maßnahmen entfalten im Rahmen der Klassengemeinschaft überhaupt erst ihre Wirkung; so kann es förderlich für einen Schüler sein, seine »Rolle« in der Klassengemeinschaft einmal ablegen zu können. Nehmen wir das konstruierte Beispiel eines Schülers, der bei Aufgaben oder Tätigkeiten immer als Letzter fertig wird und dies als entmutigend erlebt. Nun soll er die Gelegenheit erhalten, die gleiche Situation einmal anders zu erleben, dabei aber selbst entscheiden dürfen, wie viel er sich zutraut und in welcher Form er Unterstützung erhalten möchte. Mit der ganzen Klasse wird darüber beraten, wie man ihm dies ermöglichen könnte. Eine Schülerin schlägt vor, dass er die erste Hälfte der Aufgabe mit ihr in Partnerarbeit lösen und den Rest danach allein bewältigen könnte. Ein anderer Schüler schlägt vor, dass der Junge vom Lehrer etwas einfachere Aufgaben erhalten könnte. Wiederum eine andere Schülerin schlägt vor, dass der Schüler noch vor der Unterrichtsstunde mit dem Lehrer zusammen die Aufgabe besprechen und die unklaren Stellen erklärt bekommen könnte. Der betroffene Schüler entscheidet sich für eine dieser drei Lösungen und probiert diesen Weg in der folgenden Woche aus. Von diesem Modell könnten auch die anderen Schüler der Klasse lernen, da es in vielerlei Hinsicht exemplarischen Charakter hat.

Ein ähnliches Vorgehen wäre z. B. auch für einen Schüler förderlich, der innerhalb seiner Klasse immer der Erste ist – dann natürlich als umgekehrte Herausforderung. Manchen Leser wird dies verwundern, deshalb sei hier erklärt, dass man in der Individualpsychologie davon ausgeht, dass sich »Überflieger« in ihrer Rolle gar nicht wirklich wohlfühlen, zumal sie oft als »Streber« angesehen werden und bei ihren Mitschülern weniger beliebt sind. Außerdem ist anzunehmen, dass sich solche Schüler ständig selbst unter Druck setzen.

Ein anderes (in diesem Fall echtes) Beispiel fand in einem Klassenrat statt, den ich kurzfristig in meiner Sprachfördergruppe einsetzte, obwohl die Gruppe nur aus fünf Schülern einer zweiten Klasse bestand.

Zur Vorgeschichte: Ich war nicht die Klassenlehrerin dieser Zweitklässler, musste aber dringend eine pädagogische Lösung für den Schüler Karim finden, der sich als sehr »schwierig« entpuppt hatte. Es ging darum, dass Karim in den ersten Wochen die Gruppe so sehr gestört hatte (vor allem durch Zwischenrufe), dass er fast jedes Mal auf dem Flur weiterarbeiten musste. Das Sitzen auf dem Flur war natürlich auf Dauer keine Lösung, das versteht sich von selbst. In einem Einzelgespräch mit Karim hatte ich bereits herausgefunden, dass er auch innerhalb seiner Familie vehement für Störungen sorgte. Auf meine Nachfrage hatte Karim erklärt, dass er unter seinen vier Geschwistern das Gefühl hatte, nicht ausreichend wahrgenommen zu werden. Seine Worte waren: »Ich bin sonst Luft für die anderen!« Ich hatte Karim im Anschluss an unser Gespräch gefragt, ob er sich vorstellen könne, dass wir sein Problem, das uns inzwischen alle betraf, mit den anderen Schülern der Gruppe besprechen. Er war sofort einverstanden, deshalb fand nun ein Klassenrat in Miniaturgröße statt. Leider fehlten an dem Tag in der ohnehin schon kleinen Gruppe auch noch zwei Schüler, aber das Gespräch über Karims Problem konnte nicht länger aufgeschoben werden. So saßen wir schließlich zu viert an einem Tisch und führten diesen Miniklassenrat durch.

Da Karim zunächst etwas scheu war, formulierte ich (mit seinem Einverständnis) sein Problem. Doch ich brauchte meine Erklärungen nicht einmal zu Ende zu führen, denn typischerweise (und diesmal musste ich darüber lächeln) fiel mir Karim ins Wort: »… bin ich Luft für andere!« Daraufhin fragte ich die Gruppe: »Wie könnte Karim sich anders als ›Luft‹ fühlen? Wenn er sich nämlich anders als ›Luft‹ fühlen könnte, bräuchte er nicht mehr so oft zu stören.« Ein Schüler antwortete, dass Karim nicht Luft für ihn sei, denn er würde auch immer »als Freund« mit ihm spielen. Karim stimmte sofort zu – bei diesem Schüler sei das anders. Ich fragte die Gruppe, ob es noch andere Lösungen gäbe, sodass Karim sich nicht so leicht wie Luft vorkäme. Ein anderer Schüler schlug vor: »Über Fußball mit ihm reden.« Schließlich ergänzte Karim: »Ja, wenn andere mit mir reden … eben worüber man mag.« Ich fasste später zusammen: »Ich glaube, alle verstehen jetzt besser, warum Karim so oft gestört hat. In der nächsten Zeit könnt ihr Karim dabei unterstützen, sich nicht wie Luft fühlen zu müssen. Denn wir haben ein paar Beispiele dafür gefunden, wie er anders dazugehören kann. Wir wollen sehen, wie die nächsten Stunden ablaufen.«

Da ich erst in späteren Kapiteln näher darauf eingehen möchte, sei hier nur am Rande darauf hingewiesen, dass die im Fallbeispiel gezeigte Form der *Bewusstwerdung* an sich dem Schüler schon hilft. Abgesehen davon konnte Karim sich durch dieses Klassenrat-Gespräch von seinen Mitschülern *verstanden* und *unterstützt* fühlen.

Ich habe allerdings die Erfahrung gemacht, dass sich nicht alle Probleme, die eine Klasse betreffen, im Klassenrat lösen lassen. Klassenrat-Themen, zu denen sich meine Schüler aber gut äußern konnten, sind beispielsweise:

- »Ein paar Schüler sind nicht wirklich glücklich, weil sie in der Klasse noch keinen Freund gefunden haben. Wie können wir diese Kinder unterstützen? Wie schließt man eigentlich Freundschaft?«
- »Unsere angeschafften Spielgeräte gehen schon nach kurzer Zeit verloren oder kaputt.«
- »Einige Kinder haben morgens vor der Schule leichte Bauchschmerzen. Ihre Eltern meinen, die Kinder hätten Angst, die Aufgaben in der Schule nicht zu schaffen. Wie kann man sich sicherer beim Lernen fühlen?«
- »Manchmal stören wenige Schüler den Rest der Klasse beim Lernen. Kann die Klasse etwas dagegen tun?«
- »Habt ihr auch manchmal Schwierigkeiten mit Geschwistern? Wie wirkt sich das in der Schule aus?«
- »Wie kann man neuen Mut gewinnen?«
- »Warum wollen sogar kluge Kinder manchmal nicht lernen?«
- »Wozu brauchen wir Regeln?«

Dreikurs vertritt die Ansicht, man solle konsequent *alle Kinder in ein Boot* setzen. Das heißt, die Schüler sollen sowohl positive als auch negative Erlebnisse gemeinsam genießen beziehungsweise »ausbaden«. Der Schulalltag verläuft ohnehin so, dass dies kaum anders möglich ist. Aber man kann gelegentlich ein wenig nachhelfen und die Schüler erfahren lassen, dass alle aufeinander angewiesen sind. Das fördert den Gemeinschaftssinn. Zur Veranschaulichung sollen zwei Beispiele dienen:

Bei schönem Wetter unternahm ich manchmal mit meiner Klasse spontan einen Ausflug in den nahen Park. Das klappte anfangs allerdings noch nicht so recht. Noch während wir zu Fuß dorthin marschierten, hörte ich hinter mir, wie sich einzelne Schüler stritten. Angeblich rückten einige zu nahe auf, schubsten oder redeten zu laut. Anfangs reagierte ich kaum, weil ich glaubte, sie würden von selbst wieder aufhören. Doch meine Schüler ließen einfach nicht davon ab, sich gegenseitig zu ärgern. Als Einzelne auch noch zu mir kamen, um zu »petzen«, ließ ich die ganze Klasse anhalten und sagte ruhig: »Wenn es nicht einmal möglich ist, ohne Streitereien die kurze Strecke zusammen bis zum Park zu gehen, müssen wir wohl wieder in die Klasse zurückkehren.« Da ging es sofort. Ich hatte keine Suche nach Streitanfängern gestartet, ich hatte keine Namen genannt oder ein bestimmtes Kind angesehen. *Alle* waren gemeint, und alle ging es etwas an, ob wir den Park besuchten oder nicht. Es ist gut möglich, dass die Streitereien auch deshalb aufhörten, weil die streitenden Schüler unbewusst das Ziel verfolgt hatten, mich als Lehrerin mit sich zu beschäftigen. Da ich aber nicht anfing, mich mit ihnen zu beschäftigen, verlor ihr Streiten zumindest diesen Sinn. Solange man es außerdem vermeidet, sich mit einem bestimmten Schüler auseinanderzusetzen, beginnt man keinen persönlichen Lehrer-Schüler-Konflikt und schenkt keinem Schüler negative Beachtung.

Es soll an späterer Stelle noch darauf eingegangen werden, wie man sinnvoll auf einzelne Störer reagieren kann, die hartnäckiger sind und trotzdem »nicht lockerlassen«. Doch es entspricht grundsätzlich einer ersten sinnvollen Maßnahme, Störern keine besondere Aufmerksamkeit zu schenken. Aus dem gleichen Grund macht es Sinn, den in der Klasse existierenden Tischgruppen Namen oder Zahlen zu geben. Dies wird zwar von vielen Lehrern bereits durchgeführt, aber oft nicht konsequent genug, sobald Störungen beginnen. Stört nämlich ein »schwieriger« Schüler, wird er viel zu häufig doch vor der ganzen Klasse mit seinem Vornamen angesprochen oder einzeln an die Tafel geschrieben. Möglicherweise lässt sich dies nie ganz vermeiden, andererseits habe ich gute Erfahrungen damit gemacht, konsequent nur zu sagen: »Tisch x ist noch nicht leise genug, wir warten also noch.« Man sollte lieber nicht dazu übergehen, Tischgruppen, die dennoch laut bleiben, zu bestrafen. Denn manche störende Schüler verfolgen das von Dreikurs formulierte dritte *Nahziel Rache* und empfinden Schadenfreude, wenn die ganze Tischgruppe durch sie Schaden nimmt. Wenn dagegen ein »schwieriger« Schüler nur erlebt, dass der Lehrer noch ein bisschen wartet, bis er den Unterricht fortsetzt, ist der Anreiz, sich auf diese Weise Geltung zu verschaffen, relativ gering, zumal der Lehrer den Störer nicht einmal mit dem Namen anspricht oder ansieht. Zur Geltung sollte der »Störer« lieber zu einem anderen Zeitpunkt kommen, und zwar indem er bei etwas *unterstützen* kann.

In vielen Fällen, wenn ein Schüler anderen Schülern schadet, z. B. durch Ärgern, ist in Wirklichkeit ein Erwachsener der eigentliche »Adressat«. Es wirkt zwar meist so, als werde der Erwachsene von den Kindern nur geholt, damit er zwischen ihnen vermittelt oder damit er eines der Kinder vor dem anderen schützt. Doch die streitenden Kinder – selbst die »Opfer« – bilden unbewusst ein Team, um den Erwachsenen zum Handeln zu verleiten. Man kann das leicht erkennen, wenn dieselben Kinder mal in der Nähe eines bestimmten Erwachsenen spielen und eine Stunde später in der Nähe eines anderen Erwachsenen. Die Menge der Streitereien steigt sprunghaft in Gegenwart des Erwachsenen an, der besonders auf die streitenden Kinder eingeht. Erscheint dagegen ein anderer Erwachsener, kommen die Streitereien gleich viel seltener bis gar nicht mehr vor. Lehrer wirken also oft wie Katalysatoren auf aggressives Verhalten unter Schülern, selbst wenn sie in bester Absicht zu vermitteln versuchen. Deshalb: alle in ein Boot und als Lehrer möglichst in den Hintergrund treten. Heftigere Konflikte unter Schülern können z. B. zu einem späteren Zeitpunkt auch im Klassenrat besprochen werden.

Ich hatte einmal zwei Schüler, die einerseits »dicke Freunde« waren, sich aber andererseits auffallend oft mitten im Unterricht stritten. Als mir dies zu häufig wurde, begann ich, sie bei jedem Streit gemeinsam vor die Tür gehen zu lassen. Nun könnte man annehmen, dass das Streiten der beiden noch schlimmer wurde, weil auf dem Flur kein Mensch mehr eingreifen oder vermitteln konnte. Doch die These der Individualpsychologen, dass Streithähne unbewusst »Verbündete« sind, denen es um die Aufmerksamkeit anderer geht, bestätigte sich: Die beiden Schüler hörten auf dem Flur immer sofort mit ihrem Streit auf – es ergab für sie keinen Sinn mehr.

Ich möchte an dieser Stelle hinzufügen, dass man relativ viel Erfahrung braucht, um Streitereien einschätzen zu können. Mitunter gibt es ja Schüler, die wirklich nur darauf aus sind, anderen zu schaden. Ein sicherer Indikator dafür sind die Häufigkeit, mit der Konflikte mit diesem einzelnen Schüler auftreten, und der Umstand, dass sich reihum ganz verschiedene Schüler durch ihn geärgert fühlen. In solchen Fällen muss man stärker den einzelnen Schüler beobachten und sein Verhalten analysieren, kann aber dennoch alle übrigen Schüler »in ein Boot setzen«. Bei einzelnen besonders aggressiv auftretenden Schülern kann man dagegen z. B. überlegen, ob sie die »rote Karte«, also ein vorübergehendes Mitmachverbot erhalten sollten.

Die hervorragendste erzieherische Maßnahme ist die, einen Schüler die *Folgen* seines negativen Verhaltens unmittelbar *erleben zu lassen*. Rudolf Dreikurs nennt dies *»natürliche und logische Folgen anwenden«*. »Natürliche Folgen« sind Konsequenzen, die sich aus dem Verhalten eines Schülers von selbst ergeben und für ihn zu spürbaren Lektionen führen. Die erzieherische Wirkung tritt *ohne Mitwirkung von Erwachsenen* ein. Das ist wesentlich, denn dadurch werden die Erwachsenen vom Kind nicht als »Strafende« erlebt. Stattdessen spielen nicht selten die Mitschüler eine wichtigere Rolle. Die Lehrer müssen es allerdings schaffen, sich wirklich zurückzuhalten – was nicht immer leichtfällt.

Eine Mädchengruppe hatte mir in dieser Hinsicht einmal einen Gefallen getan, nachdem ich bis dahin erfolglos versucht hatte, unsere Schülerin Alina aus ihrem sich selbst schadenden Verweigerungsverhalten herauszuholen. Jeder Schüler der Klasse hatte zum Thema »Wald« mehrere Geschichten geschrieben, und Alina hatte wieder einmal als Einzige gar nichts oder nur den Anfang eines Textes geschrieben. Zu dem Zeitpunkt hatte ich mit Alina gerade in einem Einzelgespräch besprochen, dass ich sie in solchen Situationen nicht mehr ansprechen wollte, weil sie *Eigenverantwortung* lernen sollte. Am Ende der Unterrichtsphase sollten nun alle Schüler eine ihrer Geschichten auswählen und für eine Ausstellung innerhalb der Klasse besonders ordentlich abschreiben. Dann erhielten alle Schüler kleine, leuchtend bunte Post-it-Blättchen, damit sie eine kurze schriftliche Rückmeldung an den Rand der Texte anderer Schüler heften konnten. Das anschließende Herumspazieren, Lesen und Notieren war für alle ein Genuss. Gegen Ende dieser Unterrichtsstunde bekam ich schließlich mit, wie die Mädchengruppe Alina fragte, wo denn ihr Text hänge. Ich hielt mich bewusst weiterhin in einiger Entfernung auf. Alina antwortete mit irgendeiner Ausrede, an die ich mich nicht mehr erinnere, aber sie fühlte sich sichtlich unwohl in ihrer Haut und hätte nun doch gern mit einem eigenen Text *dazugehört*. Zwar konnte sie die Geschichten der anderen bestaunen, erhielt jedoch selbst keine einzige Rückmeldung von den Schülern ihrer Klasse – eine wichtige »natürliche« Lektion für Alina.

Ein weiteres Beispiel für »natürliche Folgen«: Einmal hatte ich eine Klasse mit vielen Jungs, die in den Pausen leidenschaftlich gern Fußball spielten. Leider waren sie beim Spiel immer rabiater geworden, und fremden Schülern gegenüber hatten sie sich bald eine Spur zu egoistisch verhalten. Die *natürliche Folge* war, dass Schüler anderer Klassen bald nicht mehr mit ihnen spielen wollten. Dummerweise (im pädagogischen Kontext jedoch glücklicherweise) gab es bei unserem Fußballfeld die Regel, dass diejenige Klasse spielen durfte, die in der jeweiligen Pause zuerst da war (auf einem anderen Feld gab es einen genauen Zeitplan für alle Klassen, aber bei diesem Feld nicht). Eine Klasse, die zuerst da war, konnte somit zwar eine andere Klasse mitspielen lassen, aber die Entscheidung lag bei ersterer. Bald berichteten mir meine Jungs empört, dass andere Klassen sie »nie mehr« mitspielen ließen. In einem Gespräch lenkte ich die Aufmerksamkeit meiner Schüler auf Ereignisse, die sich früher abgespielt hatten: »Könnte es sein, dass ihr euch so verhalten habt, dass die anderen Schüler nicht mehr mit euch spielen wollen?« Dann gab ich die Angelegenheit wieder in ihre Hände zurück. Meine Schüler waren dann klug genug, sich wieder zuvorkommender zu verhalten – und hatten dabei gleich eine Lektion gelernt.

In einem anderen Fall erlebte ein neuer »schwieriger« Schüler, der nicht gewillt war, seiner Klasse entschlossen genug zu folgen, dass er plötzlich vor einer verschlossenen Tür stand. Das kam so: Ich hatte der Klasse erklärt, dass wir uns einmal den Sachunterrichtsraum mit den sich darin befindlichen Sammlungsobjekten ansehen wollten. Schon während des kurzen Weges vom Klassenraum zum Fachraum bemerkte ich, dass der Schüler sich betont schlendernd vorwärtsbewegte und offenbar nicht einsah, mit der Klasse Schritt halten zu müssen. Nach wenigen Minuten wurde sein Abstand zur Klasse immer größer, obwohl wir nicht ungewöhnlich schnell gingen. Als wir den Sachunterrichtsraum erreicht hatten, musste ich sogar noch den richtigen Schlüssel finden, sodass sich das Hineingehen zusätzlich verzögerte; dennoch war der Schüler nicht einmal in Sichtweite, als wir den Raum betraten. Nur seine Schritte konnte ich hören, während ich der Klasse die Tür aufhielt. Aus dem ersten Impuls heraus wollte ich stehen bleiben und dem trotzigen Nachzügler die Tür aufhalten. Schnell entschied ich mich aber anders und verhinderte nicht, dass die schwere Tür aufgrund ihres eingebauten Mechanismus zufiel. Denn warum sollte ich ihm bei seinem unkooperativen Verhalten behilflich sein? Zufällig handelte es sich hier um eine Tür, die, einmal zugeschnappt, von außen nicht mehr zu öffnen war. So hörte ich nach kurzer Zeit heftiges Klopfen, während meine Klasse schon eifrig die Objekte des Sammlungsraumes erkundete. Schließlich öffnete ich dem Schüler nur freundlich und verlor kein Wort über die Angelegenheit, um die Wirkung der »natürlichen Lektion« nicht zu schmälern.

War es grausam, die Tür nicht extra für ihn aufzuhalten? Aus individualpsychologischer Sicht wäre es im Gegenteil grausam gewesen, die Tür aufzuhalten und ihm auf diese Weise eine Lektion vorzuenthalten, die ihn dazu führen konnte, sein Verhalten zugunsten eines gemeinschaftsorientierten Verhaltens zu ändern. Hätte ich ihn bei seinem unkooperativen Verhalten verwöhnt, wäre er für die Zukunft darin bestärkt worden, auf negative Weise dazuzugehören (und so sein Leben zu führen).

Bei einer ähnlichen Maßnahme, den »*logischen Folgen*«, werden wir Lehrer zwar etwas aktiver, agieren aber immer noch in einem betont zurückhaltenden Stil. Logische Folgen sind meistens Konsequenzen, die der Lehrer wegen problematischen Schülerverhaltens durchführen muss. Zwar könnte man viele übliche schulische Sanktionen zu diesen logischen Folgen zählen, allerdings besteht die Einschränkung, dass die in der Maßnahme enthaltene Logik und damit der Sinn für den Schüler direkt nachvollziehbar sein muss. Denn die Sanktion darf nicht wie eine Strafe wirken.

Die an manchen Schulen eingerichtete »Insel« lässt sich für die pädagogische Maßnahme »logische Folgen« gut nutzen. Es handelt sich dabei um einen Raum, in dem Schüler kurzfristig von Sozialpädagogen betreut werden, wenn sie aufgrund ihres problematischen Verhaltens nicht mehr in der Klasse unterrichtet werden können. Wenn z. B. ein Schüler in meinem Unterricht mehrmals gezielt stört, nehme ich ihn kurz zur Seite. Dann erkläre ich ihm ganz sachlich, dass er noch nicht an unserem Unterricht teilnehmen könne, weil die Klasse seinetwegen nicht ruhig arbeiten kann. Weiter erkläre ich ihm, dass er aufgrund seiner Störungen in der nächsten Stunde auf die »Insel« gehen müsse, dass wir aber anschließend probieren würden, ob es wieder *mit* ihm ginge. Spätestens nach dreimal »Inselaufenthalt« entschließt sich fast jeder Schüler, bei der Klasse bleiben zu wollen und dafür sein Verhalten umzustellen.

Die Schüler entscheiden sich dazu, ohne sich durch die »Insel« bestraft gefühlt zu haben, denn die »Insel« ist kein unangenehmer Ort. Offenbar möchte aber jeder Schüler in seiner Klasse dazugehören, und so akzeptiert er es bald, *mit annehmbaren Spielregeln dazuzugehören*. Erhält der »schwierige« Schüler nach dem Wiederkommen zusätzliche Unterstützung, z. B. indem er gleich bei Stundenbeginn in eine Gruppenarbeit eingebunden wird, findet er in der Regel Geschmack an der positiv erlebten Dazugehörigkeit. Bei besonders »schwierigen« Schülern muss der Inselaufenthalt zwar manchmal wiederholt werden, aber ich habe bisher noch nicht erlebt, dass sich ein Schüler gar nicht umstellte. Für den Erfolg dieser pädagogischen Maßnahme bleibt es wichtig, dass der Lehrer dem Schüler die Notwendigkeit des Inselaufenthalts jedes Mal so *sachlich* wie möglich mitteilt (also ohne einen Anflug von Genugtuung oder Verärgerung). Auf diese Weise rückt die logische Folge in die Nähe der natürlichen Folge, steht also so wenig wie möglich im Zusammenhang mit der Lehrerperson.

Logische Folgen müssen außerdem mit einer gewissen *Festigkeit* durchgeführt werden, aber ohne, dass der Schüler den Lehrer wie einen Herrscher wahrnimmt. Daher lautet ein wichtiger Grundsatz von Dreikurs: »Fest sein, ohne zu herrschen« (Dreikurs/Soltz 1971, S. 92).

> *»Manchmal ist es nicht leicht, den Unterschied zwischen Festigkeit und Herrschen zu verstehen. Kinder brauchen Festigkeit. Festigkeit bietet Grenzen, ohne die sie sich nicht wohlfühlen. Wenn es keine Grenzen gibt, versucht das Kind dauernd zu sehen, wie weit es gehen kann. Die gewöhnliche Folge ist, dass sein Verhalten die üblichen Grenzen überschreitet und unerträglich wird«* (Dreikurs/Soltz 1971, S. 92).

Es folgen weitere Beispiele für »logische Folgen«.

Ich erinnere mich, wie es einmal vor und nach dem Sportunterricht im Umkleideraum der Jungs regelmäßig extrem laut zuging, auch Streitereien kamen überdurchschnittlich oft vor. Daraufhin setzte ich mich als (weiblicher) Lehrer beim Umziehen dazu (nachdem ich allerdings einmal vorher angekündigt hatte, dies tun zu müssen, falls es nicht besser würde). Das war den meisten Jungs unangenehm, sodass sie sich bald lieber zusammenrissen. Einer der Jungs erkannte mein Handeln allerdings als pädagogische Maßnahme und hatte Lust, mir den Plan dennoch zu vereiteln, indem er allein für größere Unruhe sorgte. Nun ja, es fiel mir nicht schwer, ihn sich – wiederum als logische Folge – auf dem für alle zugänglichen Eingangsflur der Turnhalle umziehen zu lassen.

In einem anderen Fall hielt ein Schüler nach der Pause den anderen die Tür zu, und drei Mädchen hielten es nicht für nötig, sich nach der Pause wieder zum Klassenraum zu begeben. Alle vier Schüler mussten in der nächsten Pause im Klassenraum bleiben, weil es »noch nicht« klappe, dass sie »nach der Pause *verlässlich*« zurückkämen (so meine sachliche Erklärung). Am nächsten Tag erhielten sie eine neue Gelegenheit, ihre verlässliche Rückkehr zu zeigen.

Manche Kinder haben die Angewohnheit, ihr soziales Umfeld mit viel »Hin und Her« zu tyrannisieren. Wenn man einem solchen Kind als Erwachsener Festigkeit entgegensetzt, tut man im methodischen Sinne nichts anderes, als das Kind nur die »logischen Folgen« seines Verhaltens endlich erleben zu lassen. Das soll wiederum anhand eines Beispiels erklärt werden.

Als ich eine erste Klasse übernahm, eilte meiner neuen Schülerin Gesine bereits ein Ruf voraus. Meine Schulleitung warnte mit einem Schmunzeln, dass Gesine durchaus in der Lage sei, den gesamten Einschulungsablauf in ihrem Sinne umzugestalten, und man deswegen aufpassen müsse. Außerdem hatte eine Kollegin entnervt vom »Tag der offenen Tür« erzählt: Ein kleines Mädchen habe so schlimm geweint, dass es durch nichts zu beruhigen gewesen sei. Auch bei dieser Beschreibung handelte es sich um Gesine. Ich war also auf allerhand gefasst, und tatsächlich reagierte dieses kleine Mädchen vom ersten Tag an auf alle Situationen mit übertriebener Ängstlichkeit, Hysterie oder Weinen. Man hatte immer das Gefühl, alles Mögliche tun zu müssen, um bloß dem »armen« Kind schnellstens zu helfen. Auffallend daran war allerdings, dass Gesine Gegebenheiten zum Anlass ihres hysterischen Verhaltens nahm, die für alle anderen Schüler offenbar zumutbar waren, denn niemand sonst reagierte so wie sie. Für Gesine war grundsätzlich irgendetwas zu laut, zu leise, zu schnell, zu langsam, zu neu oder zu alt. Alfred Adler hätte im Fall von Gesine ein Paradebeispiel für neurotisches Verhalten vorgefunden.

Ich musste in den ersten Schultagen auf so vieles achten, dass ich zunächst einmal gar nicht die Zeit hatte, mich mit Gesine näher zu befassen. Das war ohnehin gut so, denn ihr leicht erkennbares Ziel war natürlich, ständig *erhöhte Aufmerksamkeit* zu erhalten, verbunden mit *Macht* über die Erwachsenen. Ich beließ es also in den ersten Tagen dabei, nicht sonderlich auf Gesine einzugehen, wenn ihr etwas nicht gefiel. Doch als wollte sie mich noch mehr testen, führte Gesine schließlich eine Situation herbei, die mich (scheinbar) unter Zugzwang setzte.

Zunächst klagte sie in der dritten Stunde des Schultages über so starke Bauchschmerzen, dass die zu dem Zeitpunkt unterrichtende Lehrerin in der »Not« die Klasse allein ließ und Gesine zum Schulbüro brachte. Dazu muss man sagen, dass beide mehrere Stockwerke hoch- und hinuntersteigen und den Weg über den Schulhof zurücklegen mussten. Gesines lautes Weinen war im gesamten Gebäude zu hören. Ich war gerade in der Nähe, deshalb nahm ich Gesine entgegen. Dann fragte ich sie, ob sie nach Hause wolle oder ob sie nicht lieber die »Zähne zusammenbeißen« und in der Schule bleiben wolle, weil an diesem Schultag noch viele Stunden folgen würden, die sie versäumen würde, wenn sie jetzt nach Hause ginge (unter anderem erwähnte ich, dass wir mit den schuleigenen Kinderfahrzeugen fahren würden). Zu diesem

Zeitpunkt ging ich bereits davon aus, dass sich das Mädchen lediglich in seine Leiden hineinsteigerte. Gesine fällte allerdings ihre Entscheidung für »nach Hause«, und ich *nahm sie ernst*. Vom Schulbüro aus wurde ihre Mutter angerufen, die Gesine auch schon bald aus der Schule abholte. So weit, so gut – der Tag verlief dann ruhig weiter. Doch schon zu Beginn der fünften Stunde standen die Mutter und die Tochter plötzlich wieder vor mir, als ich mich gerade mit der gesamten Klasse auf dem Schulhof befand (jetzt hatte die Phase mit den Fahrzeugen begonnen). Beide lächelten, als ich überrascht fragte, was denn nun los sei. Die Mutter antwortete, Gesine habe jetzt keine Bauchschmerzen mehr und wolle wieder mitmachen. An dieser Stelle kann es einem leicht passieren, sich über die erneute Bereitschaft der Schülerin zu freuen und sie gewähren zu lassen. Doch damit hätte man es zugelassen, dass das Mädchen wieder einmal seinen (unbewussten) Plan vollendet, alles nach seinem Willen geschehen zu lassen und die Erwachsenen ständig auf Trab zu halten. Aus diesem Grunde blieb ich einfach nur *fest* und erklärte beiden, dass ich Gesine ernst nähme und dass sie noch vor Kurzem so schlimme Bauchschmerzen gehabt habe, dass sie unmöglich wieder mitmachen könne, sondern ins Bett gehöre. Das war nur die »logische Folge« aus ihrem starken Jammern über Schmerzen.

Unter Gesines heftigem Protestgeschrei holte die Mutter nun den Ranzen aus dem Klassenraum, aber ich blieb fest. Die Festigkeit lohnte sich, denn in den nächsten Tagen normalisierte sich Gesines Verhalten schon etwas. Sie begann, sich ihrer Umgebung zu öffnen und die Schule sogar gut zu finden.

Mit den letzten Fällen zeigte ich bereits Beispiele, wie Lehrer »schwierige« Schüler auch ohne die Mithilfe der Mitschüler in die Unterrichtsarbeit einbeziehen können, sodass sie ihr auffälliges Verhalten bald nicht mehr »brauchen«. Dazu noch mehr Beispiele. Wenn Schülern das Zutrauen in die eigenen Fähigkeiten fehlt, sollten Anforderungen so weit heruntergeschraubt werden oder sollte so viel Unterstützung gegeben werden, dass diese Schüler eine Chance haben (dies wird nicht zuletzt im individualisierten Unterricht ermöglicht).

Als ich einmal durch Zufall einen Jungen zusammen mit seiner etwas älteren Schwester in meine Klasse bekam, war in kürzester Zeit zu sehen, dass sich der Bruder in Gegenwart seiner Schwester sehr schlecht entwickelte. Aus verschiedenen Gründen kam ein Klassenwechsel nicht in Betracht, insofern musste eine andere Lösung gefunden werden. Das Problem war Folgendes: Die Geschwister hatten innerhalb ihrer Familie klar umrissene Rollen eingenommen. Die ältere Schwester gab sich charmant, angemessen zurückhaltend, und bei Schulnoten schnitt sie fast immer ziemlich gut ab. Ihr jüngerer Bruder wirkte dagegen körperlich stark und sportlich, neigte zu cholerischen Wutanfällen und erbrachte – im Vergleich zur Schwester – eher mittelmäßige Schulleistungen. Als beide nun die gleichen schulischen Aufgaben zu lösen hatten, fiel deren *Geschwisterrivalität* (auch ein Phänomen, mit dem sich Individualpsychologen intensiv beschäftigt haben) unverhältnismäßig stark ins Gewicht. Die Schwester konnte fast alles schneller oder besser, und ich bemerkte, dass ihr Bruder mich wutentbrannt ansah, wenn ich die Leistungen seiner Schwester würdigte – obwohl ich bereits darauf geachtet hatte, Schüler nicht übermäßig zu loben. Dass der

Junge dies trotzdem so wahrnahm, ist durch seine stärkere Empfindlichkeit hinsichtlich der Geschwisterrivalität zu erklären.

Innerhalb weniger Tage verlor der Bruder seine gesamte Motivation zum Lernen, störte und reagierte trotzig, sobald ein Lehrer ihn etwas fragte. Im individualpsychologischen Sinne war er entmutigt. Glücklicherweise konnte ich aber relativ schnell Abhilfe schaffen. Ich brauchte mich nur etwas mehr auf den Jungen zu konzentrieren, mit ihm ab und zu den neuen Lernstoff nach der Unterrichtsstunde kurz einzuüben und ihn sofort einzubeziehen, sobald er sich wieder meldete. Von da an verlor er nicht mehr seine Motivation. Er hatte nur ein *vorübergehendes* »Pushing« gebraucht, um den Vorsprung seiner Schwester wieder etwas einholen zu können. Denn ihre durchweg besseren Leistungen hatte der Bruder offenbar schon seit Längerem mehr oder weniger akzeptiert; dagegen war ihr *zu* groß gewordener Vorsprung für den Jungen unerträglich geworden – eben weil er sich im Vergleich wahrnahm.

Ein ähnliches Beispiel erlebte ich mit Pascal. Pascal war als Kleinkind hoffnungslos verwöhnt worden und dann in der Grundschule anfangs kaum zu integrieren, weil er so schwache Leistungen erbrachte und sein Umfeld tyrannisierte, sobald er nicht seinen Willen bekam. Das begann sich zu ändern, als er ab und zu »Chef« im Werkstattunterricht sein konnte. Zwar ging die Aufgabe des »Chefs« reihum, sodass er nicht bevorzugt zum Einsatz kam. Das war wichtig, denn Pascal musste davon entwöhnt werden, jederzeit seinen Willen zu bekommen. Doch sobald er turnusgemäß die Aufgabe des »Chefs« übernehmen durfte, blühte er umso mehr auf. Nun trug er *Verantwortung* und konnte den anderen Schülern etwas zeigen. Er fühlte sich jetzt *nützlich* und war zumindest auf einem Teilgebiet den anderen Schülern in seinem Wissen voraus. Im Laufe der Zeit gelang es noch öfter, Pascal erleben zu lassen, dass er »nützlich« war.

Gelingt die *Ermutigung* eines Schülers in ausreichendem Maße, eröffnet ihm das die Teilnahme an sämtlichen sozialen und schulischen Prozessen. Gelingt dies nicht, bleibt ihm ebendies mehr oder weniger verschlossen, weil ihn sein mangelndes Selbstvertrauen blockiert. Ermutigungspädagogik ist also im wahrsten Sinne des Wortes eine Schlüsselqualifikation für Lehrer. Alles, was einem Menschen Mut, Selbstwertgefühl oder Auftrieb gibt, entspricht einer Ermutigung. Man könnte annehmen, zur Ermutigung bedürfe es nur möglichst oft der Aussage »Du schaffst das!« oder (hinterher) »Das hast du toll gemacht!«. So einfach ist es meistens nicht. Zwar haben anfeuernde Aussagen in vielen Fällen eine ermutigende Wirkung. Doch *nachhaltige Ermutigung* bewirken wir stärker durch unsere nonverbale Haltung, unsere Handlungen oder unsere Entscheidungen.

Aus der Sicht Alfred Adlers führt die *Stärkung des Gemeinschaftsgefühls* zu Ermutigung, ebenso wie er darin den geeignetsten Weg sieht, seelische Störungen dauerhaft zu beheben. Anders ausgedrückt: Je mehr sich ein Mensch im »Ich, ich, ich« verliert, desto wahrscheinlicher nimmt seine Entwicklung einen ungünstigen Verlauf. Daher gilt in der Individualpsychologie das Motto »*Vom Ich zum Wir*«.

Wie bereits erwähnt, versuchen Individualpsychologen auch, das Gemeinschaftsgefühl in geeigneter Weise zu fördern, indem die *Fixierung* der Kinder *auf Erwachsene vermieden* wird. Das ist natürlich insofern nicht einfach, weil von uns Erwachsenen die meiste Anerkennung kommt, zumindest in der Schule. Dies muss aber nicht so sein, jedenfalls nicht immer. Und wenn man diesen Grundsatz im Blick behält, lassen sich durchaus andere Wege finden. Die zurzeit wohl verbreiteteste Form, Schüler weniger lehrerfixiert lernen zu lassen, ist der Werkstattunterricht, ebenso wie andere geöffnete Unterrichtsformen. Die Schüler gehen zu anderen Schülern (»Chefs«), sobald sie mit einer Aufgabe fertig sind, um sich von ihnen die Richtigkeit ihrer Ergebnisse bestätigen zu lassen – pädagogisch betrachtet also ein gelungener Ansatz, um Schüler unabhängiger vom Lehrer lernen zu lassen. Auch Klassensprechern kann man hin und wieder gezielt Verantwortung übertragen, sodass der Lehrer unter günstigen Umständen auch mal »überflüssig« werden darf.

Nachdem ich eine Grundschulklasse daran gewöhnt hatte, bei Ausflügen den Klassensprechern zu folgen (manchmal ging ich vorne mit, manchmal befand ich mich auch in der Mitte oder hinten), war es in der vierten Klasse möglich, die Klasse für den Schwimmunterricht sich auf dem Hof aufstellen zu lassen und sie dann allein zum Schultor gehen zu lassen. Dort wartete zwar immer der nächste verantwortliche Erwachsene, aber er befand sich in dieser Phase für die Klasse noch nicht in Sichtweite. Sobald meine Schüler ohne meine Führung losgingen, sah ich ihnen immer mit Freude hinterher.

Bevor ich für ein Jahr die VK-Klasse (Vorbereitungsklasse für Schüler, die ohne Deutschkenntnisse aus dem Ausland kommen) übernahm, überlegte ich mir, wie ich die Fortgeschrittenen aus dem vorherigen Schuljahr zusammen mit den Schülern unterrichten konnte, die in jenem Schuljahr bei null anfangen sollten. Die Situation war in doppelter Hinsicht schwierig, denn bei den bereits fortgeschrittenen Schülern handelte es sich um vorlaut auftretende Schüler, die wenig Rücksicht zeigten und obendrein eher leistungsschwach waren. Zu dieser Einschätzung war ich durch Hospitationen gelangt. Ich entschied mich, nach Möglichkeit den »Stolperstein« in einen »Trittstein« zu wandeln, also das Problem in einen Vorteil umzumünzen. Die Fortgeschrittenen sollten in den ersten Minuten einer Stunde, in denen auch die Aufgaben für die Anfänger erklärt werden, reihum selbst zum Lehrer werden. Das sollte ihr *Verantwortungsgefühl* und damit verbunden ihr *Gemeinschaftsgefühl* stärken. Ich versprach mir davon motiviertere Schüler, die weniger zu Störungen neigten. Das Vorhaben gelang, die fortgeschrittenen Schüler machten von der ersten Stunde an begeistert mit, standen »stolz wie Oskar« vor der Tafel, und die Anfänger lernten ihre Grundkenntnisse. Es ergaben sich Schwierigkeiten, weil ich in relativ kurzer Zeit den fortgeschrittenen Schülern vermitteln musste, was die jeweiligen nächsten Lernziele und Aufgaben sein sollten. Allerdings fand ich, dass sich diese kurzfristige stressige Phase lohnte. Eine andere Schwierigkeit ergab sich daraus, dass diejenigen Schüler, die gerade nicht in die Lehrerrolle schlüpften, in dieser wichtigen Unterrichtsphase manchmal störten. Doch wie viel mehr hätten sie gestört, wenn ich sie nicht grundsätzlich in dieses Vorhaben *eingebunden* hätte! So konnte ich immerhin die ganze Klasse zum gemeinsamen Lernen führen, während sich die Probleme in Grenzen hielten. Bei den gegebenen Voraussetzungen hätten sich noch positivere Erwartungen wahrscheinlich als unrealistisch erwiesen. Und ich hatte wieder einmal das pädagogische Ziel »Gemeinschaftsgefühl entwickeln« nicht nur gefördert, sondern für ein konkretes Unterrichtsvorhaben nutzen können.

Manchmal fällt es uns schwerer, bei einem »schwierigen« Schüler etwas Positives wahrzunehmen, als bei einem Schüler, der auf Anhieb sympathisch wirkt. Die Erklärung dafür ist einfach: Auch wir Lehrer folgen zunächst einmal unserer Erwartungshaltung und den Wahrnehmungsschablonen, die sich unser Gedächtnis naturgemäß aneignet. Und wenn ein Schüler schon öfter negativ aufgefallen ist, haben wir für ihn bald die Einschätzung »schwirig« im Kopf gespeichert. Das bedeutet nicht, dass wir das Kind stigmatisieren oder sein Verhalten pauschalisieren. Unser Gedächtnis funktioniert lediglich ökonomisch; es will nicht jede Situation oder jedes Lebewesen von Minute zu Minute neu überprüfen müssen. In dieser Hinsicht neigt die Natur des Menschen also zur Vereinfachung, dem »schwierigen« Schüler nützt diese Vereinfachung allerdings weniger. Denn wenn wir nicht nach einer gewissen Zeit unsere Wahrnehmung immer wieder überprüfen, bleibt der Schüler in der von uns abgespeicherten Form »stecken«.

Es lohnt sich also, unser Bild von den Schülern, die wir unterrichten, in regelmäßigen Abständen zu überprüfen und zu korrigieren, ja, vielleicht sogar zu löschen. Das bedeutet auch, sich von alten Ressentiments (Groll, Enttäuschungen, Kränkungen) zu lösen und besonders die auffälligeren Schüler aus den »Schubladen« herauszuholen, in die wir sie vielleicht gesteckt haben. Um wieder unvoreingenommen an sie heranzutreten, fast so, als hätten wir als weiterführende Schule die Klasse gerade frisch übernommen und noch keine Zeit gehabt, die vorherigen Zeugnisse zu lesen. Zumindest können wir »schwierigen« Schülern leichter einen Neubeginn ermöglichen, wenn wir uns so verhalten, *als ob* wir sie neu wahrnähmen.

Eine befreundete Lehrerin brachte kürzlich den Kerngedanken dieses Kapitels mit einer einzigen Aussage auf den Punkt. Dazu sei hier nur kurz erklärt, dass die Lehrerin sich mit ihrer (eher »schwierigen«) siebten Klasse auf eine Klassenreise begeben hatte und gleich der erste Tag damit endete, dass alle – auch die Klassenlehrerin – entsetzt feststellten, dass sie an einen Herbergsvater geraten waren, der Kindern gegenüber sehr unfreundlich auftrat und obendrein nur eine völlig ungemütliche Herberge zu bieten hatte. Sobald die gesamte Klasse abends zusammensaß, sagte die Lehrerin: »Ja, wir könnten alles wieder zusammenpacken und nach Hause fahren. Wir könnten aber auch versuchen, das Beste aus unserer Situation zu machen ... Also, *was machen wir jetzt?*« Daraufhin entschieden sich die Schüler, zu bleiben, und die Lehrerin erlebte ihre Schüler auf dieser Reise ausgesprochen kooperativ. Man beachte die Einbeziehung der Schüler in den Problemlösungsprozess. Man beachte aber vor allem das *Wir* in ihrer Frage.

9. Ein Adlerauge für wertvolle Momente

> *»Es steigt der Mut mit der Gelegenheit.«*
> (Shakespeare, König Johann II, 1)

Ich komme erneut auf den so ungemein wichtigen Begriff *Ermutigung* zurück. Wie finden wir günstige Gelegenheiten, einen »schwierigen« Schüler zu ermutigen?

Im letzten Kapitel wurde deutlich: Nicht immer lässt sich Ermutigung vorbereiten oder planen. Wenn wir alle Möglichkeiten ausschöpfen wollen, müssen wir auch die vielen kleinen Momente erkennen und nutzen, die sich mitten im Schulalltag unerwartet ergeben. Solche Momente »blitzen« eher auf, als dass sie sich als Situationen länger präsentieren. Deshalb gilt es, gewissermaßen *zuzupacken*, also »die Gelegenheit beim Schopfe zu packen«, sobald sie sich ergibt und wir sie erkennen. Eigentlich ist auch dies wieder eine Sache des Trainings. Wenn wir z. B. im Unterricht auf Meldungen reagieren, kommt es manchmal auf den Sekundenbruchteil an, ob wir noch rechtzeitig sehen, dass sich gerade einer der »schwierigen« Schüler meldet, die sich sonst nur selten melden (Wir werden ihn natürlich sofort aufrufen!). Am besten legen wir uns ein »Adlerauge« für solche potenziellen Situationen zu – besonders scharf, besonders flink.

Wir können uns außerdem angewöhnen, auf unsere *Inspiration* zu vertrauen, wenn ein Schüler »wenig Positives« zu haben scheint. So gilt es, doch eine Seite an ihm zu entdecken oder aber eine Situation herzustellen, in der er erfolgreich sein kann. Eine gute Voraussetzung für Inspiration ist erhöhte und zugleich entspannte *Achtsamkeit*. Wir richten wieder kurz unseren Blick nach Ostasien: Buddhisten *üben* sich in Achtsamkeit; d.h. sie gehen von einem längeren Lernprozess aus, der ständiges Üben erfordert – ein Lernprozess, für den Ausdauer nötig ist und in dem sich erst allmählich der Lernzuwachs zeigt. Zunächst werden die Momente häufiger eintreten, in denen man seine Umgebung mit Achtsamkeit wahrnimmt, dann länger andauern, bis sie schließlich zu einem fast konstanten Zustand führen. Das Schöne daran ist: Wenn wir ganz präsent sind, nehmen wir tatsächlich viel mehr wahr.

Bei besonders leistungsschwachen Schülern muss ein Lehrer unbedingt etwas finden, was sie dennoch gut können, selbst wenn diese Fähigkeit zunächst relativ nebensächlich erscheint. Denn niemand braucht so dringend die Selbsteinschätzung »*Ich kann ja was!*« wie ein »schwieriger« Schüler.

Bei Ahmet hatte ich Glück: Er hatte zwar viele schlechte Noten, aber eines konnte er ziemlich gut: zeichnen. Ein Grund mehr für mich, spontan seine Entwurfszeichnung für ein Bühnenbild auszuwählen, das später den Hintergrund für unsere Schulaufführung bildete. Etwas Besseres konnte gar nicht passieren. Ausgerechnet Ahmet kam nun im wahrsten Sinne des Wortes »ganz groß raus«! Besonders wirksam und sinnvoll ist es, störendes Verhalten kurzerhand *in eine konstruktive Bahn zu lenken*.

Eines Tages besuchte ich mit meiner Klasse die Hamburger Kunsthalle, und wir mussten zunächst längere Zeit im Foyer herumstehen und warten. Als mein »schwierigster« Schüler immer unruhiger und lauter wurde, fiel mir diese Möglichkeit wieder ein. Ich sprach ihn an: »Kannst du mir vielleicht dabei helfen, alle Jacken für die Garderobe einzusammeln?« Das half sofort; er wurde zum Mithelfer und hörte dabei auf, zu stören.

Sobald ich feststelle, dass ich Hilfe beim Tragen eines schweren Gegenstands benötige oder ein fehlender Gegenstand aus einem anderen Raum geholt werden muss, überlege ich nicht lange. Ich suche mir gezielt einen der »schwierigen« Schüler für die *Mithilfe* aus. Sie sind dann jedes Mal ganz stolz, weil ich ihnen etwas Wichtiges *zutraue* und weil ich Vertrauen in sie setze. Das stärkt mit der Zeit ihr *Selbst*vertrauen. Es ist mir noch nie passiert, dass ein Kind, dem ich meinen Schlüsselbund anvertraut hatte, diesen verloren hat. Das hängt wahrscheinlich damit zusammen, dass entmutigte Schüler ab dem Moment präsenter und motivierter sind, sobald man ihnen tatsächlich etwas zutraut.

Ein anderes Beispiel ist Alexander. Zusammenfassend kann man sagen, dass er durch Verwöhnung in den Jahren bis zur Grundschule wie ein Baby aufgewachsen war. Als er in unsere Klasse kam, begann er schon nach kurzer Zeit, andere zu stören und sich vor Aufgaben zurückzuziehen. Als Klassenlehrerin nutzte ich möglichst viele Gelegenheiten, um ihm nachträglich das Gefühl zu vermitteln, von anderen Menschen *ernst genommen* zu werden. Ich ließ ihn bei kurzen Ausflügen vorne als Wegführer für die ganze Klasse gehen. Andere Male vertraute ich ihm auch meinen Schlüsselbund an, um etwas aufzuschließen oder um Vergessenes aus einem anderen Raum zu holen. Oder ich ließ ihn beim Schwimmunterricht dem Bademeister die Anwesenheitsliste überreichen, als ich dies aus Zeitgründen selbst nicht tun konnte. All diese Ermutigungen wirkten sich nach einiger Zeit so positiv aus, dass die Eltern von Alexander am Elternsprechtag verwundert sagten, ihr Sohn sei inzwischen oft »nicht wiederzuerkennen«. Offenbar war er inzwischen auch zu Hause mit gestärktem Selbstvertrauen aufgetreten.

Doch während wir Lehrer uns darin üben, unseren Blick fürs Positive zu schärfen, können wir davon ausgehen, dass es bei »schwierigen« Schülern genau umgekehrt ist: Vor allem leistungsschwächere Schüler sind gewissermaßen »auf einem Auge blind« – zumindest für die eigenen Fähigkeiten und Stärken.

Das fiel mir einmal besonders bei Sunje auf, die viele schlechte Noten hatte, während sie bei Gesprächen im Kunstunterricht besonders gut die Qualität anderer Schülerarbeiten hervorheben konnte. Was ihr selbst gut gelungen war, konnte sie dagegen nicht wahrnehmen. Erst nachdem ich ihr die gelungenen Aspekte ihrer Ergebnisse etwa ein Schuljahr lang immer wieder vor Augen geführt hatte, sobald es sich im Unterricht ergab, war ihr »zweites Auge« für die eigenen Leistungen geschärft. Durch ihre positivere Wahrnehmung wurde Sunje mit der Zeit auch in anderen Bereichen entspannter. Gelegentlich kann man einem »schwierigen« Schüler positives Sozialverhalten wie einen Ball *zuspielen*.

Als ich in der bereits erwähnten VK-Klasse unterrichtete, erlebte ich gegen Ende des Schuljahres, dass sich die (teilweise neuen) Jungen und Mädchen recht feindlich zueinander verhielten, was während einiger Wochen auch zu mehr Streitereien führte. Nachdem ich gerade drei neue Schüler dazubekommen hatte, wollte ich erneut dazu übergehen, die Fortgeschrittenen beim Unterrichten der Anfänger mit einzuspannen. Ich hatte allerdings nicht jeden Umstand genau eingeplant, als ich beginnen wollte. So fiel mir erst relativ spät ein, dass ich gar nicht überlegt hatte, welchen Schüler ich zuerst mit der Aufgabe des Lehrens betrauen wollte. Hinzu kam der Umstand, dass einer der drei Fortgeschrittenen gerade krank war. Mir blieb nichts anderes übrig, als einen der zwei fortgeschrittenen Jungs (es gab keine Mädchen unter den Fortgeschrittenen) zu beauftragen, die zwei neuen Schülerinnen anzuleiten. Die Klasse schaute mich bereits ungeduldig an, als ich hin und her überlegte, und meine Wahl fiel auf Ali, weil er die besten Deutschkenntnisse hatte. Erst später fragte ich mich, wie ich eine so gewagte Wahl hatte treffen können! Denn Ali hatte sich in den vergangenen Monaten am feindlichsten gegenüber den neuen Mädchen verhalten. Zu meiner Überraschung saß er aber bald zusammen mit zwei Mädchen an einem Extratisch und genoss es sichtlich, die beiden mit kleinen Vokabelkärtchen zu unterweisen. Er tat zwar ein wenig gleichgültig, aber jeder Pädagoge hätte sofort bemerkt, dass er insgeheim stolz war. In diesem Zeitraum kam es kein einziges Mal vor, dass er die Mädchen ärgerte. Natürlich würdigte ich seine Mithilfe im Anschluss an die Stunde, denn die beiden Mädchen hatten die Vokabeln tatsächlich intensiv mit ihm geübt, und ich hatte in der Zeit wunderbar die anderen Schüler unterrichten können. Es hatte sich also herausgestellt, dass meine vermeintliche »Fehlbesetzung« für die Hilfslehreraufgabe genau die richtige Entscheidung gewesen war. Der »schwierige« Schüler Ali war dabei innerlich gewachsen, und er durfte in den folgenden Wochen diese Aufgabe noch öfter übernehmen.

Nach einigen Monaten kam auch ein achtjähriges Mädchen in diese Klasse, das nicht nur kein Deutsch sprach, sondern auch das Alphabet noch nicht beherrschte, weil es in seiner fernen Heimat eine andere Schrift gelernt hatte. Man kann sich vorstellen, wie schwierig es für dieses Mädchen war, sich am Unterricht zu beteiligen. Die Schülerin erhielt zunächst einige Stunden Einzelunterricht. Doch das half noch nicht, sie in die Klassengemeinschaft und in den gemeinsamen Unterricht zu integrieren. Dann ergab sich eine wunderbare Gelegenheit, dieser Schülerin das Gefühl der *Dazugehörigkeit* zu vermitteln. Wir arbeiteten gerade nach der Methode von Gabriele Rabkin, Zeichnungen von Paul Klee farbig umzugestalten und dazu frei zu schreiben. Die Schüler arbeiteten mit Eifer an ihren Produkten, denn wir hatten schon oft so gearbeitet, und alle wussten, dass die fertigen Ergebnisse immer mit Magneten an die Tafel gehängt, gemeinsam betrachtet und von den Schülern selbst vorgelesen wurden. Die neue Schülerin gestaltete ihre Figur mit vielen bunten Farben, aber ihr trauriger Blick auf die Arbeiten der anderen Schüler ließ vermuten, dass sie ihr Ergebnis als »unvollständig« erlebte, weil sie noch keinen Text hinzufügen konnte. Da kam mir die Idee, dass ich ihr einen Satz mit einfachen Wörtern vorschreiben konnte, den sie vielleicht wenigstens halbwegs verstand. Meine Hoffnung galt der Idee, dass sie (wie die anderen Schüler) den Satz ohne Hilfestellung würde vorlesen können, da die Schülerin zu diesem Zeitpunkt im Einzelunterricht gerade begonnen hatte, sich auch unbekannte Wörter zu erlesen. Durch Nachfragen fand ich heraus, dass ihre Figur einen Roboter darstellte. Also schrieb ich ihr vor: »Das ist ein Roboter.« Das verstand sie. Das Abschreiben fiel ihr leicht, doch für das Vorlesen kam sie bestimmt siebenmal zu mir, um den Satz richtig auszusprechen und vorzulesen. Sie wollte unbedingt Sicherheit erhalten, um die bevorstehende Vorlesephase vor der Klasse zu bewältigen. Hatte ich sie mit der Situation überfordert? Individualpsychologen gehen lieber das Risiko ein, einen Menschen versehentlich zu überfordern, als ihn »außen vor« zu lassen, also zu wenig einzubinden. Glücklicherweise bestand meine Schülerin diese kleine »Feuerprobe«. Als sie an der Reihe war, trat sie mit sichtlicher Nervosität vor die Klasse und las, ohne sich zu verlesen: »Das ist ein Roboter.« Das anschließende Strahlen auf ihrem Gesicht löste auch bei den anderen Mitschülern etwas aus. Sie hatte mehr als nur ihren ersten Satz vorgelesen, sie war eine aktive Mitschülerin der Klasse geworden.

Manchmal sorgen wir schon für kleine Wunder, wenn wir einem Schüler eine Chance geben, obwohl dieser das Gefühl hat, eigentlich keine Chance zu verdienen (weil er sich so oft »danebenverhalten« hat oder weil er sich bereits als »Loser« betrachtet).

Marius, auch ein Schüler der VK-Klasse, war dafür ein Beispiel. Vier Schüler, die schon ein paar Monate in der Klasse waren, zählten mittlerweile zur Fortgeschrittenengruppe. Für das schulische Weihnachtsfest plante ich, diese vier Schüler vor der ganzen Schule ein Weihnachtsgedicht aufsagen zu lassen. Damit sie es auswendig lernten, erhielten sie jede Strophe als einzelne Hausaufgabe, also in zumutbaren Abschnitten. Das klappte bei allen wunderbar, nur bei Marius nicht. Er entwickelte eine Vielfalt von Vermeidungsstrategien, vom völligen »Vergessen« der Strophe (was natürlich tiefenpsychologisch betrachtet kein wirkliches Vergessen ist) über »Zettel verloren« bis hin zum fehlerhaften, halbherzigen Vortragen, wenn wir es in der Klasse übten. Ich wollte ihn aber auf keinen Fall »außen vor« lassen müssen, sondern den individualpsychologischen Grundsätzen folgen. So entschied ich mich, ihn gleich zu Beginn des Auftritts nur die Überschrift aufsagen zu lassen, und dachte im Stillen: »Immerhin!« Das Gedicht hatte drei Strophen, sodass es sich jetzt gut auf die vier Schüler verteilen ließ. Dann aber verhalf mir der Zufall zu einer noch besseren Lösung: Der Junge, der die mittlere Strophe vortragen sollte, flog kurzfristig ins Ausland und fiel dadurch ganz aus. Jetzt wäre es zwar am naheliegendsten gewesen, Marius diesen Teil vortragen zu lassen, aber zu diesem Zeitpunkt hatte er das Gedicht noch sehr fehlerhaft vorgetragen. Ich wollte kein *zu* großes Risiko eingehen. Zu viele Fehler beim Vortragen hätten ihn vielleicht so verunsichert, dass er noch entmutigter als schon zum gegenwärtigen Zeitpunkt gewesen wäre. Allerdings war mir aufgefallen, dass er in der ersten Strophe die wenigsten Fehler gemacht hatte. Kurzum, ich ließ den relativ sicheren anderen Schüler nun den Mittelteil übernehmen, während ich Marius den ersten Teil überließ. Das hatte zudem den Vorteil, dass er als »Erster« besonders stark zur Geltung kam. Ich konnte buchstäblich sehen, wie Marius bei der Mitteilung meiner Entscheidung um einige Zentimeter größer wurde. Während er in den zurückliegenden Tagen nahezu alles getan hatte, um das Vortragen zu vermeiden, nahm er die Angelegenheit nun als Chance für einen *erreichbaren Erfolg* wahr. Ein paar Tage später wunderte ich mich nicht, als er die relativ wenigen Fehler bei der ersten Strophe nun auch in den Griff bekommen hatte. Das Vortragen des Gedichts klappte (bis auf kleinere, unbedeutende Fehler) bei allen Schülern ohne Probleme.

Wertvolle Momente sind manchmal jene, in denen stark störende Schüler (ich vermeide hier bewusst den Begriff »hyperaktiv«) eine Pause einlegen, weil sie von ihrem eigenen Stören erschöpft sind. Ihre Erschöpfung ist verständlich, denn sie resultiert nicht nur aus dem häufig erhöhten Körpereinsatz, sondern auch aus dem rasanten Hormonanstieg in ihrem Körper, der mit dem Auftritt vor der Klasse einhergeht. Die kurzen Zeitphasen, in denen Störer eine Pause einlegen, kann ein Lehrer als Gelegenheit für den *Wiedereinstieg* des Schülers *in die Klassengemeinschaft* nutzen. Was natürlich pägagogisch gemeint ist, denn körperlich befinden sich die Schüler ja bereits inmitten der Klassengemeinschaft. Ich habe gute Erfahrungen damit gemacht, dem jeweiligen Schüler mit leiser und ruhiger Stimme erneut die Unterrichtsaufgabe oder z. B. ein anderes Schreibwerkzeug anzubieten. Manchmal, wenn gerade Frühstückspause war, habe ich auch einfach nur gefragt, was sich denn auf dem belegten Brot befinde. Auf diese Weise vermittelt man dem (sich kurz vorher noch wild gebärdenden) Schüler, dass ihm die »Tür zur Gemeinschaft« weiterhin offen stehe und man nicht vorhabe, auf das gerade stattgefundene Negative weiter einzugehen. Zwar entsteht manchmal der Eindruck, als seien massiv störende Schüler kaum ansprechbar, aber das kann täuschen. Nicht wenige Schüler fühlen sich durch einfache, freundliche Gesten willkommen und reagieren zwar zunächst verblüfft, besinnen sich dann aber und beenden ihre Störungen. Es ist immer eine Frage des Timings; die akute Störphase sollte zu dem Zeitpunkt möglichst vorbei sein.

In einem weiteren Beispiel für nicht planbare Gelegenheiten geht es um Jan, einen Drittklässler. Er war gerade neu in unsere Klasse gekommen und erweckte ab dem zweiten Tag den Eindruck, als wolle er erst einmal »alles auf den Kopf stellen«, einschließlich des Mobiliars und aller geltenden Regeln. Es erschien mir zunächst sinnlos, bei Jans extremem Verhalten noch zu versuchen, seine Aufmerksamkeit auf Unterrichtsaufgaben zu lenken – zumal er mir jedes Mal, wenn ich mit einer Aufgabe zu ihm kam, mit seinem starken Wegschauen demonstrierte, dass er an den Aufgaben nicht interessiert sei. Manchmal legte ich dann aber ein Aufgabenblatt auf seinen Platz, ohne mich davon irritieren zu lassen, dass er es lautstark ablehnte. Schließlich machte ich eine interessante Beobachtung: In den Momenten, in denen ich nicht hinsah, führte Jan immerhin einen Teil der Aufgaben aus – wahrscheinlich war es gerade so viel, wie er sich zutraute. Doch dies geschah nie unmittelbar, nachdem ich ihm die Aufgabe gegeben hatte (oder ihn zu etwas angeregt hatte), sondern grundsätzlich, sobald ich nicht mehr zu ihm hinsah. Dieses Verhalten erinnerte mich an das, was ich während meines Studiums gelernt hatte und worauf auch Individualpsychologen achten: Manche Kinder fühlen sich »fremdbestimmt«. Sie hatten während ihres Aufwachsens in ihrer Familie zu oft das Gefühl, von Erwachsenen zu einem Verhalten gezwungen zu werden. Dadurch entwickeln sie eine starke Abneigung gegen jede Handlung, die bei ihnen das Gefühl hervorruft, etwas für einen Erwachsenen machen zu müssen. Es lag also auf der Hand, dass ich den Wunsch meines Schülers nach *Selbstbestimmung* respektierte, zumal es sich dabei um einen weiteren Leitgedanken der Individualpsychologie handelt. Meine letzten Beobachtungen erwiesen sich als ausgesprochen nützlich. In den folgenden Tagen legte ich Jan weitere Aufgaben hin, ging dann aber grundsätzlich erst einmal weg. Diese kleine Umstellung meines Verhaltens führte dazu, dass Jan deutlich mehr Aufgaben bearbeitete. Ich werde zwar nie erfahren, ob meine Interpretation seines Verhaltens tatsächlich stimmte, aber die Tatsache bleibt, dass meine geringfügigen Änderungen relativ viel bewirkten.

Etwa zehn Tage später nützten mir meine Beobachtung und die damit einhergehende Vermutung, dass sich Jan schnell »fremdbestimmt« fühlte, auch in anderer Hinsicht. Jan hatte angefangen, sich aggressiv gegenüber seinen Mitschülern zu verhalten, und eines Tages hatte er die Federtasche seines Mitschülers vom Tisch geworfen, sodass der Inhalt auf dem Boden zerstreut herumlag. Ich sagte Jan betont ruhig, aber entschlossen, dass er das wieder aufheben müsse. Als er trotzig den Kopf schüttelte, dachte ich wieder an das Thema »Fremdbestimmung«. Ich überließ ihm einfach die Entscheidung, *wann* er es tat, indem ich mich nach meiner Aufforderung wieder dem Unterricht zuwandte. Als nichts geschah, wiederholte ich nach ein paar Minuten meine Aufforderung, ohne ärgerlich zu werden (weil er kaum Deutsch verstand, konnte ich ihm nicht direkt mitteilen, dass ich ihn entscheiden lassen wollte, wann er es tat). Meine Geduld lohnte sich: Nach meiner fünften – immer noch ruhigen – Aufforderung stand er auf und räumte die Sachen in die Federtasche ein. Und er tat dies wieder in einem Moment, als ich mich gerade auf etwas anderes konzentrierte. Spätestens diesmal hielt ich es nicht mehr für einen Zufall, dass Jan Unangenehmes nur dann ausführte, wenn man nicht abwartend vor ihm stand. In diesen Tagen hatte Jan seine ersten Schritte zu kooperativem Verhalten getan.

Ein hinsichtlich seines Sozialverhaltens »schwieriger« Fünftklässler entwickelte einmal in den Pausen, in denen die Schüler drinnen blieben, eine wahre Sucht nach Puzzles. Die Puzzlespiele hatten viele Wochen unbeachtet in den Regalen der Klasse gestanden, nun aber hatte er sie entdeckt, und innerhalb kürzester Zeit steckte er fast die ganze Klasse mit fieberhaftem Puzzeln an. Anfangs reagierte ich jedes Mal ungeduldig, weil meine Schüler zu Beginn der Unterrichtsstunden kaum noch von den Puzzles wegzubekommen waren. Doch dann begriff ich, dass die Puzzles für den Jungen Gold wert waren. Denn bisher hatte er sich die Aufmerksamkeit seiner Mitschüler immer nur durch Tricks und Gemeinheiten gesichert – damit war sein Verhaltensrepertoire bereits erschöpft. Jetzt aber wurde er von seinen Mitschülern als »guter Puzzlespieler« anerkannt, und das entsprach wahrhaftig einem *Fortschritt in seiner sozialen Entwicklung.* Als ich das begriffen hatte, verbot ich das Puzzlespielen kurzerhand doch nicht. Stattdessen freute ich mich mit diesem Schüler daran, und als er das merkte, wurde auch gleich unsere (bisher nicht einfache) Beziehung positiver.

»Dem Mutigen gehört die Welt.« Dieses bekannte deutsche Sprichwort hätte am Anfang eines meiner Kapitel stehen können. Das Sprichwort verleiht dem Begriff »Mut« eine eindeutig positive Konnotation. Doch in der Aussage des Sprichworts schwingt noch etwas anderes mit, etwas, das der Individualpsychologe mit »Allmachtsfantasien« bezeichnen würde. Besonders entmutigte Menschen streben nach möglichst viel Macht (»über die Welt«), und dies stellt freilich kein wünschenswertes Ziel dar. Erfreuen wir uns also an der Kraft, die von diesem Sprichwort ausgeht, aber behalten wir im Auge, dass Mut zu einem egozentrischen Lebensstil führen kann, wenn er nicht gemeinschaftlich orientiert ist.

10. Auf eigenen Füßen stehen

Verwöhnung zählt zu den Vorgängen in der Erziehung, die Individualpsychologen als Erziehungsfehler einordnen. Denn jede Verwöhnung entspricht im Ansatz einer Entmutigung, weil sie dem Kind vermittelt: »Ich mache etwas für dich, weil du noch zu klein (oder zu schwach) bist.« So werden verwöhnten Kindern Tätigkeiten abgenommen, die sie eigentlich selbst können oder aber lernen könnten. Verwöhnung wird auch deshalb kritisch gesehen, weil Kinder rechtzeitig lernen müssen, sich an die Mühen des Lebens zu gewöhnen. Durch Verwöhnung wird dieser notwendige Lernprozess erschwert. Genau genommen verraten Eltern dadurch ihr mangelndes Vertrauen in das Kind beziehungsweise in seine Fähigkeiten und Stärken. Ihre unterschwellige negative Einschätzung untergräbt das Selbstvertrauen des Kindes und vermehrt seine Selbstzweifel. Ein Motto der Individualpsychologie lautet daher: »Tue nie etwas für das Kind, das es selbst tun könnte.«

Verwöhnte Kinder gehen nach einer gewissen Zeit dazu über, Erwachsene regelmäßig in ihren Dienst zu stellen. So schließt sich ein Teufelskreis: Verwöhnte Kinder wirken zunächst vielleicht etwas hilfsbedürftiger, doch letzten Endes entwickeln sie tatsächlich weniger Fähigkeiten, weil sie weniger Gelegenheiten erhalten, diese zu entwickeln. Das führt sie in eine größere Abhängigkeit von anderen Menschen. Schließlich führt die Abhängigkeit dazu, dass solche Kinder umso stärker die Fähigkeit ausbauen, andere für sich etwas tun zu lassen. Zeugnistexte verwöhnter Kinder lauten daher sinngemäß oft so: »… verlässt sich darauf, dass immerzu andere ihr helfen. Sie übernimmt keine Eigenverantwortung …« Manche Kinder entwickeln sich sogar zu Meistern darin, andere Menschen dazu zu bringen, etwas für sie zu tun. Zu traurigen Meistern, denn in der Seele bleibt immerzu das Gefühl: »Ich selbst kann das nicht.« So erlebte ich z. B. noch in der vierten Klasse ein Kind, das seine Mitschüler darum bat, ihm die Schuhe zuzubinden. Es stellte sich heraus, dass das Kind nicht eingebildet, sondern verwöhnt war und sich selbst die Schuhe *nicht* zubinden *konnte*.

In der Schule gehören verwöhnte Kinder nicht selten zu den »schwierigen« Schülern. Weniger, weil Lehrer mehr Zeit für sie aufwenden müssen, um ihnen zu helfen, sondern weil Verwöhnung geradewegs zu problematischen Charaktereigenschaften führt. Verwöhnt ein Lehrer diese Schüler nämlich nicht so, wie sie es gewöhnt sind, fangen solche Schüler bald an, ihr gesamtes Umfeld zu tyrannisieren. Hinzu kommt das von Individualpsychologen erkannte Phänomen, dass sich verwöhnte Kinder weniger zutrauen und dem Leben entsprechend *entmutigt* gegenüberstehen. Sie beginnen, ihre Entmutigung zu kompensieren, und zwar mit Verhaltensweisen, die sich gegen den Lehrer oder die Gemeinschaft richten.

Die Meinungen darüber, wie viel man einem Kind abnehmen und wie viel man ihm zutrauen sollte, gehen oft auseinander.

Daisaku Ikeda äußert sich in seinem Essay über Erziehung spöttisch über den modernen Erziehungsstil Japans, der den Kindern offenbar zu wenig Zutrauen vermittelt:

> »In manchen Gegenden Japans nennt man Kindererziehung ›Ko-yarai‹. Dieser Ausdruck drückt aus, dass die Kinder befähigt werden, für sich selbst zu stehen, während die Eltern sie von hinten unterstützen. (...) (Dies ist) das genaue Gegenteil des modernen Erziehungsstils, der ›vor den Kindern steht und versucht, diese vorwärts zu ziehen‹.« (Ikeda 1984, S. 6)

Nach der Beschreibung Ikedas sollte es offenbar das Ziel sein, dass Kinder so bald wie möglich auf ihren eigenen Füßen stehen. Das Maß der Unterstützung, die wir Erwachsene ihnen dabei zukommen lassen, sollte immer am Prinzip »so viel wie nötig und so wenig wie möglich« ausgerichtet sein. Oder mit Ikedas Worten: nur »von hinten« unterstützend.

Ich erinnere mich noch gut an meinen Schüler Alexander. Wenn Alexander von seinem Zuhause erzählte, konnte man deutlich erkennen, wie er als Kind seine Eltern in seinen Dienst gestellt hatte. Das Verhalten seiner Eltern nahm Alexander so wahr: »Wenn meine Eltern sagen: ›Ausziehen!‹, bleibe ich immer erst mal sitzen. Dann sagen sie es ein zweites Mal, dann ein drittes Mal ...« Wie zu erwarten, gelang es Alexander durch seine hartnäckige Passivität, seine Eltern dazu zu bringen, fast alles für ihn zu tun. Sie zogen ihm z. B. die Kleidung aus, begleiteten ihn zum Zähneputzen, führten seine Zahnbürste in seinen Mund.

Anfangs war ich als Lehrerin auch in diese »Falle« getappt, doch nach einiger Zeit teilte ich ihm in einem Einzelgespräch meine Selbstbeobachtungen mit: »Eigentlich war Frau Schöneich doch ganz schön dumm, dass sie immer zu dir gekommen ist, oder?« (Alexander hörte mir sehr aufmerksam zu, reagierte aber nicht gleich.) »Na, du hast doch wahrscheinlich auch gemerkt: Meistens schreiben alle anderen Schüler zwar schon. Aber erst, wenn Frau Schöneich kommt, merke ich, Alex, dass ich *(angeblich)* keinen Stift habe. Und wenn ich das Schreibheft zu Hause *(angeblich)* vergessen habe, holt Frau Schöneich mir sofort ein liniertes Papier ...«

Am Ende unseres Beratungsgesprächs erkannte Alexander, dass ich mich genauso verhalten hatte wie zu Hause seine Eltern. Er war damit einverstanden, dass wir das Problem von nun an »Verwöhnung« nennen wollten. Dadurch wurde Alexander für sein Problem sensibilisiert. Zusätzlich einigten wir uns darauf, dass ich nun nicht mehr kommen würde, wenn er im Unterricht nichts tat. Ich wollte diese Vereinbarung aber genügend absichern, deshalb fragte ich ihn: »Wenn ich von jetzt an nicht mehr komme, denkst du dann, ich mag dich nicht mehr?« »Nein ... weil du nicht mehr die Verwöhnung weitermachen willst!« So abgesichert, konnte ich von der Verwöhnung, die ich zuerst aus Versehen selbst gefördert hatte, zur notwendigen »Entwöhnung« überleiten.

Der aus der Psychoanalyse stammende Begriff *Gegenübertragung* wird in diesem Fallbeispiel besonders gut nachvollziehbar, daher möchte ich auf diesen Aspekt noch einmal eingehen. Betrachten wir zunächst die Übertragung. Alexander hatte sich bei mir eigentlich nur so verhalten, wie er es sich bei seinen Eltern angewöhnt hatte, weil er mich wie seine Mutter beziehungsweise wie seinen Vater empfand: Er fing automatisch an, kontinuierlich Hilflosigkeit zu signalisieren, und seine *Signale* wurden von mir unbewusst aufgenommen und verstanden. Ich reagierte sofort mit dem Wunsch, ihm zu helfen, und widmete mich ihm stärker. Ich begann also – ohne mir zunächst dessen bewusst zu sein –, tatsächlich wie eine »übermäßig sorgende Mutter« zu agieren. Das entsprach der *Gegenübertragung*. Glücklicherweise hatte mich dann mein beobachtender Persönlichkeitsanteil »abgebremst«; ich hatte plötzlich gemerkt, dass diese Beziehungsform unendlich lange so hätte weitergehen können. Irgendwann wäre ich wohl vom ständigen Verwöhnen völlig erschöpft gewesen.

Eine Woche später sprachen Alexander und ich über seine Fortschritte und darüber, was noch nicht so gut klappte. An einer Stelle unseres Gesprächs konnte man bereits erkennen, dass Alexander sich entschieden hatte, eigenverantwortlicher zu handeln und auf Verwöhnung zu verzichten. Diese Stelle soll hier dokumentiert werden. Sie begann mit meiner Frage:

»Kann es sein, dass du manchmal wieder vergisst, dass du ja lernen musst?«
»Hm, ja.«
»Gut, lass´ uns mal zusammen überlegen: Möchtest du, dass ich dich manchmal daran erinnere?«
»Nein.«
»Ich soll dich lieber in Ruhe lassen?«
»Ja.«
»Ich glaube, ich kann verstehen, warum. Weil du das jetzt selbst gut genug weißt?«
(Nicken)

Drei Wochen nach der ersten Beratung mit Alexander fand ich, dass dem Thema »Verwöhnung« ein letztes Gespräch gewidmet werden sollte. Ich rief die Inhalte unserer Einzelgespräche in Erinnerung und machte Alexander den Vorschlag, dass ich mich auch weiterhin nicht um ihn kümmern würde, wenn er nicht arbeitete. Alexander war einverstanden. Zu diesem Zeitpunkt hatte er außerdem etwa zwei Wochen lang *von sich aus* sein Hausaufgabenheft herausgeholt, und ich würdigte am Ende unseres Gesprächs diesen Fortschritt.

Alina (ich hatte bereits über sie berichtet) war zu Hause auch sehr verwöhnt worden. Sie konnte ihren Vater regelmäßig dazu bringen, ihr jede Tätigkeit abzunehmen, indem sie vor allem hartnäckig passiv blieb (ob ihr dies bei der Mutter auch gelang, kann ich nicht mehr sicher sagen). Auch im Hort vollführten die verzweifelten Erzieherinnen einen regelrechten »Tanz«, wenn Alina etwas nicht selbst machte. Ich bin geneigt, bei Alinas Verhalten tatsächlich von einer Fähigkeit zu sprechen.

Wie schafft es ein Kind, so viele Erwachsene regelmäßig zu erhöhter Aktivität zu bringen? In einer Einzelförderstunde, in der ich mit Alina für das Fach Mathematik üben wollte, erlebte ich einmal ihre geballte Dickköpfigkeit, mit der sie sich Anstrengungen entzog und stattdessen »andere ins Schwitzen« brachte. Eine Viertelstunde lang rechnete Alina die Multiplikationsaufgaben wie im Rausch, ohne mich zu brauchen. Ich freute mich. Dann aber stellte sich heraus, dass sie zu einigen wenigen (!) falschen Rechenergebnissen gelangt war. Nun reagierte sie auf jeden Impuls meinerseits ausschließlich mit Trotz und Schmollen. Dabei legte sie sich mit ihrem ganzen Oberkörper auf den Tisch und rutschte schließlich fast vom Stuhl, während ich zunächst mit Engelszungen sprach und mich bemühte, Alina neuen Mut zu machen. Mittendrin ertappte ich mich allerdings dabei, dass ich mit ihr zu kämpfen schien und mich mit immer neuen Anregungen extrem abmühte. Wie hatte sie das bloß geschafft? Ich bremste mich schnell ab und tat erst mal nichts weiter. Das war immerhin besser, als diese Aktivitäten fortzusetzen.

Beim nächsten Mal achtete ich in der Einzelförderung noch stärker darauf, auf keinen Fall mehr um ihre Mitarbeit zu »kämpfen«. Sie hätte auf Dauer Geschmack daran gefunden und noch häufiger meine Bemühungen sabotiert. Etwa zeitgleich begann ich, meistens wöchentlich im Einzelgespräch mit Alina ihre schwierigen Phasen zu reflektieren. Das führte langsam zu einer entspannteren Arbeit.

Verwöhnte Kinder neigen häufiger als andere zu *Angstgefühlen* oder *hysterischem Verhalten*. Nicht selten setzen sie diese Gemütszustände (ohne sich dessen bewusst zu sein) als »Mittel zum Zweck« ein.

Ich erinnere mich noch an das auffällige Verhalten von Paul. In der fünften Klasse vertrauten mir die Eltern an, dass Paul erst seit Kurzem, seit Beginn der fünften Klasse, allein zur Schule gehe. In der gesamten Grundschulzeit hatten sie ihn täglich bis zum Schultor gebracht, in der Zeit des ersten Schuljahres bis zur Klassentür. Der Grund dafür war, dass Paul schon immer sehr ängstlich gewirkt hatte (jedenfalls entsprach dies der Wahrnehmung seiner Eltern) und dass er dann auch noch zu Beginn der Grundschulzeit auf dem Schulweg von einem Hund gebissen worden war. Die Eltern meinten, dass er seitdem eine »riesige Angst« vor Hunden habe. Tatsächlich hatte der Junge auf eine intelligente Weise einen kurzen Schicksalsmoment (Hundebiss) für sich in den Vorteil umgemünzt, vier Jahre lang elterliche Wegbegleitung zu erhalten. Er brauchte sich seine Angst nur zu erhalten und in regelmäßigen Abständen vorzuführen, wenn ein Hund in der Nähe zu sehen war. Rudolf Dreikurs hat aufgrund solcher Verhaltensweisen Eltern und Lehrern dazu geraten, sich *von Gefühlen wie Angst* grundsätzlich *nicht beeindrucken zu lassen* (Dreikurs/Soltz 1971, S. 217 ff.). Denn es gilt nicht nur, uns durch Schüler nicht zu unnötigen Tätigkeiten verleiten zu lassen, sondern auch zu verhindern, dass sich der Schüler zu einem abhängigen, lebensuntüchtigen Menschen entwickelt.

Wenn eine Situation entsteht, in der ein Kind Angst zeigt, hängt vieles vom Verhalten der anwesenden Erwachsenen ab. Reden wir auf das Kind ein oder trösten es übermäßig, verstärken wir meist seine Angst. Stattdessen können wir dem Kind zeigen, dass wir ihm die Bewältigung seiner Angst *zutrauen*. Wir sollten selbst gelassen auf das reagieren, was beim Kind Angst auslöst, und mit ihm umgehen, als wüssten wir, dass das Kind schon bald sein »Angstproblem« bewältigen wird.

Ich weiß noch, wie ich mit meiner vierten Klasse auf den »Michel« (St.-Michaelis-Kirche in Hamburg) stieg. Als wir das letzte Viertel des Turms vor uns hatten, mochten zwei Schüler die letzten Stufen nicht weiter hochgehen. Fast alle anderen Schüler waren allerdings schon weitergegangen, weil sie sich danach sehnten, oben die Aussicht zu genießen. Ich bot den beiden letzten Schülern an, zu zweit im erreichten Stockwerk zu bleiben, bis die Klasse wieder vorbeikomme. Ich selbst aber wolle weiter hochgehen. Die Situation war in jeder Hinsicht zumutbar: Die beiden Schüler brauchten nicht weiterzugehen, und sie brauchten nicht allein zu sein. Sie erhielten aber auch keine Extraverwöhnung, z. B. blieb keine weitere Person bei ihnen. Da entschieden sie sich plötzlich, der Klasse doch zu folgen, und als sie es geschafft hatten, wirkten die beiden ganz erleichtert und stolz. Sie hatten bei der Klasse sein wollen, um ebenfalls die Aussicht zu genießen – das hatte sie *angetrieben* und ihnen geholfen, ihre Angst zu *überwinden*.

Ich hatte einmal eine kurze Dokumentation darüber gelesen, wie Kinder beim Spielen in den Zweigen eines Gebüsches verpuppte Schmetterlingsraupen entdeckt hatten. Die Kinder unterhielten sich aufgeregt über den Zweck der Verpuppung. Schließlich gelangten sie zu der Meinung, dass man den Raupen das mühsame Herausarbeiten aus dem Kokon erleichtern müsse. Daraufhin schnitten die Kinder die Kokons am Ende vorsichtig auf. Die beabsichtigte »Hilfe« erwies sich als das Gegenteil – sämtliche Raupen starben. Nicht zuletzt diese Analogie lehrt uns, dass der Prozess des *Selbstständigwerdens nur vom Kind selbst geleistet werden kann* und unerlässlich für seine gesamte Entwicklung ist.

An der Universität Hamburg erzählte man uns Studenten, dass gelegentlich Eltern darauf drängen würden, dass ihre Kinder in der Schule Hausaufgaben erhielten, damit sie (unbewusst) stärker auf das Kind einwirken könnten. Die Vorstellung, nicht gebraucht zu werden oder die Entwicklung ihres Kindes nicht kontrollieren zu können, ängstigt diese Eltern. Auf einer unterschwelligen Ebene entsteht die Ahnung: »Womöglich kann es alles ohne mich!«

Das zeigt uns, welches Problem sich manchmal hinter Verwöhnung verbirgt: Indem Eltern ihr Kind verwöhnen, sorgen sie für ihre eigenen Bedürfnisse. Manche Eltern erleben sich gern in der Rolle, »zuständig« oder »sorgend« zu sein. Es gibt ihnen seelischen Halt, Nützlichkeit und eine feste Bindung. Insofern müssen manchmal auch die Eltern verwöhnter Kinder beraten werden, wenn das Problem »Verwöhnung« wirklich gelöst werden soll. Für manchen Erwachsenen ist es schwer, das eigene Kind mit angemessener Zurückhaltung zu unterstützen, damit es selbstständig werden kann. Bildlich ausgedrückt, muss sich der Erwachsene tatsächlich endlich abkehren und weggehen können, wenn es darauf ankommt.

Im Sinne einer Zusammenfassung möchte ich dazu einladen, uns Erwachsene einmal kurz aus der Perspektive eines Kindes zu betrachten. Dafür ziehe ich einen Text von 1985 heran. Es handelt sich um Auszüge aus der »Denkschrift von deinem Kind«, geschrieben für Eltern, aber durchaus nützlich auch für Lehrer:

»Tue nichts für mich, was ich selbst tun kann. Denn sonst bekomme ich das Gefühl, ein Baby zu sein, und ich könnte dich auch weiterhin in meinen Dienst stellen.
Gib mir nicht das Gefühl, dass meine Fehler Sünden seien. Ich muss lernen, Fehler zu machen, ohne das Gefühl, dass ich nicht gut bin. Schütze mich nicht vor unangenehmen Folgen. Es ist nötig, dass ich aus Erfahrung lerne. Beachte meine kleinen Wehwehchen möglichst wenig. Wenn ich zu viel Aufmerksamkeit für sie bekomme, kann ich lernen, Vorteile in der Krankheit zu sehen. ...«
(International Study Group Newsletter 1985)

II. Teil

11. Wie man einer Kampfherausforderung begegnet

Um verständlich zu machen, was man in der Individualpsychologie unter dem Begriff *Machtkampf* versteht, möchte ich zwei Beispiele anführen.

Beispiel 1: Wenn die Schulklasse auswärtige Unterrichtsprojekte durchführt (z. B. Tagesausflüge), passiert jedes Mal das Gleiche: Ein bestimmter Schüler hält sich nicht an die Regeln und *zwingt* dadurch den Klassenlehrer zum Einschreiten. Mal nimmt der Schüler die Rolltreppe, während der Rest der Klasse dem Lehrer über den Treppenweg folgt. Ein anderes Mal läuft er vor den Augen der Klasse über die rote Ampel, wieder ein anderes Mal steigt er im Museum über eine Abgrenzung, die den unerlaubten Zutritt markiert. Das führt dazu, dass einige Schüler ihm auch noch folgen. Der Lehrer bemüht sich in steigendem Maße, den Schüler im Blick und im Griff zu behalten, reagiert mit etlichen scharfen Ermahnungen, aber der Schüler reagiert auf all diese Maßnahmen nur mit einem frechen Grinsen und macht weiter, was er will. Er kümmert sich nicht nur nicht darum, was der Lehrer will, sondern macht oft genug gezielt das Gegenteil davon. Viel zu häufig folgt in solchen Augenblicken ein Teil der Klasse dem Schüler, sodass der Lehrer befürchtet, die Kontrolle über die Klasse zu verlieren.

Beispiel 2: Wenn der Lehrer zu Beginn seiner Unterrichtsstunde eine ausführliche Erklärung vor der Klasse beginnt, können sich alle mit Sicherheit darauf verlassen, dass eine bestimmte Schülerin, die im Allgemeinen sehr vorlaut auftritt, ihn mindestens einmal unterbricht und selbst laut zu reden beginnt. Der Lehrer reagiert darauf zunächst mit lauterem Sprechen. Doch das führt nur dazu, dass beide sich bald gegenseitig an Lautstärke zu *übertreffen versuchen* und immer lauter werden, bis der Lehrer die Schülerin anbrüllt. Für die Klasse mag dies amüsant sein, der Lehrer aber sieht seine Autorität infrage gestellt.

In vielen Unterrichtssituationen muss sich ein Lehrer vorübergehend behaupten; das ist dann nicht automatisch ein Machtkampf. Ein kurzes, wirksames Einschreiten zeigt einem störenden Schüler: Der Lehrer ist in der stärkeren Position, aber nicht um seine Macht zu demonstrieren, sondern für das Gemeinwohl, und zwar, um dem Rest der Klasse den Unterricht zu garantieren. Um selbst zu erkennen, ob man mit einem Schüler in einen Machtkampf geraten ist, gibt es ein paar mögliche Indikatoren: Der Lehrer fühlt sich hinsichtlich der Stärke seiner Position nicht sicher. Es gibt ein »Hin und Her«, denn in den nächsten Stunden fordert der Schüler den Lehrer noch einmal heraus. Der Lehrer erlebt den Konflikt mit starken Emotionen. Außerdem fühlt er sich vom Schüler gezwungen, zu handeln, handelt also nicht »frei«.

Gelassenheit ist der sicherste Schutz vor Machtkampfsituationen, doch wie entwickeln wir sie? Schließlich kann ein Lehrer nur dann gelassen auf »schwierige« Schüler reagieren, wenn er tatsächlich frei von Befürchtungen ist. Möglicherweise sind wir davon aber nicht frei. Möglicherweise schafft es einer unserer »schwierigen« Schüler sogar, uns regelmäßig mit einem verdrängten Problem zu konfrontieren, denn manche Schüler finden mit feinem Gespür unseren schwachen Punkt heraus. Folgende Fragen können uns als Orientierung dienen, um unbearbeitete Probleme besser einordnen zu können. Die übergeordnete Frage lautet: Warum findet der Schüler hier bei mir einen »schwachen Punkt«?

Weiter können wir uns fragen: Warum bin ich nicht innerlich im Gleichgewicht? Warum kann ich unter Druck gesetzt werden? Was befürchte ich? Hängt mein Selbstwertgefühl davon ab, ob der Unterricht gelingt? Hängt meine Anerkennung beim Vorgesetzten oder bei den Eltern davon ab, ob der Unterricht gelingt? Was hätte ich zu verlieren?

Für solche Fragen ist eine Supervision sehr hilfreich, weil manche Ängste von uns verdrängt und insofern nicht selbst erkannt werden können. Lassen wir persönliche Befürchtungen aber einmal außer Acht, lässt sich sagen: Die meisten Lehrer haben die Sorge, dass sie inkompetent wirken, wenn sie Situationen mit »schwierigen« Schülern nicht lösen können. Ich vermute sogar, dass dies auch der Grund dafür ist, dass an Schulen so wenig über den Umgang mit »schwierigen« Schülern gesprochen wird. Mit »so wenig« meine ich: gemessen an der hohen Belastung durch diese Schüler. Die Thematik ist immer ein wenig heikel, vielleicht müsste man sogar von einem Tabuthema sprechen. Dabei könnten wir eigentlich herzlich darüber lachen, dass wir alle solche Situationen mit »schwierigen« Schülern schwierig finden! Es ist so menschlich und betrifft fast jeden Lehrer. Auch individualpsychologisch ausgebildete Lehrer erleben solche Situationen als schwierig. Sie sind nur weniger schnell frustriert, weil sie darauf vertrauen, dass ihnen oder anderen Kollegen (beispielsweise in der kollegialen Supervisionsgruppe) bald eine Lösung einfallen wird. Als hilfreich wird auch erlebt, dass sich mit den Jahren das eigene Handlungsspektrum erweitert, sodass man schon deshalb gelassener vor Machtkampfsituationen steht. Das Erfreuliche ist, dass wir immer seltener von Schülern zu Kampfversuchen auserkoren werden, sobald wir beginnen, uns sicherer zu fühlen. Denn intuitiv spüren die Schüler unsere (relative) Gelassenheit, sobald sie zugenommen hat. Indem der Leser dieses Buch liest, setzt er sich bereits mit der Thematik auseinander und tut ebenfalls etwas dafür, vorbereiteter – und insofern schon etwas gelassener – in die nächsten schwierigen Situationen zu gehen.

In der Tai-Chi-Kampfkunst lernt man: Mit Gelassenheit in eine (schwierige) Situation hineinzugehen und gelassen zu reagieren heißt, *weich* zu reagieren. Es erfordert aber ebenso, *innerlich gefestigt* zu sein. Diese Haltung benötigen wir auch, wenn ein Schüler uns zu einem Machtkampf herausfordert. Es nützt uns nichts, wenn wir äußerlich weich, aber innerlich ebenso weich in die Situation gehen – der Schüler würde uns als schwach erleben und weitere Kampfanstrengungen lohnenswert finden. Umgekehrt verhält es sich ähnlich: Es nützt nichts, wenn wir innerlich fest sind, uns jedoch das weiche Verhalten fehlt, z. B. Flexibilität. Wir würden oft unflexibel reagieren; außerdem würden wir auf den Schüler »kampfbereit« wirken, was seinen Kampfgeist noch mehr herausfordern würde.

Der Grundsatz von Rudolf Dreikurs, »Nicht auf einen Machtkampf einlassen«, entspricht einem wesentlichen Prinzip der höheren Kampfkünste: »Kraft nicht mit Gegenkraft beantworten.« Wenn wir uns noch einmal die Abbildungen im Kinderbuch vom »Friedlichen Krieger« ansehen, erkennen wir, dass der Lehrer sich an dieses Prinzip hält und sich nicht auf einen Kampf mit dem Jungen einlässt. Er macht nur eine minimale Bewegung, um sich zu schützen. Damit endet die Kampfherausforderung des Jungen. Der Lehrer hat den Jungen mit seinem Ziel einfach ins Leere laufen lassen. Auf der Ebene des Handelns lässt sich das Prinzip auch bei »schwierigen« Schülern einsetzen. »Es ist, als ob wir den Wind aus seinen Segeln nehmen, oder besser gesagt, wir müssen unsere Segel aus seinem Wind nehmen« (Dreikurs 2003, S. 193). Diese Analogie kann uns als Orientierung dienen, für die uns betreffenden Situationen die geeigneten Maßnahmen zu finden. Es wird keine genaue Handlungsanleitung geben, die sich auf alle Situationen übertragen lässt. Jede Situation ist anders, daher müssen wir viel üben und in der jeweiligen Situation improvisieren, um uns nicht auf einen Machtkampf einzulassen. Verschiedene nun folgende Beispiele können außerdem als Anregungen für das Prinzip »Nicht auf einen Machtkampf einlassen« dienen.

Über Alina hatte ich bereits in den letzten Kapiteln geschrieben. Irgendwann einmal spürte ich, dass sie mich durch ihre Passivität regelrecht zwingen wollte, ihr zu helfen. Sie machte wieder einmal gar nichts, während alle anderen Schüler an den Aufgaben arbeiteten. Als ich im Sinne unserer Einzelgesprächsergebnisse konsequent dabei blieb, nicht zu ihr zu gehen (was mir natürlich trotzdem schwerfiel), setzte Alina ihre Passivität dennoch fort. Dadurch gelang es ihr tatsächlich, einen starken Druck auf mich auszuüben. Sie hatte bei mir eine »Schwachstelle« ausfindig gemacht, eine, die eigentlich für alle Lehrer gilt: Es ist nun einmal unsere Pflicht, unsere Schüler zu unterrichten. So befand ich mich innerlich in einem Gewissenskonflikt, zumindest fühlte ich mich hin- und hergerissen, und Alina muss das gespürt haben. Sie saß nun da, schaukelte auf ihrem Stuhl und sah mich keck an. Mehr nicht, aber ich musste mich sehr beherrschen. Mir war klar, dass Alina nur darauf wartete, dass ich dazu überging, Druck auszuüben, damit sie endlich arbeitete. Alina hätte aber ohnehin nicht nachgegeben, sondern weiterhin nichts gemacht. Ich war mir mit dieser Einschätzung sicher, weil ich erstens in individualpsychologischen Büchern bereits gelesen hatte: Kein Lehrer kann ein Kind zu etwas zwingen. Und zweitens: In einem anderen Umfeld hatte ich bereits miterlebt, wie mehrere Erwachsene versucht hatten, Alina zu etwas zu zwingen, indem sie das Mädchen z. B. anschrien und Konsequenzen androhten. Es hatte damals nicht geholfen, Alina hatte ihren Widerstand nur verstärkt. So entschied ich mich wieder für das Einzelgespräch und ging für den Rest der Stunde nicht auf sie ein. Hier folgt ein Ausschnitt aus unseren Einzelgesprächen:

»Alina, wir hatten schon darüber gesprochen, dass du während unserer Unterrichtsstunden oft keine Aufgaben machst. Du weißt inzwischen, dass ich dann nicht zu dir komme, weil du dich daran gewöhnen musst, auch ohne Lehrer zu arbeiten.«
(Nicken)
»Weißt du, warum du trotzdem nicht arbeitest?«
(Kopfschütteln)

»Vielleicht wartest du darauf, dass ich dich zum Arbeiten zwinge?«
(Leichtes, eher verstecktes Grinsen)
»Allerdings muss ich dir sagen: Ich kann dich gar nicht zwingen. Oder glaubst du, ich würde dir wehtun, damit du arbeitest?«
»Nein.«
»Glaubst du, dass es etwas gibt, womit ich dich zwingen könnte, zu arbeiten?«
»Nein.«
(Alina lächelt.)
»Siehst du. Also, du weißt jetzt, dass ich dich nicht zwingen kann. Du brauchst mir das nicht einmal zu zeigen. Nur du allein kannst dich entscheiden, ob du mitlernst oder nicht.«

Es mag den Anschein haben, als sei es ein Zeichen von Schwäche, wenn ein Lehrer offen erklärt, ein Kind zu nichts zwingen zu können. Man hat in der Individualpsychologie aber im Gegenteil die Erfahrung gemacht, dass ein Erwachsener mit so einer Erklärung viel selbstsicherer auf das Kind wirkt. Wenn man es schafft, *ruhig und gelassen* über das Thema zu sprechen, vermittelt man dem Kind, dass man *keinen Grund für Verunsicherung* sieht. Dem Kind wird klar, dass es hier nicht um »Schwäche« oder »Stärke« geht. Denn der Umstand, dass man das Kind nicht zwingen kann, ist, nüchtern betrachtet, nur eine Tatsache.

Diese Offenlegung wirkte sich in den folgenden Unterrichtsstunden positiv auf Alina aus. Allen späteren Situationen war nun der »Stachel« genommen. Wenn ohnehin klar ist, dass der Lehrer keine Macht über das Kind hat, fühlt sich das Kind nicht mehr dazu herausgefordert, zu *zeigen*, dass es »stärker« ist.

Als ich eine erste Klasse unterrichtete, bekam ich für ein paar Wochen einen Schüler hinzu, dessen familiärer Hintergrund extrem problematisch war. Der häufige Wohnungswechsel stand in unmittelbarem Zusammenhang mit den familiären Problemen. Obwohl sich meine Klasse viel Mühe dabei gab, den Schüler zu integrieren, machte er es uns nicht leicht. Ich weiß noch, dass er irgendwann anfing, während der Freiarbeit unter eine unserer Holzbänke zu schlüpfen. Die Konstruktion ermöglicht es einem Kind, sich darunter wie in einer kleinen Höhle zu befinden. Anfangs bemerkte ich es nicht, bis einige meiner Schüler zu mir kamen und leicht verstört auf den Jungen unter der Holzbank zeigten. Als ich ihn auch sah, erfasste ich sein schelmisches Grinsen. Da ich zu diesem Zeitpunkt schon manche problematische Situation mit ihm erlebt hatte, war mir sofort klar, dass ich auf dieses »Spiel« nicht eingehen würde. Es war vorauszusehen, dass er meiner Aufforderung, herauszukommen, nicht nachkommen würde. Was also blieb mir übrig? Ihn aus der Höhle herauszuzerren kam nicht infrage. Damit hätte ich die Situation nur *angeheizt*, denn in kürzester Zeit wäre er wieder unter der Bank gewesen. Stattdessen ging ich nur ein einziges Mal zu ihm, wies auf die vielen interessanten Aufgaben hin, an denen die anderen Schüler arbeiteten, und wandte mich wieder der Klasse zu. Zu einem anderen Zeitpunkt (diesmal bevor der Schüler Anstalten machte, sich darunter zu verkriechen) zeigte ich ihm erneut Aufgaben, die für ihn geeignet waren. Im Grunde *reagierte ich äußerst sparsam* auf seine Provokationen. Zwar gelang es mir innerhalb dieser wenigen Wochen bis zu seinem nächsten Umzug nicht, dass sich der Schüler einlebte. Doch ich konnte trotz seines provozierenden Verhaltens *Eskalationen vermeiden*, indem ich mich auf keinen Kampf mit ihm einließ. Langfristig wäre seine Integration in die Klassengemeinschaft durchaus möglich gewesen, kurzfristig mussten realistischere Ziele gelten.

Ich halte es für wichtig, sich auf solche Auseinandersetzungen nicht einzulassen, bei denen früh zu erkennen ist, dass man als Erwachsener *keine Chance* hat, sein Vorhaben zu erreichen.

Einmal erlebte ich einen »schwierigen« Schüler in einer zweiten Klasse, in der ich kurzfristig vertreten musste. Dieser Junge machte buchstäblich, *was er wollte*, das musste ich nach etwa einer Viertelstunde bitter erkennen. Weder freundliches Eingehen und eine interessante Aufgabenstellung noch mein bald strenger werdender Ton hielten ihn davon ab, sich äußerst provokativ zu verhalten. Er rief laut dazwischen, marschierte nach wenigen Minuten durch die Klasse, ging bald in die (an den Klassenraum angrenzende) Küche und machte durch die Scheiben Grimassen zu seinen Mitschülern. Am Verhalten der Klasse konnte ich erkennen, dass die Mitschüler dies alles schon oft mit ihm erlebt hatten. Ich hatte in dieser einen Stunde keine realistische Chance, auf ihn einwirken zu können – das musste ich mir einfach eingestehen.

Was also tun? Ich denke, hier passt der Begriff »Schadensbegrenzung«. Zu dem Zeitpunkt, als ich erkannte, kaum etwas tun zu können, war der Junge bereits dabei, innerhalb der Klasse von Schüler zu Schüler zu gehen mit der Absicht, die anderen von ihren Aufgaben abzulenken. Mir war klar, dass er *mich* damit *treffen* wollte, denn ich hatte mit Erleichterung festgestellt, dass ich immerhin den Rest der Klasse dazu gebracht hatte, an den Unterrichtsaufgaben zu arbeiten. Nachdem ich mich nur wenige Schritte auf ihn zu bewegt hatte, spürte ich: Der Schüler *wartete nur darauf*, dass ich versuchte, ihn am Arm zu packen und aus der Klasse zu befördern! Auf der Stelle und äußerst flink drehte er sich um und lief um die ersten Tische herum. Meine innere Stimme warnte mich: *Nicht auf einen Machtkampf einlassen!* Ich hielt also rechtzeitig inne und ließ es nicht zu einem Katz-und-Maus-Spiel kommen, bei dem ich dem Schüler minutenlang hinterhergehetzt wäre. Stattdessen sprach ich – in Gegenwart dieses Jungen – die ganze Klasse an. Mit lauter Stimme empfahl ich den Schülern, sich nicht auf die Ablenkungen einzulassen, wenn sie die Aufgaben wirklich lösen wollten. Einige wenige Schüler gingen dadurch schon mal nicht mehr so stark auf ihn ein. Anschließend dehnte ich die Stunde zwar zeitlich so lange wie möglich aus, zog aber in einem Moment, als die Situation gerade weniger angespannt war, die große Pause kurzerhand zeitlich vor. Die Verkündung des Pausenbeginns musste unbedingt in einem Moment vorgenommen werden, als die Situation gerade etwas entspannter war, weil der »schwierige« Schüler das unbewusste Ziel verfolgte, Lehrern seine *Überlegenheit*, seine *Macht* vorzuführen. Hätte er den Zusammenhang zwischen der vorgezogenen Pause und seinen massiven Störungen erfasst (in diesem Fall konnte er dies bestenfalls ahnen), hätte er es wie einen »Sieg« erlebt und sich an diesem Gefühl regelrecht berauscht. Genau das aber gilt es zu vermeiden – zum Schutze des Lehrers und um das Verhaltensmuster des Schülers für die Zukunft nicht noch zu bestärken. Der Schüler darf in seiner Annahme von der Wirkung von Macht nicht noch bestätigt werden. Er könnte sonst in den nächsten Situationen noch entschlossener gegen Lehrer vorgehen und mit stärkeren »Waffen« kämpfen.

Das zuletzt beschriebene Erlebnis mag dazu beigetragen haben, dass ich ein anderes Mal, als ich erneut in einer zweiten Klasse als Vertretung eingesetzt wurde, von vornherein auf Ermahnungen ganz verzichtete und lieber gezielter handelte. So verlief diese Vertretungsstunde wesentlich positiver – obwohl sich auch in dieser Klasse ein »schwieriger« Schüler befand, der die Angewohnheit hatte, Lehrer zum Machtkampf herauszufordern.

Kaum hatte ich den Klassenraum betreten, redeten drei Schüler vehement auf mich ein. Sie wollten mir unbedingt den »Klassenclown« vorstellen, dabei zeigten sie bereits auf den gemeinten Schüler. Der »Klassenclown« sorgte seinerseits dafür, von mir wahrgenommen zu werden, indem er sich in hyperaktiver Weise, wie überdreht, durch die Klasse bewegte und übermäßig laut und sprudelnd redete. Fast hatte man den Eindruck, er sei »außer Kontrolle«. Weil die Klasse (wegen der vorangegangenen Pause) noch nicht vollzählig war, gewann ich etwas Zeit und fasste meinen Plan, wie ich auf diese angekündigten Schwierigkeiten reagieren wollte. Im individualpsychologischen Sinne ist ein »Klassenclown« ein Schüler, der sich durch auffälliges, oft komisches Verhalten die Aufmerksamkeit der ganzen Klasse sichert und dadurch minutenlang für Unterrichtsunterbrechungen sorgt. Den Übergang von »Aufmerksamkeiterreichen« zu »Machtdemonstrieren« erlebe ich immer als sehr fließend. Denn die Clownrolle nährt nicht nur sein hohes Geltungsbedürfnis, sondern vermittelt ihm auch ein Gefühl von Macht über den Unterrichtsverlauf. Tatsächlich fühlen sich viele Lehrer in solchen Situationen hilflos. Denn »Klassenclowns« führen ihre Vorhaben meist ziemlich entschlossen durch, ganz so, als würden sie »zwanghaft« oder gar »fremdgesteuert« handeln. *Auf gutes Zureden oder strenge Ermahnungen reagiert ein »Klassenclown« im Allgemeinen gar nicht*, weil er ja die Rolle eines »Narren« eingenommen hat und sich die entsprechenden *Narrenfreiheiten* auch *herausnimmt*. Regeln haben für ihn keine Geltung, warum sollte er sich auch um sie scheren? Schließlich ist er ja ein »Clown«. Wir können aber davon ausgehen, dass ein solcher Schüler viel weniger »neben sich«, »außer Kontrolle« oder »verrückt« ist, als es scheint. Und dass er stattdessen genau registriert, wie auf ihn reagiert wird.

Ich wartete so lange, bis die Klasse ganz ruhig geworden war. Dann, nachdem ich die Schüler begrüßt und mich vorgestellt hatte, sagte ich: »Ich habe eben von ein paar Kindern gesagt bekommen, dass es hier einen ›Klassenclown‹ geben soll. Dazu muss ich sagen, dass ich das Wort gar nicht kenne. Und dass ich auch nicht erfahren möchte, was ein Klassenclown ist. Es wird also ganz bestimmt in dieser Stunde, in der ich da bin, keinen Klassenclown geben.« Da unterbrach mich sofort einer der Schüler: »Aber bei uns gibt es wirklich einen Klassenclown, das ist der Daniel!« Im Stillen fand ich es interessant, dass offenbar nicht nur dem entsprechenden Schüler an seiner Stigmatisierung lag, sondern auch seinen Mitschülern. Jedenfalls wiederholte ich noch einmal mit ruhigen Worten, dass es bei mir keinen »Klassenclown« geben würde. Währenddessen hatte dieser Schüler Daniel unmittelbar vor mir gesessen und aufmerksam gelauscht. Sein Sitzplatz war sicher kein Zufall, denn »schwierige« Schüler werden von den Klassenlehrern oft in ihre Nähe gesetzt, damit man sie »im Notfall« schneller im Griff hat. Es stellt sich nur die Frage, wer da eigentlich wen im Griff hat.

Kaum hatte ich die letzten Worte gesprochen, stellte Daniel mich auf die Probe. Doch darauf hatte ich mich eingestellt. Ich holte gerade ein Bilderbuch zum Vorlesen hervor und zeigte der Klasse das Titelbild. Daniel sprang auf, zeigte laut und erneut mit übersprudelnder Stimme kommentierend auf den Buchumschlag, aber ich sprach einfach weiter. Der Schüler hopste auf und ab, während er sich in Szene setzte, aber ich stand völlig ruhig, als würde er gar nicht existieren. Das wiederholte sich etwa dreimal, während ich das Bilderbuch der Klasse vorstellte. Mitunter verstanden die anderen Schüler einzelne meiner Wörter nicht oder ihr Blick war durch den Schüler kurz verstellt, aber mir war es wichtiger, durchzuhalten. (Dabei musste ich an das von Rudolf Dreikurs beschriebene Beispiel von einer Mutter denken, die ihr Telefonat mit einer Bekannten lieber unverstanden fortsetzen sollte, als sich von ihrer sich laut gebärdenden Tochter unterbrechen zu lassen.) Schließlich setzte ich mich mit dem Bilderbuch und der Klasse in den Sitzkreis, damit alle gut gucken und zuhören konnten und damit es gemütlicher war. Die Schüler genossen das spannende Buch. Der »schwierige« Schüler stand auch im Sitzkreis mehrmals auf und stellte sich distanzlos vor mein hochgehaltenes Buch, sodass die anderen nichts sehen konnten – aber er tat dies schon etwas weniger massiv als zu Beginn der Stunde. Dann ging ich dazu über, dem Schüler leise sprechend mitzuteilen, dass sich alle Schüler hinsetzen müssten. Dies musste ich wiederum etwa dreimal tun. Ich wartete jedes Mal ruhig, bis er wieder auf seinem Stuhl saß, ließ ihn also keinerlei Ungeduld spüren. Nach seinen wiederholten Versuchen, mich aus der Fassung zu bringen und statt des Buches selbst ins Zentrum der Aufmerksamkeit zu gelangen, hatte er begriffen, dass meine Konzentration beim Bilderbuch blieb. Und dass sich diese hohe Konzentration auf die Klasse übertragen hatte (alle hörten und schauten und ließen sich dabei nicht auf *ihn* ein).

Parallel dazu entwickelte sich nun etwas anderes Positives: Der Schüler hatte selbst Interesse am Bilderbuch gefunden. Deshalb hatte ich auch damit rechnen können, dass er sich im Sitzkreis wieder hinsetzte, solange ich die nächste Buchseite noch nicht umblätterte. Denn auch er wollte die nächsten Seiten des Buches zu sehen bekommen. Als sich nun mehrere Kinder meldeten, um etwas zu den einzelnen Buchseiten zu sagen, meldete er sich auch! Ich nahm ihn relativ schnell dran, schließlich hatte der Schüler in diesem Moment einen kooperativen Weg »entdeckt«, um dabei zu sein. Es blieb bei diesem Stil, der Schüler machte in der zweiten Hälfte der Stunde überwiegend konstruktiv mit. Zwar stand er hin und wieder noch auf, als die Klasse in der letzten Unterrichtsphase ein Bild zum Buch malte, aber der Schüler störte nur noch geringfügig, und so sah ich keine Veranlassung, noch in spezifischer Weise auf ihn zu reagieren.

Ich erinnere mich auch an einen Schüler, der in meinem Unterricht immer häufiger oppositionell gemeinte Kommentare in meine Richtung äußerte. Anfangs hatte er sie noch leise gemurmelt, dann aber kamen seine Äußerungen immer lauter und in Phasen, in denen es den Unterricht stärker störte. Ich schrieb mir seine Kommentare auf, um in Ruhe zu überlegen, wie ich mich in den nächsten Stunden verhalten wollte.

Seine Worte waren: »… weil du so viel laberst«, »Du bist nicht mein Chef«, »Nur du darfst reden, ja?« Die Kommentare zeigen überdeutlich, dass er nicht bereit war, mich als Autorität anzuerkennen. Nach der nächsten Unterrichtsstunde führte ich in der Pause ein Einzelgespräch mit ihm.

Ich fragte ihn, ob es sein könne, dass er es nicht gut finde, dass ich als Lehrer bestimmen würde. Erwartungsgemäß stimmte er mir sofort zu. Dann sagte ich ihm, dass ich es selbst bedauere, dass der Unterricht ohne mein »Bestimmen« nicht gehe, jedenfalls hätte ich dies bereits versucht. Ich sagte ihm auch, dass es sogar anstrengend sei, mich so zu verhalten. Das stimmte den Schüler nachdenklich. Dann fragte ich ihn, ob es sein könne, dass er in Wirklichkeit auch gern mal »bestimmen« wolle. Er bejahte dies. So machte ich ihm den Vorschlag, dass er von jetzt an die Aufgabe übernehmen könne, im Sitzkreis für Ruhe zu sorgen. Er könne dies tun, indem er nach dem allgemeinen Platznehmen einzelne Schüler auffordere, sich umzusetzen, weil sie nebeneinander zu unruhig werden würden. Ich sagte dem Schüler auch, dass er mit dieser Rolle zu meinem »Partner oder Lehrerassistenten« werde, denn er übernehme einen Teil meiner Aufgaben und entlaste mich somit. Der Schüler erklärte sich sofort einverstanden mit diesem Vorschlag, und bald übte er seine Aufgabe nicht nur gut aus, sondern stellte auch meine Autorität von da an nicht mehr infrage. Ich muss gestehen, dass ich mir in den ersten Tagen noch Erinnerungsstützen für seine neue Aufgabe machen musste, denn schließlich hatte ich mich über Jahre daran gewöhnt, selbst für Ruhe im Sitzkreis zu sorgen. Aber weil der »schwierige« Schüler dadurch (und durch mein Verhalten im Einzelgespräch) nicht mehr störte, sondern kooperierte, war es mir das wert.

In der Psychologie und in der Kommunikationsforschung unterscheidet man bei kommunikativen Situationen die »Sachebene« und die »Beziehungsebene«. Diese Unterscheidung ist besonders bei Machtkämpfen hilfreich, weil sie uns verdeutlicht, dass der jeweilige Inhalt, um den es in der Situation geht, in den meisten Fällen viel weniger wichtig ist, als wir annehmen. Manchmal ist der Inhalt, um den sich ein Konflikt dreht, sogar geradezu banal. *Die Beziehungsebene, die weniger offensichtlich ist, ist der eigentlich heikle Aspekt der Situation.* Was sich auf dieser Ebene abspielt, ist im Unterricht sehr häufig das Gleiche: Ein »schwieriger« Schüler möchte uns in unserer Lehrerrolle infrage stellen. Und je unterlegener wir Lehrer uns in der Situation fühlen, desto mächtiger fühlt sich der Schüler. Das folgende Beispiel habe ich ausgewählt, weil sich darin Sach- und Beziehungsebene besonders deutlich unterscheiden lassen.

Vor einigen Jahren unterrichtete ich als Fachlehrerin den »schwierigen« Neuntklässler Eric. In einer meiner Kunststunden ging Eric plötzlich dazu über, das Radio des Kunstraumes immer wieder laut anzustellen, mich also gezielt zu provozieren. Es kostete mich zwar Selbstbeherrschung, ruhig zu bleiben und das Radio jedes Mal nur wieder auszustellen. Doch ich hielt durch, und er hörte am Ende damit auf. Nach der Unterrichtsstunde brachte ich es auch noch fertig, ihn dazubehalten und mit ihm über seine (tatsächlich) guten Leistungen in Kunst zu sprechen. Über seine Provokationen, die nur wenige Minuten vorher noch stattgefunden hatten, verlor ich kein einziges Wort. Das hatte er nicht erwartet: eine Lehrerin, die sich nicht nur nicht aus der

Ruhe bringen lässt, sondern anschließend auch noch *frei von persönlichen Gefühlen* seine Fähigkeiten hervorhebt. Von da an provozierte er mich nur noch selten, zumindest weniger massiv. Zwar hatte er es in der betreffenden Stunde geschafft, mit dem Radio für Störungen in meinen Unterricht zu sorgen. Aber mit Abstand betrachtet war das schon alles und überdies nicht sein *eigentliches Ziel* gewesen. Ein ab und zu laut aufgedrehtes Radio ist eigentlich völlig uninteressant, ja banal. Sein eigentliches Ziel war gewesen, dass ich mich möglichst *machtlos fühlen* sollte. Denn dann hätte er tatsächlich *Macht* über mich erlangt, nämlich auf emotionaler Ebene. Es hätte ihn auch schon zufriedengestellt, wenn ich überhaupt etwas stärker auf ihn reagiert hätte (z. B. durch Schimpfen). Eine heftige Erwachsenenreaktion gibt einem Schüler leicht das Gefühl, er müsse beim Erwachsenen nur auf einen bestimmten Knopf drücken und könne allein dadurch heftige Reaktionen auslösen. Das ist dann in der Tat eine Form von Macht. Weil dies leider bei vielen Erwachsenen funktioniert, behalten die Schüler das jeweilige Verhalten bei.

Mit etwas gesundem Menschenverstand kann man früh genug erkennen, wenn sich ein »Kampf« um banale Inhalte anbahnt. Dadurch ist man in der Lage, sich rechtzeitig von übertriebenen Reaktionen abzuhalten. Um die Begriffe »Sachebene« und »Beziehungsebene« noch einmal zu veranschaulichen: Auf der *sachlichen Ebene* hatte der Schüler Eric während einer Kunststunde das Radio mehrere Male laut aufgedreht. Auf der *Beziehungsebene* hatte der Schüler Versuche gestartet, seine Lehrerin zu verunsichern und ihre Lehrerrolle infrage zu stellen, indem er sich nicht mehr an die allgemeingültigen Unterrichtsregeln hielt, für deren Einhaltung sie prinzipiell verantwortlich war. Die Lehrerin hatte ihre Rolle jedoch nicht infrage stellen lassen, sondern die Angelegenheit lediglich als das betrachtet, was die *sachliche* Situation war – ein ab und zu laut gedrehtes Radio, das sich leicht wieder leise drehen ließ.

Hilflosigkeit zeigen wir Lehrer oft schon dadurch, dass wir in Stress-Situationen den Fehler machen, viel zu viel zu reden. Deshalb formuliert Dreikurs folgendes Motto: »Handeln, nicht reden« (Dreikurs 1971, S. 167). Aber können wir in schwierigen Situationen, vor allem bei Kampfherausforderungen, auf das Reden gänzlich verzichten? – Wir können nicht nur, wir tun grundsätzlich besser daran.

Als ich einmal von meiner Drittklässlerin Mareike herausgefordert wurde, hätte ich mich beinahe hilflos gefühlt, wäre mir das Motto von Dreikurs nicht gerade noch rechtzeitig eingefallen. Dem eigentlichen Vorfall war noch eine andere Situation vorangegangen, über die ich bereits berichtet hatte: Diese Schülerin war damals bei winterlichen Temperaturen ohne Jacke auf den Hof gegangen und hatte sich mir gegenüber geweigert, die Jacke nachträglich anzuziehen. Übrigens hatte Mareike sich dabei nicht erkältet. Durch diese vorangegangene Situation wusste ich jedenfalls, dass meine Schülerin dazu neigte, Erwachsenen gegenüber ihre Macht zu demonstrieren.

Die aktuelle Situation war nun folgende: Neuerdings versuchte Mareike bei mehreren Lehrern, den Unterricht zu stören und zu unterbrechen, indem sie wie eine »Heulboje« anfing, laut zu jaulen, wenn ihr etwas nicht passte. Es wirkte wie eine neue »Macke« von ihr. Als sie es auch bei mir probierte, ließ ich mich davon nicht beirren und setzte meinen Unterricht jedes Mal einfach fort. Das führte allerdings irgendwann dazu, dass das Mädchen anfing, »Kohlen nachzuschaufeln«, wie es manche Individualpsychologen ausdrücken. Sie fing an, uns noch mehr einzuheizen: Mareike verstärkte die Lautstärke auf ein Maximum! Dabei verschränkte sie die Arme über ihrem Kopf, sodass sie kaum noch ansprechbar war. Ich machte zunächst den Fehler, ihr laut hörbar dreimal vorzuschlagen, entweder auf den Flur zu gehen oder wieder leise zu sein. Grundsätzlich kann man Situationen, die sich im Anfangsstadium eines Machtkampfes befinden, noch dadurch entschärfen, dass man der herausfordernden Person mindestens zwei Handlungsalternativen anbietet. Doch in dieser akuten Situation glich mein Handeln dem Versuch, ein brennendes Gebäude mit einem Eimer Wasser zu löschen. Außerdem hörten sich meine Vorschläge sicher schon wie eine Drohung an und waren auch nicht besonders einfallsreich. So tat ich mit Verspätung das einzig Richtige: *Handeln* – aber ohne zusätzliches Reden. Ich schnappte das schreiende Mädchen und trug es die wenigen Meter bis zum Flur hinaus (dabei hielt ich das Mädchen nicht einmal besonders fest). Dort setzte ich es ruhig ab, ging wieder in den Klassenraum und schloss die Tür hinter mir. Die anderen Kinder grinsten amüsiert, als Mareike auf dem Flur weiterschrie und ich den Unterricht fortsetzte, als sei nichts los. Später verhielt ich mich ihr gegenüber so freundlich, als sei nichts passiert. Meine Maßnahme führte dazu, dass Mareike ihre Heulversuche bei mir nie wieder startete.

Das hier angewandte Motto von Dreikurs (»Handeln statt reden«) hatte sowohl in der Situation als auch langfristig Erfolg, weil

1. die Schülerin keinen Geschmack mehr an ihrem störenden Verhalten fand, denn sie konnte mir als Lehrkraft damit keine »Niederlage« zufügen.
2. die Schülerin nicht grob oder zornig behandelt wurde, sondern selbst im Anschluss an den Vorfall mit gleich bleibender Freundlichkeit, sodass sie sich sofort wieder auf den Unterricht und die Klasse einlassen konnte.

Warum hatte Mareike auf dem Flur weitergeschrien? Man kann vermuten, dass sie damit zwei unbewusste Ziele verfolgte. Immerhin bestand die Möglichkeit, dass ich doch noch nachträglich die Fassung verlieren würde, denn welcher Erwachsene bleibt schon ruhig, wenn sich ein Kind fast die Lunge aus dem Leib brüllt? Noch mehr aber ist zu vermuten, dass sie dadurch nicht das Gesicht verlieren wollte. Denn wenn die Schülerin leise geworden wäre, hätte sie sich vielleicht wie eine »Verliererin« dieses Kampfes gefühlt. Also musste sie die Suppe auslöffeln, die sie sich selbst eingebrockt hatte. An dieser Stelle sollte aber niemand Genugtuung empfinden. Der Psychologe Alfred Adler geht grundsätzlich davon aus, dass ein Kind aufgrund von Erziehungsfehlern in solche Verhaltensmuster hineingerät und nicht so leicht wieder aus ihnen hinausfindet. Mareike und ich entwickelten in den folgenden Monaten ein sehr gutes Verhältnis zueinander, das sollte hier noch kurz erwähnt sein. Wir fanden alternative positive Wege, miteinander zu arbeiten, und schätzen uns gegenseitig.

Wenn »schwierige« Schüler versuchen, sich mit einem Lehrer anzulegen, wirkt die Situation oft so, als befände sich der Lehrer in einem unfreiwilligen Spiel und als gäbe es bei diesem Spiel nur zwei mögliche Ausgänge: Behauptung oder Niederlage. Die eigentliche Herausforderung besteht aber darin, es nicht zu diesem »Entweder-oder« kommen zu lassen, sondern möglichst deeskalierend zu wirken. Die Lösung der Situation muss also einem »dritten Weg« entsprechen. Dieser Weg kann durch unerwartetes Verhalten erzielt werden, durch Raum- oder Themenwechsel. Die Hauptsache bleibt, dass man sich auf keinen Kampf einlässt.

Eine wichtige individualpsychologische Erkenntnis sollten wir uns immer wieder vor Augen führen: Menschen, die Macht ausüben, würden viel lieber sozial integriert sein und regelmäßig positive Zuwendung erhalten – wenn sie die Wahl hätten. Doch sie gehen (ohne sich dessen bewusst zu sein) davon aus, diese Wahl nicht zu haben. Insofern benötigen diese Menschen ein Verhalten unsererseits, das ihnen eine positive (Wieder)eingliederung ermöglicht.

Am Ende dieses Kapitels möchte ich noch einen Teil der »Denkschrift von deinem Kind« zitieren:

> *»Falle nicht auf meine Herausforderungen herein, wenn ich Dinge sage und tue, nur um dich aufzuregen. Denn sonst werde ich versuchen, noch mehr solche ›Siege‹ zu erringen«* (International Study Group Newsletter 1985).

12. Aufdeckende Gespräche: Blockaden auflösen, Weichen umstellen

Kommen wir zu einer weiteren pädagogischen Maßnahme der Individualpsychologie, dem *Beratungsgespräch*. In diesen *aufdeckenden* Gesprächen geht es darum, Blockaden aufzulösen und Weichen umzustellen, vor allem aber um das *Verstehen* des bis zu diesem Zeitpunkt *nicht bewussten Verhaltens*. »Ich verstehe dich (also dein bisher nicht bewusstes Verhalten)«, sollte die vorrangige Botschaft sein, weil sie dem Beratenen die erste Erleichterung verschafft. Sich selbst zu verstehen (also sein bisher nicht bewusstes Verhalten) sollte schließlich das Ziel des Aufdeckungsgesprächs sein, weil es sehr häufig der Beginn von Veränderungen ist – das können Individualpsychologen seit mehr als einem halben Jahrhundert an unzähligen Fällen zeigen.

Der Berater beziehungsweise der beratende Lehrer verhält sich weitgehend fragend, sodass der Prozess des Verstehens von den Gesprächspartnern gemeinsam erarbeitet wird. Es wird vermieden, den Beratenen beziehungsweise den Schüler zu belehren oder festzulegen. Außerdem geht man als Berater grundsätzlich davon aus, dass man sich mit seiner Interpretation irren könnte. Doch der beratende Lehrer kann das Gespräch mit geäußerten Vermutungen unterstützen, weil es dem Beratenen mitunter schwerfällt, etwas zu erkennen oder zu formulieren. Dabei werden offene und zirkuläre Fragen vorgezogen, um einen größeren Interpretationsspielraum zu gewährleisten. Auf diese Weise nähert man sich im Gesprächsverlauf dem nicht bewussten Ziel des Beratenen beziehungsweise des Schülers und kann ihm sein Verhalten transparent machen.

Der Moment des *Verstehens* geht schließlich häufig einher mit einem verblüfften Gesichtsausdruck oder schelmischen Lachen. Man spricht hier von *(Wieder-)erkennungsreflexen*, dabei kann es sich auch um Augenbewegungen oder ruckartige Körperbewegungen handeln. Diese nonverbalen Zeichen sind für den Berater ein Hinweis dafür, dass er das unbewusste Ziel des Beratenen gerade offenlegen konnte, ohne dass der Betreffende schon in der Lage ist, sich in einer klaren Form dazu zu äußern. Selbst wenn ein Mensch »Nein« antwortet, andererseits aber einen derartigen nonverbalen Erkennungsreflex zeigt, kann man davon ausgehen, dass die geäußerte Vermutung zutrifft. Es ist ein spannender Moment, wenn das Verstehen (des bisher Unbewussten) einsetzt; gewissermaßen ist es der Höhepunkt im Verlauf einer individualpsychologischen Beratung und in tiefenpsychologisch fundierten Therapien. Paul Watzlawick (1985) beschreibt diesen Moment so: »Dies scheint uns der Bereich der Intuition und der Empathie zu sein, des ›Aha‹-Erlebnisses und vielleicht der unmittelbaren Wahrnehmungen, die gewisse Durchbruchserlebnisse vermitteln; und es ist sicherlich die Stufe, von der therapeutischer Wandel ausgeht …« (Watzlawick/Beavin/Jackson 1985, S. 249).

Ich erinnere mich an meinen neunjährigen Schüler Hasan. Wir hatten von Anfang an ein vertrauensvolles Verhältnis zueinander, deshalb war es kein Wunder, dass unser Beratungsgespräch entspannt ablief und relativ schnell zum Erfolg führte. Hasan war seit ein paar Wochen dadurch aufgefallen, dass er sich – ganz im Gegensatz zu früher – öfter »prügelte«, hauptsächlich auf dem Schulhof. Das war der Anlass unseres Einzelgesprächs, aber ich wollte ihn möglichst selbst auf das Thema kommen lassen. Deshalb begann ich mit der einfachen Frage, ob es ihm im Vergleich zu den Zeiten in der ersten und zweiten Klasse inzwischen besser oder schlechter gehe. Er antwortete ganz direkt:

»Alles ist schlechter:
Ich passe nicht mehr so gut auf,
ich melde mich nicht mehr so oft,
ich prügle mich manchmal und habe dann Stress mit Lehrern …«
»Weißt du, warum du das tust?«
»Nein.«
»Wir könnten beide zu Detektiven werden und untersuchen, was nach dem Prügeln meistens folgt. Dann können wir es wahrscheinlich verstehen.«

Es folgte eine gemeinsam vorgenommene Rückblende, bei der ich den Fokus vor allem darauf richtete, wie die Menschen seines Umfeldes reagierten, nämlich mit mehr Aufmerksamkeit auf ihn. Wir fanden auch heraus, dass er oft seine kleine Schwester vor anderen Schülern beschützen wollte, wenn er sich prügelte (Genaugenommen war dies nur der Anlass, nicht jedoch das tiefer sitzende unbewusste Ziel.). Schließlich schlug ich den Bogen zu seiner Familie und fragte, ob er sich dort auch prügle. Das verneinte Hasan zwar, aber er erzählte von vielen lautstark ablaufenden Streitereien unter den drei Geschwistern. Hasan war das älteste von drei Kindern, und die Vermutung lag nahe, dass er sich von den beiden jüngeren *entthront* (in seiner ersten Rolle verdrängt) fühlte. Ich fragte behutsam nach, und Hasan bestätigte mir dies. Außerdem fragte ich ihn, was er mache, damit seine Mutter sich trotz der Geschwister um ihn kümmere. Weil er darauf keine Antwort hatte, stellte ich nun die wichtigste Frage:

»Kann es sein, dass du mit dem lauten Streiten erreichst, dass deine Mama kommt?«
»Ja …«
(Jetzt musste Hasan lachen.)

Auch das Prügeln auf dem Schulhof hatte seinem (unbewussten) Ziel gedient, sich die Aufmerksamkeit der Erwachsenen zu sichern. Im weiteren Verlauf der Beratung überlegten wir gemeinsam, dass er

- die Mutter stattdessen in Zukunft mit Selbstgebasteltem erfreuen könnte, was ihm zugleich selbst Spaß machte (ich hatte zufällig noch viel buntes Papier im Klassenschrank).
- seine Schwester auf dem Schulhof ihre Probleme selbst lösen lassen sollte.

Einen Monat später führte ich noch ein abschließendes Gespräch mit Hasan. Auf meine Frage, wie es ihm jetzt gehe, antwortete er lächelnd und mit Stolz: »Ich prügle mich jetzt gar nicht mehr!«

Ich möchte an dieser Stelle einräumen, dass ich in Beratungsgesprächen manchmal länger im Dunkeln tappe, was die unbewussten Ziele des jeweiligen Schülers angeht. Es kommt auch vor, dass sich die ersten Fortschritte nur langsam zeigen. Bei Hasan hatte sich die Entwicklung wohl deshalb so schnell positiv ausgewirkt, weil wir bereits eine gute Beziehung zueinander aufgebaut hatten. In der Individualpsychologie wird die *tragfähige Beziehung zwischen Berater und Ratsuchendem* als wichtige Grundlage für den Erfolg angesehen.

Florian, Mitte Klasse 3, hatte in seinem ersten Zensurenzeugnis fast nur schlechte Noten. Das lag gerade mal einen Tag zurück. In der letzten Unterrichtsstunde hatte er dann stark gestört, indem er sich sehr geräuschvoll um einen Radiergummi gestritten und, ohne sich zu melden, in den Unterricht hineingebrüllt hatte. Diese Beobachtungen waren für mich Anlass genug, mit Florian ein aufdeckendes Beratungsgespräch zu führen. Ich begann das Gespräch so:

> »Ich mache mir ein wenig Sorgen um dich, Florian. Wie geht es dir zurzeit?«
> »Geht so.«
> »Also halb gut?«
> (Nicken)
> »Vielleicht kann ich dich sogar verstehen. Hast du gemerkt, dass du zuletzt viel öfter gestört hast?«
> (Ausweichen)
> »Kann es sein, dass du dich beim Stören immer ein bisschen besser fühlst?«
> (Kopfschütteln)
> (Ich begann, sein störendes Verhalten nachzuahmen, achtete dabei aber darauf, ihn nicht versehentlich zu verspotten.)
> (Florian lächelte.)
> »Kann es sein, dass es dir aber Spaß macht, zu zeigen: ›Ich mache hier, was ich will‹?«
> (zustimmendes Lachen als Erkennungsreflex)
> »… Also doch ein gutes Gefühl?«
> (Nicken)
> »Ist dir klar, dass du dadurch aber auch ganz viel Schaden haben wirst?«
> (Wir sammelten zusammen die für ihn wahrscheinlichen Nachteile seines Störens, unter anderem schlechte Noten.)
> »Wie kannst du dich gut fühlen, ohne Schaden zu haben?«

Wir trugen zwei Ideen zusammen:

- ein wichtiges Amt in der Klasse übernehmen
- Meldungen im Unterricht (Zufällig hatte ich mir eine seiner letzten Meldungen gemerkt, er hatte einen wichtigen Begriff zum Unterricht beigetragen. Als ich ihm diesen Moment in Erinnerung rief, fiel ihm selbst noch ein zweiter guter Beitrag von ihm ein, an den ich mich erinnern konnte.)

»Möchtest du, dass ich dir helfe?«
(Halbe Zustimmung)
»Ich möchte dir anders helfen, als du jetzt vielleicht denkst. Aber ich bin sicher, dass ich dir damit helfen kann. Also, wenn du störst, könnte ich dich wie Luft behandeln, dich also nicht beachten. Damit verderbe ich dir den Spaß, und du wirst wahrscheinlich bald nicht mehr stören ...«
(Florian wirkte verblüfft, stimmte aber der Idee zu.)

Anmerkung: Eine offengelegte Strategie löst den bis dahin möglichen Eindruck eines hinterhältigen Vorgehens gänzlich auf. Sie ist dann ein wenig wie eine paradoxe Handlungsaufforderung, was ich in einem späteren Kapitel noch erläutern werde.

In den folgenden Unterrichtsstunden ließen die Störungen tatsächlich nach, doch nach einem Monat ging es langsam von Neuem los. Florian leistete sich immer häufiger Zwischenrufe im Unterricht. Ich hielt mich daran, wieder nicht zu reagieren, obwohl es mir nun schon etwas schwerer fiel. Ein wenig hatte ich nämlich den Eindruck, Florian könnte meinen, ich sei nur zu unsicher, um auf ihn zu reagieren. So ging ich diesmal etwas mehr in die Offensive, aber ohne ihn zu brüskieren: Als er wieder einmal recht laut war, erwischte ich einen Moment, als er gerade kurz eine Pause einlegte und nicht störte. Da sprach ich zur ganzen Klasse: »Es ist gut, wenn wir alle nicht reagieren, wenn ein Schüler laut hineinruft, ohne sich zu melden.« Da rief ausgerechnet Florian: »Ja, das ist auch gut so!«

Diese Reaktion war durchaus interessant. Florian hatte möglicherweise gerade eine Doppelrolle eingenommen. Einerseits konnte sein Kommentar seine eigene persönliche Sichtweise verdeutlichen (auch Kinder denken manchmal im Sinne erzieherischer Maßnahmen), andererseits entsprach der Stil seines Kommentars (wieder lautes Zwischenrufen) noch seinem typischen Provokationsverhalten, und wiederum andererseits könnte sein Kommentar auch als Ironie beziehungsweise Verhöhnung gemeint gewesen sein. Mir war jedenfalls am wichtigsten, dass sein Verhalten anschließend besser wurde und ich mir eine Woche später notieren konnte: »Florian hat einen sehr guten Unterrichtsbeitrag geleistet.«

Ich denke, dass Florian es nicht völlig auf die Spitze trieb mit seinem lauten Stören, weil ich mich vorsichtshalber darauf eingestellt hatte. Er dürfte meine Entschlossenheit und damit meine Sicherheit gespürt haben. Florian war sein Verhalten nun immer bewusster, und dadurch nahmen die Probleme langsam ab. Wenn er sich zu einem späteren Zeitpunkt doch noch einmal so störend wie früher verhielt, nannte er schon von sich aus seine Ziele, wenn wir anschließend im Einzelgespräch darüber sprachen.

Ezgi, eine Zweitklässlerin, war extrem unselbstständig erzogen worden und leider (auch) sehr leistungsschwach. Einmal übte ich mit ihr, einzeln zu lesen. Der Zufall wollte es, dass ich zwischendurch die Toilette aufsuchte, und als ich zurückkam, hatte Ezgi sich zwei Sätze ganz alleine erlesen. Dazu möchte ich erwähnen, dass wir zu dem Zeitpunkt schon Einzelgespräche geführt hatten, die Ezgi zu einer besseren Selbsteinschätzung helfen und sie ermutigen sollten. Ich stellte ihr sofort die Frage, ob ihr eigenständiges Erlesen gerade ein »Wunder« gewesen sei.

Ezgi verneinte:
»Ich kann jetzt mehr. Ich kann auch allein arbeiten.«
»Und worauf verzichtest du?«
»Auf Kleinsein.«
»Ist das auch ein bisschen schade?«
»... Ein bisschen.«
»Was gewinnst du dafür?«
»Ich kann mich mehr melden, und ich kann in die dritte Klasse kommen.«

Am problematischsten finde ich Einzelgespräche, in denen das unbewusste Ziel, *Rache* zu üben, offengelegt werden muss. Für ein Kind Verständnis aufzubringen, das anderen Menschen in regelmäßigen Abständen Schaden oder Verletzungen zufügt, ist besonders schwer. Wie kann man so ein Kind noch annehmen und unterstützen wollen? Als Klassenlehrer haben wir allerdings die Aufgabe, einen solchen Schüler trotzdem anzunehmen und zu unterstützen. Auch im ethischen Sinne ist dies unser Auftrag. Einmal hörte ich nach mehreren schlimmen Vorfällen mit demselben Schüler einen Kollegen verdrossen sagen: »Diesen Schüler habe ich jetzt abgehakt, der ist für mich gestorben.« Eine verständliche (erste) Reaktion, aber wir können sie uns nicht leisten – nur als unmittelbare erste menschliche Reaktion ist sie in Ordnung. Sobald wir uns wieder gefasst haben, müssen wir uns aufraffen und versuchen, dem jeweiligen Schüler zu helfen.

Es hilft ein wenig, sich vor Augen zu halten, dass Racheverhalten psychologisch gesehen einer *Kompensation* entspricht. Der Betreffende rächt sich für seine eigenen Verletzungen und erlebt durch sein »Zurückverletzen« (das mitunter an einer völlig fremden Person vorgenommen wird) eine Art Ausgleich in der Seele. Je stärker ein Mensch also zu Rache und Verletzen neigt, desto mehr handelt es sich höchstwahrscheinlich um einen *tief verletzten Menschen*.

Ich hatte einmal ein ziemlich unangenehmes Zusammentreffen mit einem zu Brutalität und Gemeinheiten neigenden Achtklässler. Das, was er mir zufügte, möchte ich aus persönlichen Gründen nicht näher beschreiben. Ich denke, man braucht auch nicht viel Fantasie, um sich eine gegen eine Lehrerin gerichtete Verletzung vorzustellen. Von entscheidender Bedeutung ist, dass ich den Schüler kaum kannte, weil ich ihn nie selbst unterrichtet hatte. Dadurch war mir aber klar: Der Schüler hegte keine persönlichen Hassgefühle gegen mich, vielmehr reichte es, dass ich eine »Erwachsene« und eine »Lehrerin« war. Einige Tage später überlegte ich, wie ich mich in Zukunft vor weiteren Attacken seinerseits schützen konnte. Ich entschied mich, das Gegenteil von dem zu tun, wozu mich mein erster Impuls veranlasst hätte. Das heißt, ich wollte den Schüler in Zukunft *nicht meiden*, sondern bewusst noch einmal aufsuchen. Damit schlug ich zwei Fliegen mit einer Klappe: Ich konnte dem Jugendlichen zeigen, dass ich keine Angst vor ihm hatte (was ihn leicht zu weiteren Untaten verführt hätte), und es bot sich die Chance, durch ein Aufdeckungsgespräch auch ihm selbst zu helfen.

Am nächsten Tag wartete ich auf den Schüler. Nach anfänglichem Zögern war er bereit zu unserem Gespräch, und wir begaben uns in den Raum des Sozialpädagogen, der sich dann während des Gesprächs im Hintergrund aufhielt. Auf dem Tisch lagen einige Gegenstände zum Schreiben. Nachdem wir uns an den Tisch gesetzt hatten, nahm ich einen Radiergummi und legte darauf einen Bleistift. Der Radiergummi befand sich genau in der Mitte unterhalb des Bleistifts, sodass man sich an eine kleine Spielplatzwippe erinnert fühlte. Ich wollte mit dem Schüler einmal nachspielen, was sich auf der emotionalen Ebene zwischen uns abgespielt hatte. Daher kippte ich nun vor seinen Augen den Bleistift zur einen Seite der Wippe und sagte, während ich auf die sich unten befindende Seite deutete:

> *»Stell´ dir vor, dies ist eine Wippe, und du sitzt hier. Auf der anderen Seite befindet sich Frau Schöneich. Wie fühlst du dich da, wo du sitzt?«*
> *»Unten jedenfalls.«*
> *»Ist das ein gutes Gefühl?«*
> *»Nein.«*
> *»Jetzt machst du aber das, was du gestern mit mir gemacht hast ... (Ich ließ seine Wippenseite langsam hochgehen.) ... Schau mal, kann es sein, dass dabei deine Gefühle – wie jetzt hier – nach oben gingen?«*
> *»Ja.«*
> *»Und wie fühlst du dich jetzt? ... Ziemlich oben?«*
> (Nicken)
> *»Okay, wie fühlt sich Frau Schöneich?«*

Der Schüler schaute betroffen zum anderen Ende des Bleistifts, das sich nun unten befand. Da passierte etwas, womit ich nicht gerechnet hatte: Diesem Jugendlichen, der grundsätzlich nur brutal und mit überlegener Pose auftrat, traten plötzlich Tränen in die Augen. Daher wollte ich auf keinen Fall noch tiefer gehen, z. B. ihn fragen, ob er jetzt Mitgefühl mit der Lehrerin habe oder ob eigene (ähnliche) Erinnerungen an »Untensein« gerade hochgekommen seien. Stattdessen zog ich es vor, das weitere Gespräch weniger auf Emotionen zu lenken, und sprach mit ihm darüber, dass er sich durch so ein Vorgehen in Zukunft immer wieder in Schwierigkeiten bringen würde (auch wegen »unserer« Angelegenheit gab es bereits einen Termin für eine Klassenkonferenz), z. B. in seiner Ausbildung und später an seinem Arbeitsplatz. Im weiteren Verlauf dieser Beratung verhielt sich der Achtklässler angenehm kooperativ.

Um problematische Gefühle auszudrücken und zu verstehen, benötigen wir sprachliche Mittel. Das können Worte, Gesten oder, wie im letzten Beispiel, symbolisch wirkende Gegenstände sein; auch musikalische und künstlerische Kommunikationsmittel eignen sich dafür. Fallen diese sprachlichen Mittel weg oder werden sie unterdrückt, erlebt der Mensch seinen Seelenzustand mit *Sprachlosigkeit,* und somit bleibt er in einem Stadium des *Nichtverstehens seines Selbst*. Die damit einhergehende *Selbstentfremdung* ist das, was auf Dauer unglücklich und krank macht (Miller 1980). Das Ziel eines Beratungsgesprächs, Seelisches transparent und verständlich zu machen, kann also gar nicht wertvoll genug eingeschätzt werden. Clarissa P. Estés, eine Psychoanalytikerin, schreibt in ihrem Buch »Die Wolfsfrau«:

»In der archetypischen Psychologie ist Entwirrung einer Sache gleichbedeutend mit der Fähigkeit, einen verwickelten Ablauf zu durchschauen und das Wesentliche zu erkennen. In Märchen und Sagen spricht man von dem Lösen oder Durchtrennen gordischer Knoten, dem Irren durch ein Labyrinth, bis man den Ausgang findet oder das richtige Mittel, das einen befreit ...« (Estés 1997, S. 179).

Die nicht bewussten Ziele dienen dem Menschen zur Sicherung seines Selbstwertes. Und manchmal ist es der letzte Rest des noch erhaltenen Selbstwerts. Das sollte man sich immer wieder klarmachen, wenn ein Mensch hartnäckig an seinem Verhalten festhält. Menschen nehmen ungeheure Nachteile in Kauf, um ihr Selbstwertgefühl zu retten. Es gilt also, die Zusammenhänge wirklich *verständlich zu machen*, damit sich ein Mensch von seinem »Sicherheitsverhalten« verabschieden kann.

In Beratungsgesprächen, in denen Schülern ihr unbewusstes Verhalten *verstehbar* gemacht wird, muss ihnen zugleich deutlich gemacht werden, dass ihr unerwünschtes Verhalten ursprünglich einen *Sinn* hatte. Sonst bliebe bei ihnen womöglich der Eindruck haften: »Ich bin nicht nur böse, ich verstehe es noch nicht mal.« Indem ein Mensch erkennt, dass sein unerwünschtes Verhalten ursprünglich einen Sinn hatte und (wenigstens) der Berater Verständnis für diesen Sinn zeigt, wird er gewissermaßen *freigesprochen*.

Es ist durchaus verständlich, wenn manche Lehrer vor solchen Beratungen zurückschrecken, die nicht bewusstes Verhalten aufdecken sollen. Es besteht die Sorge, etwas falsch zu machen. Manchem Lehrer erscheinen auch die Beraterfragen wie Suggestivfragen. Es mag tatsächlich manchmal so wirken, als würde der beratene Schüler vom Berater beeinflusst werden. Ich bin aber der Meinung, und damit bin ich nicht allein, dass man sich von diesen Sorgen *frei machen* kann. Drei Gründe sprechen dafür, solchen Zweifeln weniger Gewicht zu geben:

Erstens: Man stelle sich einmal vor, man würde die Beratung nicht durchführen. Die Wahrscheinlichkeit wäre groß, dass der jeweilige Schüler sein unbewusstes Handeln und Fühlen nie verstehen würde. Dadurch würde er wahrscheinlich auch die problematischen Aspekte seines Lebensstils nicht korrigieren können. Bei genauerer Betrachtung käme dies also einer *unterlassenen Hilfeleistung* gleich.

Zweitens: Wir können uns dagegen absichern, in einer Beratung versehentlich suggestiv einzuwirken, indem wir die *Reaktionen* des Schülers im Auge behalten. Gemeint sind in erster Linie die nonverbalen Reaktionen. Sobald sie etwas auffälliger sind – und sei es nur für Tausendstelsekunden – erhalten wir eine zusätzliche Bestätigung dafür, dass unsere Vermutung wahrscheinlich zutrifft. Sagt der beratene Schüler dagegen nur »Ja«, sollten wir noch etwas weiter fragen und dabei beobachten, ob er sich wirklich in unserer Interpretation wiedererkennt.

Drittens: Sollten wir mit unserer Interpretation einmal völlig falsch liegen, würden wir dadurch beim Schüler *kein Fehlverhalten auslösen können*. Sein »schwieriges« Verhalten würde allenfalls weiterhin unerklärt bleiben – was auch passieren würde, wenn wir kein Einzelgespräch führten.

Indem wir lieber einmal zu viel *nachfragen* und die Reaktionen eines Schülers während des gesamten Gesprächs *beobachten*, gewinnen wir Sicherheit bei unserer Interpretation. Schließlich sind es immer beide Personen, Berater und Beratener, die dazu beitragen, welche Richtung ein Gespräch nimmt und welches Ergebnis es am Ende hat. Zur Veranschaulichung möchte ich vom Fünftklässler Kerem berichten, mit dem ich auch eine Einzelberatung durchführte.

Mir war aufgefallen, dass Kerem in der letzten Zeit öfter von Krankheiten und Unwohlsein gesprochen hatte. In unserem Gespräch sagte er auch gleich zu Beginn, dass er gerade wieder erkältet sei. Ich fragte ihn, warum ich ihn so oft in dieser Winterzeit ohne oder zumindest mit halb offener Jacke sehen würde.

Kerem antwortete:

»Mir ist eigentlich nicht so leicht kalt.«
»Aber dein Körper bekommt fast jedes Mal eine Erkältung.«
»Ja, eigentlich schon, aber ...«
(Achselzucken)
»Kann es sein, dass du die Krankheiten aus irgendeinem Grund brauchst?«
»Wie jetzt ...?«
»Was passiert denn zu Hause, wenn du krank bist?«
»Gar nichts, es ist alles so wie immer.«
»Und was machen deine Eltern?«
»Sie geben mir Medizin und kümmern sich um mich.«
»Was merkst du dann?«
»Ich weiß nicht.«
»Was fühlst du, wenn sich deine Eltern um dich kümmern?«
»Ich weiß nicht.«
»Hast du das Gefühl, dass sie dich lieben, wenn sie sich um dich kümmern?«
»Ja, aber das ist normal, dass Eltern sich um ein Kind kümmern. Es ist ja ihr Kind!«
(An dieser Stelle hätte ich fast aufgehört zu fragen, weil sich möglicherweise doch kein unbewusstes Verhalten hinter Kerems Neigung zum Kranksein verbarg, zumindest nicht das, was ich vermutete – und ich wollte ihn nicht zu einer Erklärung drängen. Doch dann startete ich eine letzte Frage, um sicher zu sein.)
»Aber kann es sein, dass du erst beim Kranksein ganz sicher merkst, dass deine Eltern dich lieben?«

Plötzlich lächelte mein Schüler verlegen und legte seine Hände vors Gesicht. Der sogenannte Wiedererkennungsreflex war nun überdeutlich, und der Schüler hatte sein eigenes Verhalten verstanden. Ich erklärte ihm, dass ich seine Art »Absicherung« durchaus verstehen konnte. Dann sprach ich noch eine Weile mit ihm darüber, auf welche andere Weise er die Liebe seiner Eltern erkenne und erkennen könne – ohne dafür extra krank werden zu müssen.

Ein anderes Mal führte ich eine Einzelberatung mit meinem elfjährigen Schüler Jan-Jakob durch, der mir aufgefallen war wegen seines misstrauischen Verhaltens uns Erwachsenen gegenüber. Ich konnte damals eine Übertragung überdeutlich spüren, also den Umstand, dass dieser Junge in meiner Gegenwart negative Gefühle erlebte, die eigentlich von einer Beziehung zu einem anderen Erwachsenen herrührten (wahrscheinlich der Mutter). Am Elternsprechtag berichtete mir der Stiefvater, dass Jan-Jakob tatsächlich ein angespanntes Verhältnis zu seiner Mutter habe. Ich hatte als Klassenlehrerin zu diesem Zeitpunkt ein zumindest ausreichend gutes Verhältnis zu Jan-Jakob aufbauen können. Doch sein Misstrauen blieb bestehen. Ein paar Tage später führte ich folgende Beratung durch:

»Jan-Jakob, du hattest mir mal vor einigen Wochen erzählt, dass du öfter Streit mit deiner Mutter hast. Wir konnten aber nicht herausfinden, warum das so ist. Wollen wir es noch mal versuchen?«
»Ja … «
(Jan-Jakob schaute mich neugierig, aber auch wieder ein wenig misstrauisch an.)
»Versuch´ mal, ein Beispiel zu erzählen.«
»Manchmal, wenn meine Mutter nach Hause kommt und sie dann Essen gemacht hat und ich immer noch nicht da bin, und weil ich auch nicht gesagt habe, dass ich auf den Spielplatz gehe, dann ist sie sauer …«
»Aha. Wahrscheinlich hat sie sich auch schon Sorgen gemacht?«
»Ja, das auch. Und ich vergesse einfach immer, zum Essen nach Hause zu kommen.«
»Was für ein Gefühl hast du dann?«
»Ich weiß nicht.«
»Ich kann ja mal raten. Hast du das Gefühl, dass du der Boss bist? Dass du also bestimmst, wann du nach Hause kommst, nämlich wenn du es willst?«
(Auf diese Frage, die das Nahziel Macht/Überlegenheit implizierte, reagierte Jan-Jakob nur mit Kopfschütteln, außerdem erlebte ich keine Reflexe in seinem Verhalten.)
»Gut, ich rate weiter. Kann es sein, dass du das Gefühl hast: ›Jetzt ärgere ich auch mal Mama‹?«
(Augenblicklich hellte sich das Gesicht von Jan-Jakob auf, und er lachte bejahend.)
»Vielleicht hast du auch das Gefühl: Ich gebe ihr was zurück, weil sie mich auch oft ärgert?«
»Ja!!!«
(Jan-Jakob schien sich schon allein bei diesem Gedanken zu freuen, was deutlich seinen Wunsch zeigte, Vergeltung zu üben.)
»Was ist es denn, womit deine Mama dich so sehr ärgert?«
(Deutliches Zögern bei der nächsten Antwort. Ich schloss daraus, dass hier unschöne Dinge abgelaufen sein könnten, die Jan-Jakob mir nicht anvertrauen wollte – zu Recht. Schließlich fiel ihm aber ein Beispiel ein, das ihm fürs Erzählen passend erschien, weil es nicht zu persönlich war.)
»Ich mag es nicht, wenn ich immer den Teller leer essen muss.«
»Du musst also grundsätzlich alles aufessen.«
»Ja, denn Mama sagt, wir schmeißen kein Essen weg …«
»Ich glaube, ich verstehe, warum du manchmal ziemlich wütend auf deine Mutter bist. Ich kann aber auch deine Mutter verstehen. Was meinst du, soll ich mal mit deiner Mutter und dir zusammen sprechen?«

Jan-Jakob wollte das auf keinen Fall (!), und ich respektierte seine Entscheidung. Auch gab ich unseren Gesprächsinhalt nicht an die Mutter weiter, schließlich hatte er mir vertraut. Immerhin fühlte er sich durch unser Einzelgespräch verstanden, und ich konnte sein Misstrauen gegenüber Erwachsenen etwas besser nachvollziehen.

Es gibt Schüler, die sich relativ schnell umstellen können, wenn sie ihr eigenes unbewusstes Verhalten erst einmal durchschaut haben. Bei anderen Schülern dauert es dagegen auch schon mal länger. In der Individualpsychologie spricht man von *Umfinalisierung,* wenn es gelingt, einen Menschen von seinen negativ ausgerichteten Zielen abzubringen und ihm stattdessen sozial erwünschte und gesündere Ziele nahezubringen. Im Sinne der Systemtheorie gelingt es dann, einem Menschen zur *Selbstkorrektur* zu verhelfen.

13. Geschichten und bunte Klötze

Das Einzelgespräch mit dem Achtklässler, in dem auch die Schreibwerkzeuge zum Einsatz kamen, zeigte bereits: Wenn wir Seelisches mit *Sprache* zugänglich machen wollen, können wir experimentieren und ungewöhnliche Wege einschlagen. Das gilt besonders für Beratungsgespräche, aber auch für Gespräche mit der Klasse. Alles, was uns in die Hände fällt, kann von Nutzen sein. Das können erzählte Geschichten sein, im weitesten Sinne Texte, Bücher, Bilder, Fotos, Spielzeug oder nur einzelne Wörter. All dies kann als »Material« aufgefasst werden, das wir sammeln und suchen, mit dem wir Sinn finden und experimentieren, also in jeder Hinsicht pädagogisch-psychologisch arbeiten.

Ein einzelnes *Wort* kann zum Kraftspender werden, im individualpsychologischen Sinne also ermutigen, sofern das Wort für den Menschen eine Bedeutung erhält. Bei Gebeten lässt sich das leicht beobachten, auch in der Therapie, und nicht selten am Beginn einer neuen Lebensphase. Es kann sich dabei um Wörter handeln wie »Loslassen«, »Wandlung«, »Rollenwechsel«, »Liebe«, »Vergeben«, »Schutz«, »Neubeginn« oder »Gesundung«. Manche Wörter haben Appellcharakter, manche rufen Erinnerungen oder Bilder in Menschen hervor. Es kann sich auch um Wörter aus dem Alltag handeln, die für den Einzelnen bedeutsam sind, weil sie im Kontext mit seinem aktuellen (bisher ungelösten) Lebensthema stehen. In Beratungen kann das einzelne Wort helfen, Unbewusstes aufzudecken oder einen Veränderungsprozess in Gang zu setzen. Wörter mit größerem Bedeutungsgehalt können unter Umständen auch dem beratenden Lehrer helfen, seinen »schwierigen« Schüler zu verstehen.

Um ein Beispiel zu nennen: Mein Schüler Jan-Jakob zeichnete unentwegt kleine Kronen auf seine Unterrichtsunterlagen (auch auf Klassenarbeiten), reagierte mit leuchtenden Augen auf das Wort »König« und liebte alle Aufgaben, die thematisch um Könige und Burgen kreisen. Der individualpsychologisch geschulte Lehrer wird bereits vermuten, dass die Bedeutung »König« für diesen Jungen die komprimierte Vorstellung all dessen ist, wonach er in seinem Leben strebt. Er wünscht sich, *wie* ein König zu sein: z. B. mächtig, reich, berühmt, obenauf, umworben, einflussreich, im Mittelpunkt.

Es kommt vor, dass dem Berater während des Beratungsgesprächs eine Bedeutung vorschwebt, die den Kern des Problems erfassen könnte – aber sobald er seine Vermutung äußert, kann sein Gesprächspartner nichts damit anfangen. Dann ist es gut möglich, dass der Berater zwar die Bedeutung richtig erkannt hat, aber noch nicht das *passende Wort* gefunden hat, in dem sich sein Gesprächspartner erkennt. Der Berater sollte dann noch andere Worte anbieten, denn nicht selten löst ein ähnliches Wort beziehungsweise das Synonym plötzlich doch eine Reaktion beim Gegenüber aus. Ich habe zum Beispiel erlebt, dass sich meine Schüler nicht immer in dem Wort »Chef« wiedererkannten (wenn ich versuchte, in der Beratung das Nahziel *Überlegenheit* aufzudecken), aber ruckartig aufhorchten, wenn ich stattdessen fragte: »Kann es sein, dass du dich mal wie ein König/King/Bestimmender/Anführer/Leiter fühlen möchtest?«

Auch Metaphern, Analogien, Aphorismen und Gleichnisse eignen sich für Beratungsgespräche, um ein problematisches Thema für den Gesprächspartner zugänglicher oder eindringlicher zu machen. Manchmal benutzen Schüler von sich aus diese sprachlichen Mittel, wenn sie ihr Problem schildern. Den Begriff »Metapher« verwende ich hier im weitesten Sinne, wonach unter Metaphern alle Arten eines sprachlichen Bildes verstanden werden dürfen. Durch Metaphern werden Analogierelationen hergestellt, die das eigene Wirklichkeitsmodell ergänzen, bereichern und schließlich neu erschaffen können. Insofern können Metaphern Entwürfe und Schöpfungen für eine neue *Sichtweise* sein. Nach der Individualpsychologie gestaltet der Mensch sein Leben *aktiv*, und er ist jederzeit in der Lage, es auch *umzugestalten*. Metaphern können wie Katalysatoren diesen Umgestaltungsprozess in Gang setzen und fördern.

In einem Beratungsgespräch mit Shiva, Klasse 2, benutzte ich einmal eine Metapher, die meine Schülerin zunächst aufgriff, dann allerdings passend für sich umbenannte. In einer frühen Phase unseres Gesprächs hatte ich sie gefragt: »Vielleicht verwandelst du dich gerade, so wie eine Raupe zum Schmetterling wird?« Da antwortete Shiva: »Nein, Shiva wird zu ihrem Totem: Adler!« Ihre Ausdrucksweise, bei der sie sich selbst in der dritten Person nannte, weist darauf hin, dass Shiva sich bereits selbst in einem Bild wahrnahm.

Ein anderes Beispiel ist Thimo, der mit mir über sein Verhältnis zur Rechtschreibung sprach. Es belastete ihn, auf die richtige Schreibweise achten zu müssen, während er vorrangig am Inhalt seiner Texte arbeiten wollte. Thimo beschrieb mir sein Gefühl so: »Alles ist wie eine Wiese, die eigentlich sehr schön ist. Ich würde mich gern dort hinlegen und ein Buch lesen, aber ich muss darübergehen und darf nicht lange stehen bleiben.«

Zum besseren Verständnis des Hintergrundes möchte ich erwähnen, dass Thimos Eltern strenge Maßstäbe setzten. Während unseres Gesprächs verwendete Thimo auffallend oft Formulierungen wie »Ich muss jetzt …« oder »Ich darf nicht …«, was den durch die Eltern auf ihn ausgeübten Druck spürbar machte. Schließlich vereinbarte ich mit ihm, dass er sich künftig zuerst auf das Schreiben des Textes einließ (»auf die Wiese legen«) und erst im Anschluss daran die Schreibweise der Wörter überprüfte (»darübergehen, ohne stehen zu bleiben«). Die »Wiese« als Metapher half uns bei der Verständigung über sein Problem.

Kommen wir zu den Büchern und Geschichten. In Kinderbüchern kann man nach geeigneten Figuren und Situationen stöbern, z. B. solchen, die mit dem Thema »Ermutigung« zu tun haben. Nicht nur in Märchen, auch in Kinderbuchklassikern begegnen uns unentwegt kleine Helden, die trotz Schwierigkeiten nie ganz den Mut verlieren und weitermachen. Diese Figuren und ihr Handeln haben Modellcharakter für unsere Schüler; an ihnen können sie sich eine gute Portion Lebensmut abschauen.

Denken wir nur an »Die kleine Hexe« von Otfried Preußler, die zur Strafe von der Oberhexe zu Fuß nach Hause geschickt wird. Sie lässt sich davon nicht entmutigen, sondern bestreicht sich nach ihrem langen, beschwerlichen Heimweg zuerst die Füße mit einer Salbe aus Kröteneiern und Mäusedreck. Anschließend geht sie ins Dorf und kauft sich kurzerhand einen neuen Besen, mit dem sie sich wieder in die Lüfte schwingt.

Auch »Das kleine Gespenst«, ebenfalls von Otfried Preußler, hat eine Menge Misserfolge und Mutlosigkeit zu überwinden; das verraten schon die Kapitelüberschriften: »Fehlschläge«, »Katzenjammer«, »Nur nicht verzweifeln«. Schließlich sucht das Gespenst unbeirrt (und am Ende erfolgreich) nach einem Ausweg, nicht mehr als Taggespenst, sondern wieder als Nachtgespenst herumspuken zu können. Dabei lernt es, was sich auch im menschlichen Leben stets bewährt: Unterstützung anzunehmen.

Ähnlich lernt »Der kleine Eisbär« (von Hans de Beer) vor allem, zu vertrauen und die Unterstützung anderer anzunehmen, als es darum geht, nach einem unfreiwilligen Ausflug nach Afrika wieder nach Hause zurückzukehren. Die ersten Schwierigkeiten bewältigt der kleine Eisbär außerdem dadurch, dass er sich seiner Fähigkeiten bewusst wird und diese zu nutzen beginnt: Allein geblieben auf einer schmelzenden Eisscholle, erinnert sich der kleine Eisbär, dass sein Vater ihm bereits das Schwimmen beigebracht hat, und schwimmt daraufhin zu einem in der Nähe auftauchenden Holzfass.

Oder denken wir an das Buch »Urmel aus dem Eis« von Max Kruse. Als der König Pumponell, sein Diener und Wawa in der Tropfsteinhöhle plötzlich verschüttet werden, entwickeln Professor Tibatong, Tim Tintenklecks und das Schwein Wutz einen ungewöhnlich kreativen Plan, um die Verschütteten aus der Höhle zu retten. Dabei wird eine alte Tonne zum Unterseeboot umfunktioniert, und die Gefährten müssen mehrere Versuche starten und ihre Idee immer noch weiter verbessern, bis es endlich klappt. Wie im realen Leben bringen Kooperation, Kreativität und Beharrlichkeit die Gefährten am Ende zum Ziel. Nicht zu vergessen der Glaube, es »irgendwie zu schaffen«.

Als letztes Beispiel möchte ich »Pu der Bär« (von Alan Alexander Milne) nennen. Dieser liebenswerte Bär lässt sich immer wieder ganz unverdrossen auf neue Situationen ein, obwohl diese oft schmerzhaft oder ärgerlich für ihn enden. Er stürzt von einem hohen Baum in einen Ginsterbusch voller Stacheln, er wird von einem Bienenschwarm verfolgt, er behält mehr als eine Woche steife, nach oben gerichtete Arme, er bleibt tagelang in einem Hasenloch stecken, er bekommt seinen Kopf nicht mehr aus einem Topf heraus, er setzt sich auf eine pieksende Distel und hat daraufhin den Hintern voller Stacheln – und das alles passiert ihm in einem einzigen Band dieser Buchserie. Doch am folgenden Tag ist Pu stets wieder guten Mutes und voller Vertrauen in das Leben und in seinen Freund Christopher. Er zeigt uns besonders bildhaft ein Verhalten, das uns als Modell dienen kann: sich nach erlebten Schwierigkeiten wieder aufzurappeln und weiterzumachen.

Der Zeichner und Illustrator Ole Könnecke hat in seinem Bilderbuch »Anton und die Mädchen« (2004) einen Jungen erschaffen, der allerhand anstellt, um die Aufmerksamkeit von zwei Mädchen zu wecken. Erst als der Junge am Ende verzweifelt aufgibt, beziehen sie ihn mitfühlend in ihr Spiel mit ein. Das kaum betextete Bilderbuch lässt sich innerhalb weniger Minuten vorlesen, und das anschließende Gespräch mit den Schülern habe ich immer als anregend und für die Kinder ermutigend erlebt. Als Fragestellungen bieten sich an: »Warum macht der Junge so viel?«, »Woran erkennt er, dass die Mädchen das nicht interessiert?«, »Was könnte er sonst tun?«, »Was fühlen die Kinder jetzt in dem Bild?«, »Warum geht es am Ende allen gut?«

So haben Geschichten in vielen Fällen therapeutischen Wert. Die Psychoanalytikerin Clarissa P. Estés sieht den Wert von Erzählungen und Geschichten darin, dass sie »in einer ihrer ältesten Bedeutungen eine Heilkunst (sind)« (Estés 1997, S. 525). Sie beschreibt den Prozess, der sich beim Lesen beziehungsweise Zuhören entwickelt, wie folgt:

> »Beim Zuhören können wir die Erfahrungen der Hauptpersonen nachvollziehen, als wären wir unmittelbar von ihren Verlusten und Siegen betroffen. (...) Jungianer bezeichnen dies als ›Mystische Teilnahme‹ – international ›Participation mystique‹ genannt –, ein Begriff, der von dem Anthropologen Lévy-Bruhl übernommen wurde und einen Vorgang beschreibt, bei dem ›eine Person sich nicht als getrennt von dem Objekt ihrer Wahrnehmung empfindet‹« (Estés 1997, S. 464).

Für die Schülerin Alina schrieb ich einmal ein Märchen, als sie schon längere Zeit schulisch nur wenig Fortschritte machte und wegen ihres »schwierigen« Verhaltens von den Mitschülern häufig ausgegrenzt wurde. Ich nahm ihre Charakterzüge in das Märchen auf und baute auf sie zugeschnittene Lösungsansätze mit ein. Allerdings sagte ich ihr nicht, dass ich den Text selbst geschrieben hatte, weil ich mir mehr Wirkung davon versprach, wenn Alina von einem »echten« Märchen ausging.

»Die verwunschene Eiskatze

Es war einmal eine Prinzessin, die lebte mit ihren Eltern, vielen Tieren, vielen Dienern und viel Spielzeug in einem riesigen Schloss. Eigentlich hätte sie glücklich sein können, aber sie war es nicht, weil sie keine Freunde hatte. Es gab zwar viele Kinder in der Nachbarschaft, aber sie hatten immer nur einmal mit ihr gespielt und dann nie wieder.
Eines Tages spielte sie mit ihrer goldenen Kugel allein im Schlosspark, als eine Katze neben dem Schlossbrunnen saß und fragte: »Wollen wir zusammen spielen?« Die Prinzessin hatte große Lust und antwortete: »Erst mal musst du meine Kugel zurückholen, die ich zwischen den Blumen verloren habe.« Die Katze aber sprach: »Ich hatte nicht gesagt, dass ich dir dienen möchte, denn du hast bereits hundert Diener. Ich wollte viel lieber mit dir spielen!« Das verstand die Prinzessin nicht, wurde ärgerlich, setzte sich auf den Rand des Schlossbrunnens und schaute nur noch zu Boden. Als sie den Kopf wieder hob, war die Katze verschwunden. Dem Sommer folgte der Herbst, da spielte die Prinzessin wieder einmal im Schlosspark allein. Da saß die Katze zwischen den nun schon fast verwelkten Blumen und fragte: »Wollen wir zusammen spielen?« Die Prinzessin hatte große Lust und antwortete: »Aber ich möchte nur mit der Kugel spielen, nichts anderes!« Die Katze aber sprach: »Ich hatte nicht gesagt, dass ich dich bestimmen lassen wollte. Ich wollte mit dir spielen!« Das verstand die Prinzessin nicht, wurde ärgerlich, setzte sich an den Rand der Wiese und schaute nur noch zu Boden. Als sie den Kopf wieder hob, war die Katze verschwunden.

Dem Herbst folgte der Winter, da spielte die Prinzessin wieder einmal im Schlosspark allein. Als sie sich frierend auf den Rand des Schlossbrunnens setzen wollte, sah sie, dass die Katze erstarrt und zu Eis geworden im Brunnen lag. In ihrem Mitleid rief die Prinzessin: »Oh, armes Kätzchen, wie kann ich dir nur helfen?« Da hörte sie eine geheimnisvolle Stimme sagen: »Nur eine lächelnde Prinzessin kann die Katze erlösen!« Die Prinzessin ging traurig zum Schloss zurück. Wo sollte sie eine lächelnde Prinzessin finden? Als sie am ältesten Diener des Schlosses vorbeikam, fragte sie ihn, wohin sie gehen müsse, um eine lächelnde Prinzessin zu finden. Der Diener antwortete ihr: »Liebes Kind, du bist eine Prinzessin, und auch du kannst lächeln, wenn du es willst.«
Da fasste sich die Prinzessin ein Herz, ging zum Brunnen zurück und lächelte die Katze mit all ihrer Wärme im Herzen an, die sie aufbringen konnte. Und, oh Wunder, das Eis schmolz, die Katze trat heraus, und die beiden freuten sich über alle Maßen darüber, dass die Katze sich wieder bewegen konnte. Sie wälzten sich zusammen im Schnee, bauten große Schneekugeln und waren so glücklich, dass die Prinzessin ganz vergaß, bestimmen zu wollen. Sie lächelte nun immer öfter, und schon bald kamen immer mehr Nachbarskinder. Jetzt spielten sie mit der Prinzessin den lieben langen Tag, von Frühling bis Winter.«

Nachdem Alina und ich das Märchen gelesen hatten, ließ ich sie vermuten, warum ich dieses Märchen wohl mitgebracht hätte. Sie sagte zunächst:

»Ich weiß nicht.«
Dann fragte ich direkter:
»Bist du der Prinzessin manchmal ähnlich?«
»Ja, weil viele Kinder auch nur einen Tag mit mir spielen wollen und dann nie wieder.«
Ich hakte ein zweites Mal nach:
»Was ist sonst noch ähnlich?«
»Dass ich immer bestimmen will.«
»Kannst du denn etwas vom Märchen lernen?«
»Dass man auch lächeln kann.«

Alina hatte also das Märchen auf ihr Leben übertragen können und sogar einige der darin enthaltenen Lösungsansätze erkannt. Das Märchen kann als *Matrixgeschichte* bezeichnet werden, weil es Alina bei ihrer Umorientierung (Individualpsychologie: Umfinalisierung) unterstützte, indem es eine neue Form anbot, aber auch eine andere Sichtweise. Clarissa P. Estés schreibt dazu in ihrem Buch: »Matrixgeschichten enthalten eine fundamentale Erkenntnis, ohne die keine wahren Fortschritte in der psychologischen Entwicklung eines Menschen stattfinden können« (1997, S. 199).

Der Begriff »Matrix« stammt aus dem Lateinischen und heißt übersetzt »Stammmutter«. In vielen unterschiedlichen Lebensbereichen wird der Begriff verwendet; so werden beispielsweise in der Geologie die »Grundmasse in Ergussgesteinen und das Bindemittel in Sedimentgesteinen« als Matrix bezeichnet. Von »Matrix« stammt wiederum die Bezeichnung »Matrize« und dies meint unter anderem »Metallform zum Guss von Lettern und Schriftzeilen«, in der Umformtechnik »den Teil des Werkzeugs, in dessen Hohlform der andere Teil eindringt«, die Negativform bei der früheren Herstellung von Schallplatten sowie Folien aus Wachspapier, Metall und Kunststoff zur Herstellung von Vervielfältigungen.

Auch für eine sechste Klasse schrieb ich hin und wieder Geschichten auf. In diesem Fall handelte es sich eher um Berichte, weil sich die Geschichten tatsächlich in der Klasse abgespielt hatten. Das tat ich immer dann, wenn ich bei Schülern eine positive Entwicklung beobachtet hatte. Ich schrieb meine Beobachtung auf und fragte dann zuerst die jeweiligen Schüler, ob sie damit einverstanden seien, dass ich diese Texte mit ihrem unveränderten Namen vor der Klasse vorlese. Die Schüler stimmten ausnahmslos jedes Mal zu, denn die Geschichten legten zwar Persönliches offen, aber sie erfüllten die Schüler auch mit Stolz. Im Folgenden gebe ich zwei der Texte wieder, an dieser Stelle jedoch mit geänderten Namen.

»Sofie hatte sich angewöhnt, regelmäßig den Unterricht durch Zwischenrufe zu stören. Alle waren genervt, auch die anderen Schüler. Irgendwann bekam sie plötzlich für eine Klassenarbeit eine sehr gute Zensur. Das machte sie sehr stolz, und dies war ein ganz anderes Gefühl, als zu stören. Irgendwie schöner. In der folgenden Unterrichtsstunde störte sie diesmal etwas weniger und meldete sich stattdessen mal. Als sie vom Lehrer drangenommen wurde, war ihre Antwort richtig. So entwickelte sie Mut. Allerdings störte sie auch in den nächsten Stunden noch durch Zwischenrufe. Die Lehrer und Schüler reagierten aber kaum noch darauf, um ihr die Chance zu geben, sich das abzugewöhnen. Als sie schließlich tatsächlich von Woche zu Woche weniger störte, bekam sie auch besser mit, wie die Aufgaben gemacht werden mussten. Dadurch wurden ihre Noten besser, und ihr Mut konnte weiter wachsen. Inzwischen stört sie nur noch selten, und der Unterricht macht ihr manchmal sogar richtig Spaß.«

»Malte hatte morgens keine Lust, aufzustehen. Oft erschien er erst sehr spät in der Schule. Aber dann schrieb er zum ersten Mal den besten Test im Fach Ethik. Das fand er ganz toll! Anschließend kam er mal morgens nicht mehr eine halbe Stunde, sondern nur zehn Minuten zu spät. Dadurch konnte er bei der Deutsch-Aufgabe mitmachen. Da erlebte er, was seine Lehrer ihm schon die ganze Zeit deutlich machen wollten: Wenn er öfter dabei ist, übt er auch öfter und merkt, wie gut er vieles kann. So bekam er Lust, sich öfter mal zu beweisen, dass er im Unterricht manches gut kann. Inzwischen kommt er zwar immer noch morgens etwas zu spät, aber längst nicht mehr so spät wie früher.«

Auch selbst geschriebene Schülertexte können leidvolle Erfahrungen seelisch verarbeiten helfen oder neue Lösungswege in Textform festhalten. Nicht selten entwickeln Schüler in ihren Texten Handlungsalternativen für Situationen, die sie problematisch finden oder unter denen sie in der Vergangenheit gelitten haben. Die Textinhalte haben zwar manchmal nur vage etwas mit der erlebten Realität des jeweiligen Schülers zu tun, aber sie enthalten in einer verfremdeten Form Analogien. Die ins Auge springende Analogie weist auf eine »Verschiebung« hin, also auf eine Bearbeitung des persönlichen Themas auf einer anderen Ebene. So schützt sich der schreibende Schüler unbewusst vor zu vielen Gefühlen oder vor einer zu unmittelbar erlebten Konfrontation mit tatsächlichen Problemen, die nach einer Lösung drängen. Seine verfremdeten Geschichten erlauben ihm, sich spontaner und spielerischer mit möglichen Lösungen auseinanderzusetzen.

Das folgende Textbeispiel zeigt, wie eine Grundschülerin versuchte, ihre privaten Erlebnisse seelisch zu bewältigen, indem sie sie auf Tierfiguren projizierte. Die Mutter der Schülerin hatte vorübergehend die Familie verlassen, weil sie einen neuen Lebenspartner kennengelernt hatte.

»Es war einmal eine Mutter Eisbär. Die mochte ihr Kind nicht mehr. Sie schlich sich davon. Das Kind kam hinterher. Und schlich sich an. Plötzlich beißt das Kind die Mama voll ins Bein.«

Das zweite Textbeispiel stammt von dem Schüler Alexander, von dem ich bereits berichtet habe, weil er sehr verwöhnt aufgewachsen war. Er hatte folgenden Text in der vierten Klasse zu einem Bild geschrieben, das sich frei weitergestalten ließ. Wenn man bedenkt, dass Alexander in den ersten Schuljahren ein ausgesprochen entmutigtes Kind war, fällt einem beim Lesen eine gewachsene optimistischere Haltung auf. Dem Text nach versucht Alexander allmählich, sich auf das reale Leben einzustellen und Ängste zu besiegen.

»**Der Geisterfriedhof**

Es war einmal ein Junge. Der Junge hieß Tom. Er glaubte an Geister. Eines Tages, beim Frühstück, fragte Tom seine Mutter, ob es Geister gibt. Seine Mutter sagte: ›Nein, es gibt keine Geister.‹ ›Aber Mama‹, sagte Tom, ›im Fernsehen gibt es doch auch Geister.‹ Seine Mutter sagte: ›Du bist erst fünf Jahre alt, du verstehst das noch nicht.‹ Kein Wenn oder Aber. Tom war sauer, er wollte zum Friedhof und kucken, ob es Geister gibt. Er machte sich am Nachmittag auf den Weg. Er war da. Er hatte Angst, aber er sagte: ›Ein Mann muss tun, was ein Mann tun muss.‹ Er ging hinein, es war still und beängstigend. Plötzlich sah er eine Fledermaus. Er sagte: ›Das ist nur eine Fledermaus.‹ Unter der Fledermaus waren Gespenster. Er hatte Angst, er lief weg. Er sagte: ›Ich werde nie wieder an Geister glauben.‹ (Denn, d. Verf.) das war ein Scherz (gewesen, d. Verf.), heute war Halloween. Ab diesem Tag glaubte er nicht mehr an Geister.«

Als letztes Beispiel folgt der selbst geschriebene Text eines Zweitklässlers, der in meiner Sprachfördergruppe mitarbeitete. Auch in seinem Text kommt eine persönliche Haltung zum Ausdruck, doch traurigerweise ist hier viel Entmutigung zu erkennen:

»Er ist von seiner Mutter geboren. Er war so hässlich. Dann ist er von seiner Familie abgehauen.«

In Texten werden also nicht nur bereits gemachte Lebenserfahrungen verarbeitet, sondern in ihnen können auch neue Erfahrungen antizipiert werden. So gesehen können Texte als Quelle für nächste Erfahrungen betrachtet werden. Da es sich bei allen Texten um subjektiv interpretierte Wirklichkeit handelt, sind Texte sprachwissenschaftlich gesehen mehr oder weniger komplexe Kodifizierungen von Wirklichkeitsmodellen. Text und Wirklichkeitsmodell beziehen sich aufeinander und bestehen in einem Wechselverhältnis zueinander (Imhasly/Marfurt/Portman 1979, S. 155).

Schließlich möchte ich auf Materialien eingehen, die einem vielleicht nicht sofort einfallen, wenn man Seelisches veranschaulichen will. In meiner kollegialen Supervisionsgruppe lernte ich z. B., dass man Beratungen auch mit verschiedenfarbigen Bauklötzen vornehmen kann. Diese Form überzeugte mich auf Anhieb, und ich führte in den darauffolgenden Jahren auch mehrere Schülerberatungen mit solchen Bauklötzen durch – so z. B. mit meiner »schwierigen« Schülerin Alina. Wir fingen damit an, dass wir »Lernwerkstattstunde« spielten, also eine Stunde mit selbstständigem individualisiertem Arbeiten. Ich hatte alle bunten Holzklötze zu einem Haufen zusammengeschüttet. Nun forderte ich Alina auf, sich selbst und mich als Bausteine auszusuchen. Sie wählte zwei rote Quader, und zwar einen großen und einen kleinen. Jetzt nahm ich viele kleine Quader in den verschiedensten Farben dazu, die die arbeitenden Mitschüler darstellen sollten. Spielerisch schoben wir die Holzklötze an uns passend erscheinende Plätze und besprachen dabei, wo »Frau Schöneich« gerade sein könnte und wo vielleicht »Alina« sitzt (Tiefenpsychologisch betrachtet suchen sich Personen ihre Farben, Formen und Platzierungen *nicht zufällig* aus.). Wie zu erwarten war, wurden »Frau Schöneich« und »Alina« zunächst in einem größeren Abstand zueinander hingestellt. Das folgende Gespräch lief dann so ab:

> »*Sag mal, wie schafft es eigentlich Alina, dass Frau Schöneich diese ...* (der Bauklotz wird hingeschoben) *... ganze Strecke ... bis zu ihr hingeht?*«
> (Alina wirkte zunächst etwas ratlos.)
> »*Sie hat einen einfachen Trick ...*«
> (Alina kam weiterhin auf keine Idee.)
> »*Wie drückt Alina auf einen Knopf, sodass Frau Schöneich kommt?*«
> (Alina wartete jetzt voller Spannung auf eine Idee und war sich offenbar überhaupt nicht ihres täglichen Verhaltens bewusst.)
> »*Nun ja, sie macht einfach gar nichts.*«

Alina lachte sofort laut los und hatte sich vollkommen in diesem Verhaltensschema wiedererkannt. Daraufhin wurde der Bauklotz, der die Lehrerin darstellte, angehoben und zum Bauklotz gestellt, der die Schülerin darstellte. Der Veranschaulichung folgte unser Gespräch über ihr Verhalten und dass es notwendig sei, dass »Frau Schöneich« nicht mehr zu ihr komme, wenn sie nicht zu arbeiten beginne.

Eine andere Beratung mit farbigen Bauklötzen fand mit Alexander statt. In unserem Gespräch ging es um seine Integration in die Klassengemeinschaft.

Alle Holzklötze lagen erneut auf dem Tisch. Alexander sollte uns beide als Bausteine aussuchen. Er wählte zwei gelbe Quader, einen großen und einen kleinen. Viele kleine Quader in den verschiedensten Farben stellten auch in diesem Fall die Mitschüler dar. Ich stellte alle Klötze so hin, dass Alexander sich (als Klotz) etwas abseits befand. Dann spielten wir die letzte Deutschstunde nach, in der er beim Dialoglesen gut mitgewirkt hatte (Alexander gehörte bis jetzt zu den schwächsten Lesern der Klasse). In dieser Stunde hatte sich Alexander angestrengt und das Lesen halbwegs hinbekommen, sogar vor der Klasse. So nahm ich seinen kleinen, gelben Quader vom Rand weg und schob ihn direkt zwischen all die anderen Quader, um seine aktive Teilnahme darzustellen, und fragte ihn, wie er sich dabei gefühlt habe. Alexander entspannte sich sofort und antwortete lächelnd: »Gut.« Wir besprachen, dass er bei weiterer aktiver Teilnahme noch häufiger »mittendrin« sein könne.

Ezgi befand sich in der zweiten Klasse, als ich sie unsere Klasse als Bausteine darstellen ließ. Sie wählte dabei sich selbst als kleinen, blauen Baustein, mich als größeren, roten. Dann führte ich ihr mit den Steinen vor, wie sie (ähnlich wie Alina) nur passiv dasaß, wenn die Lernwerkstattstunde begann, und wie ich nach einiger Zeit zu ihr kam. Ezgi erfasste, was ich meinte, und richtete ihre Aufmerksamkeit sogleich auf eine Idee, die ihr in diesem Augenblick gekommen war: Sie spielte von sich aus einmal vor, wie »ihr Baustein« sich selbstständig Aufgaben holte. Am darauffolgenden Tag arbeitete Ezgi in der Lernwerkstattstunde zum ersten Mal unaufgefordert und sehr konzentriert an den Aufgaben.

Ezgis Umstellung lässt sich einerseits dadurch erklären, dass ihr bewusst geworden war, wie sie sich vorher verhalten hatte. Andererseits hatte es auch eine förderliche Wirkung gehabt, dass Ezgi ihr *neues, konstruktives Verhalten* mit den Bausteinen *antizipiert* hatte. Sie hatte sich innerlich – geistig und seelisch – in die neue Rolle hineinbegeben, hatte sie mithilfe der Bausteine einmal durchgespielt und so die Wirklichkeit vorbereitet. Ezgi hatte sich dabei wie ihr eigener Regisseur fühlen können. Mit ihr haben wir also ein Beispiel dafür, dass unsere Psyche so »arbeiten« kann, als spiele sie in Gedanken durch, was bald stattfinden solle.

Einmal führte ich eine Klassenratstunde unter Verwendung der Tafel durch, indem ich bunte Magnetknöpfe daran heftete und diese dann vor den Augen der Schüler hin und her schob. Die Magnetknöpfe stellten wie beim letzten Material Menschen dar. Uns allen machte das großen Spaß, hatte es doch den Charakter einer kleinen Theateraufführung. Doch bevor ich diese Klassenratstunde genauer schildere, möchte ich kurz die Vorgeschichte dazu darstellen.

Wir hatten eine »Regenpause« (entsprechend befanden sich alle im Gebäude), und die Schüler meiner Klasse gingen im Klassenraum verschiedenen Beschäftigungen nach. Ich saß am Schreibtisch. Plötzlich heulte Sonja laut auf und kam dann schluchzend geradewegs auf mich zu. Ich fragte sie, was geschehen sei. Sogleich hatte sich eine Traube von Schülern um uns gebildet. Da antwortete Sonja laut: »Neki hat mich am Bücherregal ganz doll zur Seite geschubst, als ich mir gerade ein Buch herausholen wollte!« Ich sah den um uns stehenden Schülern unvermittelt ins Gesicht und bemerkte, dass auch sie spürten, dass etwas nicht stimmte. Da mir noch nicht klar war, was nicht stimmte, beschränkte ich mich darauf, Sonja nur sparsam zu trösten. Ich wollte der Angelegenheit lieber zu einem späteren Zeitpunkt nachgehen. Als ich schließlich mit Neki alleine war, schilderte er die Situation ganz anders: Sonja habe *ihn* am Bücherregal geschubst, woraufhin er sie nur ähnlich stark zurückgeschubst habe. Das ergab insofern einen Sinn, weil Sonja übertrieben laut geheult hatte, als ginge es ihr um eine Inszenierung und darum, von mir als Klassenlehrerin und den anderen »betütert« zu werden. Doch sämtliche anderen Kinder, die gewöhnlich ein positives Sozialverhalten zeigten, waren nicht dazu übergegangen, sie zu trösten. Sie schienen intuitiv geahnt zu haben, dass Sonjas Verhalten *gespielt* war und sie »Tränendruck« eingesetzt hatte.

Ich entschied mich, das Fallbeispiel lieber anonym im Klassenrat zu besprechen. Erstens konnte ich nicht sicher sein, was sich tatsächlich abgespielt hatte. Zweitens vermeiden Individualpsychologen es tunlichst, einen Menschen bloßzustellen. Hätte ich Sonja in einem Einzelgespräch nach der Situation gefragt, hätte sie ihr Spiel vielleicht nicht zugegeben oder sich zumindest geschämt. Stattdessen erlebte sie etwa zwei Wochen später (ich hatte bewusst Zeit verstreichen lassen) eine spannende Kommunikation zwischen bunten Magnetknöpfen und konnte dabei etwas lernen.

Die Knöpfe, die Schüler darstellen sollten, hatten verschiedene blaue Farben. Nur die Lehrerin war ein großer, grüner Knopf, und ein Schüler war ein roter Knopf. Ich fragte die Klasse: »Guckt mal, dieser kleine, rote Knopf möchte, dass sich die Lehrerin um ihn etwas mehr kümmert als um die anderen. Wie könnte er das schaffen?« Die Klasse hatte sofort viele kreative Ideen, und ich wartete, bis ein heller Kopf sagte: »Er könnte wegen etwas weinen, und dann tröstet ihn die Lehrerin wahrscheinlich.« »Gut«, sagte ich, »aber da ist gar nichts, weswegen er weinen müsste.« Nach kurzer Zeit sagte jemand: »Aber wenn er jemandem wehtut, der selbst oft haut, kriegt er bestimmt dolle Schläge von dem!« Nun ließ ich die Magneten an der Tafel genau dies machen, und nachdem der rote Magnet einen anderen Magneten geärgert hatte und dies zu einem kleinen Schlagabtausch geführt hatte, rutschte der rote zum Schluss zum großen, grünen Magneten (der Lehrerin), um sich weinend zu beklagen. Die Schüler fanden ihr Vergnügen daran, und es war beinahe überflüssig, hinterher mit ihnen darüber zu sprechen, dass das eigentlich kein faires Spiel sei, weil das den meisten schon klar geworden sein musste.

Im Anschluss daran blieb die Klasse bis zum letzten Schuljahr von solchen und ähnlichen Zwischenfällen verschont. Ebenso erfreulich fand ich aber, dass Sonja immer netter wurde, weil sie – intelligent, wie sie war – andere Verhaltensformen fand, mit denen sie mehr Sympathien weckte.

Auch Bilder, beispielsweise Reproduktionen von Kunstwerken oder Schülerarbeiten, können dienlich für die individualpsychologische Arbeit in der Schule sein. Bei Schülerarbeiten erhält ein Lehrer zugleich die Gelegenheit, die weniger bewussten Wahrnehmungen seines »schwierigen« Schülers zu erkennen. Das kann die *Selbstwahrnehmung* des Schülers betreffen oder auch die *Wahrnehmung anderer Menschen*. Gewiss können wir nie ganz sicher bei unseren Bildinterpretationen sein, doch so eine Schülerarbeit kann uns zumindest Hinweise liefern, die unsere bisherigen Beobachtungen ergänzen.

In der zweiten Klasse hatte ich einmal eine Schülerin, die sich selbst anders als den Rest ihrer Familie malte: mit gelber Gesichtsfarbe und Augen, die nur aus zwei Punkten bestanden (während der Rest der Familie zu den »Augenpunkten« noch eine zusätzliche wimpernartige Umrandung erhalten hatte). Dadurch »guckten« alle anderen Familienmitglieder, während das Selbstbildnis der Schülerin den Eindruck erweckte, als schaue sie in die Ferne oder in sich selbst hinein. Außerdem wirkte sie durch die gelbe Gesichtsfarbe auf eine eigentümliche Weise kränklich. Es wäre zwar möglich, dass sich die Schülerin zuerst in der Farbwirkung ihres Stifts versehen und sich dann entschieden hatte, die restlichen Gesichter andersfarbig zu gestalten. Aber nachdem ich auch eine Beratung mit der Familie dieser Schülerin durchgeführt hatte, bestätigte sich leider der zum Bild passende *Gesamteindruck*.

Die Familie wünschte sich häufiger als andere Familien eine Beratung, was an sich schon als Merkmal hervorstach. Interessant war dann auch, dass die betreffende Schülerin sehr gern zu kommen schien, obwohl sie wusste, dass über ihre schwachen schulischen Leistungen gesprochen werden sollte. In der zweiten Beratung teilte ich der Familie meine Beobachtung mit, dass das Mädchen uns alle durch die unterschiedlichen Fragen und Gesprächsabschnitte zu »schleusen« schien, ohne uns mit hilfreichen Antworten weiterzubringen. Es machte den Eindruck, als wolle es unser gemeinsames Rätselraten (»Was hat sie bloß?«) aufrechterhalten, um uns mit sich zu beschäftigen. Allmählich wurde deutlich, dass sich das Mädchen in ihrer Familie die Rolle des »Sorgenkindes« *ausgesucht* hatte. Das war nicht zuletzt daran zu erkennen, dass sich seine jüngere Schwester zu der Zeit immer pfiffiger entwickelte und schon als Vorschülerin begann, das Lesen zu lernen. Hier bahnten sich also zwei gegensätzliche Geschwisterrollen an: das »Sorgenkind« und das »kluge Kind«. Dies war in Ansätzen auch in der von der Schülerin selbst angefertigten Zeichnung der Familie erkennbar. In der Zeichnung hatte sich das »Sorgenkind« gelblich (kränklich/nicht stimmend), mit einem woanders hin gerichteten Blick an die linke Seite seiner Familie gestellt, während daneben die beiden Eltern folgen und die kleine Schwester in der Mitte zwischen den Eltern steht. Die Jüngere hatte demnach die sichere Beziehung zu den Eltern, zumindest nahm die Ältere dies so wahr.

Solche Fälle eignen sich sehr für eine individualpsychologische Familienberatung. Denn die »Rollenverteilung« unter den Geschwistern hatte gerade erst begonnen, sich stärker herauszukristallisieren, sodass eine weitere Ausprägung noch leicht gestoppt werden konnte. Hier gilt: Die Eltern können gegensteuern, indem sie darauf achten, welche Verhaltensweisen sie bei ihren beiden Kindern durch Beachtung verstärken und welche Verhaltensweisen sie weniger bestärken. Erfreulicherweise wird eine zu ausgeprägte Rollenaufteilung bereits verhindert, wenn sich die Familienmitglieder (auch die Kinder) dessen *bewusst* werden. Somit sind wir zum Sinn und Ziel individualpsychologischer *Familienberatung* gekommen, die im folgenden Kapitel vorgestellt werden soll.

14. Einbeziehung der Familie

In manchen Schüler-Einzelberatungen zeigt sich, dass einem Kind besser geholfen werden kann, wenn die *Beratung mit der ganzen Familie* weitergeführt wird, zumindest aber mit den Eltern. Denn die meisten Verhaltensauffälligkeiten haben nun einmal ihren Ursprung in der Familie, insofern tut man gut daran, hier auch den Hebel anzusetzen. Außerdem leiden die Familienangehörigen in fast allen Fällen selbst unter dem auffälligen Verhalten ihres Kindes. Über den Weg einer aufdeckenden Beratung erfahren die Familienmitglieder nicht nur, wie sie sich selbst anders verhalten können, sondern beginnen auch, ihr Kind besser zu verstehen.

An der folgenden beschriebenen Familienberatung nahmen drei Personen teil: die Beraterin, eine alleinerziehende Mutter (abgekürzt M.) und ihre etwa zehnjährige Tochter Lisa (abgekürzt L.). Bei dieser Beratung handelte es sich um eine *Folgeberatung*, d.h. mindestens ein Beratungsgespräch hatte vorher schon stattgefunden. Es war mir möglich, diese Beratung als Zuschauerin mitzuverfolgen, sodass ich den Inhalt des Gesprächs schriftlich festhalten konnte. Der folgende Text entspricht jedoch nicht dem Originalgespräch, da ich eher stichwortartig mitgeschrieben und später kleine Veränderungen vorgenommen habe, um die Personen genügend unkenntlich zu machen. Dennoch zeigt die Beratung exemplarisch, wie individualpsychologische Familienberatungen durchgeführt werden.

> *Die Beraterin begann das Gespräch:*
> »*Wir hatten uns beim letzten Mal auf einige Vereinbarungen geeinigt. Wie seid ihr in den letzten Wochen damit zurechtgekommen?*«
> *L.: »Ich find's toll, dass ich jetzt immer fünfzehn Minuten am Tag die Mama habe!«*
> »*Und wie füllt ihr eure Minuten?*«
> *L.: »Mit Kuscheln, Quatschen ...«*
> »*Und wie ist es dir ergangen?*«
> *M.: »Also, das Wegstellen von Sachen klappt jetzt bei Lisa viel besser, das war mir ja wichtig. Aber das Thema ›Selbstbestimmung und Eigenverantwortung‹ ist für mich eigentlich zu einem Freud-und-Leid-Thema geworden, damit fühle ich mich noch nicht richtig wohl ...«*
> »*Ich habe den Eindruck, dass es gut wäre, wenn ich noch mal mit jedem von euch beiden allein spreche. Lisa, magst du wieder für ein paar Minuten mit der Susanne hinausgehen, bis wir dich wieder hereinrufen?*«
> *(Die Tochter ging mit einer Begleitperson hinaus.)*
> »*In welchen Situationen fühlst du dich mit der Selbstbestimmung deiner Tochter noch nicht wohl?*«
> *M.: »Wenn Lisa morgens in die Küche kommt, sehe ich, dass sie sich jetzt zwar selbst kämmt, aber dass sie ihr Haar noch nicht richtig ordentlich kämmt. Dann muss ich mich*

unglaublich beherrschen, nicht selbst zur Bürste zu greifen. Und manchmal mache ich es dann doch.«
»Was stört dich, wenn Lisa sich ihre Haare nicht ganz ordentlich kämmt?«
M.: »Naja, ihre Haare ziepen doch, wenn sie sie nicht richtig durchkämmt ...«
(Die Beraterin lächelte.)
»Wessen Haare ziepen?«
M.: »Ja, ich weiß, sie soll es ja selbst merken ...«
»Ich könnte mit deiner Tochter noch einmal darüber sprechen.«
M.: »Außerdem ist Lisa am Wochenende meistens bei ihrem Vater. Wenn wir uns begegnen, belastet es mich, wenn ihr Vater mich kritisiert, weil vieles noch nicht so gut klappt.«
»Ich mache dir jetzt ein paar Vorschläge. Du könntest Lisa sagen: Ich wünsche mir, dass du mir dabei hilfst, dass Papa keinen Grund mehr hat, so viel zu allem zu sagen. Und: Ich bin noch nicht so weit, was deine Selbstbestimmung angeht. Ich kann es leider noch nicht aushalten, wenn deine Haare nicht ganz durchgebürstet sind und du dann zur Schule gehst.«
M.: »Okay, das kann ich mir vorstellen. Damit kann Lisa bestimmt umgehen.«
»Gibt es noch andere Stellen, die noch nicht so gut klappen?«
M.: »Ja, wenn es morgens ums Aufstehen geht. Lisa bleibt immer ewig liegen, selbst wenn ich sie noch so oft rufe.«
»Und was passiert dann?«
M.: »Ich ziehe sie irgendwann aus dem Bett, sie schlingt in kürzester Zeit ihr Frühstück runter, und wir schaffen es gerade noch rechtzeitig, dass sie pünktlich zur Schule kommt.«
»Was erreicht Lisa damit?«
M.: »Eigentlich ist es dadurch immer so, dass ich die Hauptlast trage. Ich schaue dauernd auf die Uhr, ich übe Druck aus, ich helfe Lisa am Ende, schnell noch in ihre Kleider zu schlüpfen ...«
»Gut. Was würde sich ändern, wenn du nicht mehr die Last auf dich nimmst, sondern Lisa morgens nur einmal kurz weckst? Sie könnte sich sogar selbst den Wecker stellen.«
M.: »Sie würde nicht rechtzeitig fertig werden.«
»Kannst du dir vorstellen, sie im Pyjama zur Schule gehen zu lassen?«
M.: »Du meine Güte ...!«
»Du könntest Lisa als Notlösung die Klamotten in einer Tüte mitgeben.«
M.: »Okay, das traue ich mir zu.«
»Bevor ich jetzt mit Lisa allein spreche, möchte ich kurz zusammenfassen: Du überlässt das Haarekämmen Lisa ganz allein. Du lässt sie die Konsequenzen tragen für das, was sie tut.«
(Die Mutter war einverstanden und ging hinaus, stattdessen kam das Kind herein.)
»Also, deine Mama macht sich Sorgen. Du bekommst es zwar inzwischen recht gut hin, dich um vieles selbst zu kümmern. Aber Mama befürchtet, dass du ganz unordentlich zur Schule gehst, wenn sie deine Haare zum Schluss nicht auch einmal durchbürstet. Und sie möchte nicht, dass dein Papa wieder denkt, dass ganz viel noch nicht klappt bei euch. Außerdem macht Mama sich Sorgen, weil du morgens nicht aufstehst, wenn du zur Schule musst ...«
L.: »Ja, ich merke das auch, dass Mama nicht zufrieden ist. Und sich ärgert, wenn Papa auch noch was sagt. Aber ich finde, eigentlich mache ich das schon ganz gut so mit den Dingen, die ich allein tun soll.«

(In den nächsten Minuten sprachen beide über das, was Inhalt des vorangegangenen Gesprächs mit der Mutter war. Lisa zeigte Verständnis für ihre Mutter.)
»Kann es sein, dass du es auch ein bisschen gut findest, wenn Mama sich ärgert?«
L.: »Nö.«
»Kann es sein, dass du aber daran merkst, dass Mama sich um dich kümmert?«
L. (lachend): »Ja.«
»Kannst du dir vorstellen, dass Mama dir morgens nur ein einziges Mal Bescheid gibt, wenn du aufstehen musst?«
L.: »Na ja, eigentlich schon.«
»Es liegt dann an dir, ob du es schaffst, rechtzeitig für die Schule fertig zu sein.«
L.: »Ja, klar.«
»Traust du es deiner Mama zu, dass sie es schafft, dann nichts mehr zu machen, weil du allein verantwortlich bist?«
L.: »Nicht so richtig.«
»Was hältst du von dem Kompromiss, dass Mama dich einmal noch erinnern darf, wenn du nicht aufstehst?«
L.: »Ja, das finde ich gut.«
»Bist du damit einverstanden, dass ich Mama jetzt erzähle, was wir besprochen haben?«
L.: »Ja.«
In der letzten Phase der Beratung, in der die Mutter wieder zugegen war, formulierten alle drei Gesprächspartner zusammen, wie die neuen Vereinbarungen lauten sollten. Die Mutter und ihre Tochter wirkten anschließend zufrieden.

In dem Fallbeispiel kann man gut sehen, wie die Beraterin trotz der unterschiedlichen, voneinander abweichenden Anliegen Lösungen anstrebt, die beiden Personen zusagen. Dabei zeigt sie ihr diplomatisches Gespür, indem sie beide Personen gleichermaßen ernst nimmt. Auch das Kind wird zum Mitdenken angeregt und zu Vorschlägen ermuntert. Die Beraterin behält zwar die Gesprächsführung in ihren Händen, formuliert aber ihre Vorschläge immer als Möglichkeit, sodass sich die Ratsuchenden zu keiner Lösung gedrängt fühlen (»Kannst du dir vorstellen …?«, »Was hältst du von …?«, »Bist du damit einverstanden …?«). Ebenso wichtig ist es der Beraterin, die Ratsuchenden nicht zu belehren, sondern sie ihre Einsichten selbst gewinnen zu lassen (»Wessen Haare ziepen?«, »Was erreicht Lisa damit?«). Sowohl die Mutter als auch das Kind erfahren darüber hinaus Ermutigung: Die Beraterin signalisiert beiden Personen im Verlauf des Gesprächs, dass sie ihnen *zutraut*, mit den Problemen umgehen zu können. Sie verzichtet außerdem darauf, die bisher ausgebliebenen Fortschritte als Versäumnis darzustellen.

Folgendes Fallbeispiel mit dem Schüler Helge zeigt, wann Eltern in die Beratung einbezogen werden sollten. Der Schüler hatte in der zweiten Klasse in seinen Leistungen immer weiter nachgelassen. In unserer Einzelberatung kam Helge schon nach wenigen Minuten auf seine drei Jahre jüngere Schwester zu sprechen:

»Sie baut extra tolle Sachen, und zwar immer dann, wenn Mama und ich für die Schule üben. Wenn Mama sich dann nicht um sie kümmert, schreit sie so doll, dass Mama doch zu ihr geht … Ich rufe deshalb oft bei Papa an, damit er früher von der Arbeit kommt und

damit er mit ihr etwas spielt und ich mal mit Mama etwas tun kann … Sie will sich immer durchsetzen, und sie will besser sein als ich!«
»Du sagtest mal, ihr hättet vor einem Jahr immer zusammen ›Schule‹ gespielt?«
»Ja, ich war dann der ›Lehrer‹. Und meine kleine Schwester wollte immer die Beste sein … Aber bald wollte sie nicht mehr die Beste sein, weil alles schwerer wurde.«
»Da hast du es ihr als Lehrer ordentlich schwer gemacht?«
»Ja!«
Ich fragte Helge, was das alles mit unserer »echten« Schule zu tun haben könnte.
»Sie kommt immer mit, wenn ich morgens zur Schule gebracht werde. Und dann, im Unterricht, kann ich es auch nicht so gut.«
»Aber dann ist deine kleine Schwester doch schon wieder zu Hause?«
»Ja, schon …«
»Kann es sein, dass sie in deinem Kopf immer noch dabei ist?«
»Ja.«
»Hm … Fühlst du dich manchmal vielleicht wie von ihr verfolgt?«
»Ja, genau.«

Das Gespräch vermittelte damals den Eindruck, dass Helge sich durch die starke Präsenz seiner kleinen Schwester bedroht fühlte, weil er sich im Vergleich mit ihr erlebte und an seinen eigenen Leistungen zu zweifeln begann. Sie saß ihm regelrecht als Konkurrenz im Nacken.

Bei einer solchen Problematik können die Eltern sehr viel tun. Zwar wurden die Probleme des Schülers erst in der Schule sichtbar, aber durch die Einzelberatung konnten wir erkennen, dass die schulischen Probleme zu Hause ihren Anfang nahmen. Mit den Eltern sollte man jetzt darüber sprechen, dass der Junge aufgrund seiner persönlichen Sichtweise den Mut verloren hat. Das Gespräch sollte in Abwesenheit der Kinder erfolgen, zumindest dieser Teil. Die Eltern erhalten so zunächst die Möglichkeit, nachvollziehen zu können, was ihren Sohn so bedrückt. Dann sollte die gesamte Familie am weiteren Beratungsgespräch teilnehmen. Gemeinsam kann überlegt werden, wie beide Kinder Anerkennung und Zuwendung von ihren Eltern erhalten können, ohne dass sich jemand zurückgesetzt fühlt.

In individualpsychologischen Familienberatungen versucht man, am Ende zu *Lösungen* zu gelangen, die *von allen getragen* werden. Dies trägt nicht nur zum Abbau der jeweiligen Konflikte bei, sondern hebt zudem die *gemeinsame Verantwortung* aller Familienmitglieder hervor. Manchmal schaffen Eltern es trotz eines oder mehrerer erfolgter Beratungsgespräche nicht, »über ihren Schatten zu springen« und ihr Verhalten zu ändern. So ändert sich allerdings auch nicht das Problem.

Ich erlebte einmal innerhalb einer Klasse zwei Elternpaare, die eines gemeinsam hatten: Die Väter bemühten sich, im nahen Wohnumfeld und in ihrer Glaubensgemeinschaft gute Vorbilder zu sein. Doch ausgerechnet ihre beiden Söhne fielen durch übermäßigen Gebrauch von geschmacklosen, aus Sicht der Väter sogar verbotenen Schimpfwörtern auf. Dem Leser, der das Buch bis hierher gelesen hat, wird sofort ein Licht aufgehen: Klar, dass dies nicht durch einen bedauerlichen Zufall geschah, sondern Teil des familiären Zusammenhangs ist. In Familien, in denen besonders großer

Druck auf Kinder ausgeübt wird, sich normgerecht zu verhalten, haben Schimpfwörter auch die mächtigste Wirkung. Es war im Prinzip leicht für mich gewesen, den Eltern diesen Zusammenhang zu erklären, weil dieselben Schüler innerhalb der Schule wesentlich weniger durch »schlimme Wörter« auffielen als in ihrem privaten Umfeld (ihre Mitschüler hatten zu dem Zeitpunkt schon geübt, mit Ignorieren darauf zu reagieren, und ich selbst hatte schon immer eher gelassen auf Schimpfwörter reagiert). Trotzdem half es nichts, den Eltern einen wesentlich gelasseneren Umgang mit den Schimpfwörtern zu empfehlen. Besonders die Väter reagierten immer wieder aufs Neue über alle Maßen empört über ihre Söhne. Doch dadurch verschlimmerten sie die Sache. So mussten sie das Problem lange Zeit ertragen, ohne es ändern zu können.

Einsichtnahmen in die Strukturen einer Familie können ausgesprochen nützlich für einen Lehrer sein, wenn es darum geht, ein »schwieriges« Kind in die Klasse zu integrieren. Ich hatte einmal einen neuen Schüler in meine Grundschulklasse bekommen, der wegen seines massiven Störens bald nur noch schwer für die Klasse zu verkraften war. In einem Gespräch mit der etwa achtzehnjährigen Schwester (der Junge war ein später Nachkömmling) erfuhr ich, dass er auch seine Schwester schon seit Jahren durch sein Verhalten tyrannisiert hatte. Als sie mir das erzählte, fiel mir ein, dass der Schüler an seinem Gruppentisch am häufigsten die Mädchen geärgert hatte. Es handelte sich hier also höchstwahrscheinlich um *Übertragungsverhalten*. Die Mädchen lösten bei ihm das Gefühl aus, erneut »Schwestern« vor sich zu haben, die tyrannisiert werden mussten.

Als nun die Sitzordnung in unserer Klasse geändert wurde, probierte ich es aus, den Schüler einmal an einen reinen Jungentisch zu setzen. Ich hatte recht gehabt mit meiner Ahnung – die Störungen waren nur noch halb so stark. Ohne die Information seiner großen Schwester wäre ich auf diese Lösung nicht gekommen. Je mehr Familienangehörige einem Klassenlehrer vertrauen und je mehr sie bereit sind, auch über Unschönes zu berichten, desto kooperativer und konstruktiver gestaltet sich die Zusammenarbeit. Gemeinsam kann man viel mehr Zusammenhänge herausbekommen und so den »schwierigen« Schülern helfen.

Der dringendste Anlass für eine individualpsychologische Familienberatung besteht sicherlich, wenn familiäre Probleme zu einem akuten Leidensdruck führen. Manchen Eltern passieren folgenschwere Fehler bei der Erziehung. Dabei handeln sie meistens mit besten Absichten, nur leider mit bösen Folgen. Durch eine Familienberatung können derartige Irrtümer rechtzeitig aufgedeckt werden. Wenn darüber hinaus der Klassenlehrer und die Eltern zusammen »an einem Strang ziehen«, können sie wesentlich nachhaltiger eine positivere Entwicklung des Kindes bewirken.

An der Universität Hamburg werden seit vielen Jahren im sogenannten »OZ« (Offenes Beratungszentrum) individualpsychologische Familienberatungen vor einer großen Öffentlichkeit durchgeführt. Studenten der Erziehungswissenschaft haben so Gelegenheit, die Methoden dieser Beratungen in der Praxis kennenzulernen und von den erlebten Fallbeispielen zu lernen. Auch zuschauende Eltern, die als Gasthörer teilnehmen, können auf diese Weise an Beispielen erleben, wie sich Probleme gemeinsam lösen lassen. Der von Adler entwickelte Kerngedanke, das *Gemeinschaftsgefühl* zu stärken, kommt bei diesen Beratungen ebenso zum Ausdruck wie das Prinzip der *Gleichwertigkeit*: Den meisten Zuschauern fällt schon nach kurzer Zeit auf, wie selbstverständlich die Kinder ins Gespräch einbezogen werden, wie ernst genommen sie sich fühlen und wie kooperativ sie dadurch mitwirken. Die daraus resultierende positive Atmosphäre trägt ganz entscheidend zum Erfolg dieser Beratungen bei. Wesentlich bleibt jedoch auch hier der Aspekt der Ermutigung, der sich wie ein roter Faden durch die Familienberatungen zieht.

15. Eltern (anders) verstehen

> »Wer den Himmel im Wasser sieht, sieht die Fische auf den Bäumen.«
>
> (Aus China)

Mancher Leser wird bereits gedacht haben: Ja, wenn Gespräche mit Eltern so einfach wären … Das oben zitierte Sprichwort beschreibt sehr treffend die Schwierigkeit, die bei Elterngesprächen manchmal erkennbar wird – Eltern haben ihre eigene Wahrnehmung, und von dieser rücken sie so schnell nicht ab. Wir können uns auch gleich selbst an die Nase fassen: Hat nicht jeder von uns sein eigenes Weltbild, und verteidigen wir es nicht auch sofort, wenn es mal ins Wanken gerät? In der Tat haben wir es mit einem grundsätzlichen menschlichen Phänomen zu tun.

Hat sich eine bestimmte Wahrnehmung erst einmal zu einer Sichtweise verfestigt, passt der Mensch alles, was er erlebt, dieser Sichtweise an beziehungsweise ordnet sie ihr unter. Das trifft auf alle Menschen zu. So kommt es, dass ein Mensch gelegentlich die Fische auf den Bäumen sieht, um es mit dem Sprichwort zu sagen, sobald er erst einmal begonnen hat, den Himmel im Wasser zu sehen. Denn obwohl seine erste Grundannahme, der Himmel befinde sich im Wasser (weil die Spiegelung dies so wirken lässt), objektiv betrachtet einem Irrtum entspricht, übernimmt der Mensch im Allgemeinen schon die nächsten daran anknüpfenden Sichtweisen – ohne seine Grundannahme noch einmal zu überprüfen.

Doch wir müssen uns ohnehin von der Vorstellung lösen, es gebe eine richtige oder falsche Sichtweise. Ausschlaggebend ist die Tatsache, dass der Mensch alle Eindrücke seiner bereits bestehenden Sichtweise angleicht. Insofern nimmt der Mensch sehr subjektiv und eingeschränkt wahr. Adler nennt dies *Apperzeptionsschema* (Ansbacher/Ansbacher 1982, S. 182 ff.) oder *tendenziöse Apperzeption;* mitunter spricht er auch von »*privater Logik*«.

Berücksichtigen wir dieses Apperzeptionsschema, fällt es uns Lehrern leichter, Eltern zu verstehen. Denn sobald wir Eltern unsere Wahrnehmung von ihrem Kind mitteilen, wird ihre Sichtweise augenblicklich infrage gestellt – es sei denn, unsere Wahrnehmung ist mit ihrer Wahrnehmung identisch. Machen wir uns außerdem klar, dass sich Eltern im Allgemeinen stark mit ihrem Kind identifizieren, sodass jede Mitteilung über das Kind einer Mitteilung über die Eltern entspricht. »Bei Kritik an ihrem Kind fühlen sich meistens auch die Eltern kritisiert, und im Gespräch verteidigen sie dann nicht nur ihr Kind, sondern auch sich selbst. Oft machen sie sich ›doppelt stark‹, und entsprechend heftig ist ihr Widerstand« (Grabbe-Letschert 2009). So gesehen enthält jedes Gespräch zwischen Lehrern und Eltern von vornherein eine Menge Konfliktpotenzial.

Eltern von »schwierigen« Schülern leiden darunter, sich selbst als »schlechte Eltern« wahrzunehmen, oder befürchten zumindest, von Lehrern so gesehen zu werden.

Doris Lessing hat in ihrem Roman »Das fünfte Kind« (1988) beschrieben, unter welchen seelischen Konflikten Eltern von »schwierigen« Schülern leiden können. Im Textausschnitt ihres Romans spricht eine Ärztin mit der Mutter eines »schwierigen« Kindes. Im Laufe des Gesprächs sagt die Mutter, dass sie seit der Geburt ihres Sohnes immer an allem schuld gewesen sein soll. Weiterhin erklärt sie: »Ich fühle mich wie eine Angeklagte. Ständig wird dafür gesorgt, dass ich wie eine Kriminelle dastehe.« Als die Mutter dies sagt, kommen plötzlich die vielen Jahre der Verbitterung zum Ausdruck: »Es ist schon erstaunlich! Kein Mensch, buchstäblich keiner, hat je zu mir gesagt: ›Was für eine prächtige Mutter bist du! Vier herrliche, normale, hübsche, begabte Kinder! Sie machen dir alle Ehre. Gut gemacht, Harriet!‹ Finden Sie es nicht auch seltsam, dass niemand je ein Wort darüber verloren hat? Aber über Ben zerreißen sich alle die Mäuler: Und ich bin eine Kriminelle!« (Lessing 1988, S. 171 ff).

Wenn Eltern »schwieriger« Schüler zum Gespräch in die Schule gebeten werden, geschieht dies oft noch mit der daran geknüpften Erwartung, die Eltern könnten auf ihr Kind einwirken, sodass es besser in der Schule mitarbeitet. Der Lehrer täuscht sich dann aber darüber hinweg, dass sich das Kind gar nicht erst problematisch entwickelt hätte, hätten die Eltern einen günstigen Einfluss auf das Kind. Die Erwartung ist also ziemlich unrealistisch. Und so geraten Lehrer und Eltern leicht in das Dilemma, sich den »Schwarzen Peter« zuzuspielen, also die Verantwortung und die erforderlichen Handlungsschritte der jeweils anderen Seite zuschieben zu wollen. Zweckmäßiger und kooperativer ist es dagegen, Beratungen durchzuführen, die die Eltern ermutigen und sowohl (wohldosierte) neue Sichtweisen als auch Handlungsmöglichkeiten eröffnen.

Elterngespräche erfordern also ein sensibles und diplomatisches Vorgehen vonseiten des Lehrers. Individualpsychologen heben mit Nachdruck hervor, dass es gilt, Eltern für die Mitarbeit *zu gewinnen.* Denn obwohl Elternberatungen besonders bei Schülern mit »schwierigem« Verhalten so viel Positives bewirken können, erleben Lehrer häufig genau diese jeweiligen Eltern als unkooperativ. Manchmal gestaltet es sich schon schwierig, Eltern »schwieriger« Schüler überhaupt zu erreichen. Haben demnach »schwierige« Schüler »schwierige« Eltern?

Gehen wir davon aus, dass Schüler mit problematischem Verhalten entmutigte Schüler sind, dass ihr Verhalten also Ausdruck ihres negativen Selbstbildes ist, liegt es nahe, zu vermuten, dass auch »schwierige« Eltern in Wirklichkeit entmutigte Eltern sind. Bei näherer Betrachtung ist dies in vielen Fällen tatsächlich so, wenngleich man sich vor Verallgemeinerungen hüten sollte. Allerdings stecken auch bei Eltern hinter mangelnder Kooperationsbereitschaft oft Mutlosigkeit, Angst und Unsicherheit, die aber *durch Ermutigung* wieder *ausgeglichen* werden können. Es kommt also darauf an, nicht nur Schüler zu ermutigen, sondern auch Eltern, sodass wir sie als Kooperationspartner für unsere gemeinsamen Anliegen gewinnen.

Wie ermutigt man Eltern?

All das, was wir über die Ermutigung von Schülern wissen, lässt sich auch auf Eltern übertragen, weil es sich um allgemeine Erkenntnisse der Individualpsychologie handelt. Wir werden also beispielsweise negative Kritik weglassen, ebenso wie ausgedehnte Gespräche über das, was noch nicht gut klappt. Stattdessen werden wir den Eltern schon bei der ersten Kontaktaufnahme mit Achtung begegnen und ihre Bereitschaft zur Zusammenarbeit positiv hervorheben (weil schon die Bereitschaft positiv ist). Darüber hinaus sollte man den Eltern jeden positiven Fortschritt ihres Kindes aufzeigen, denn jeder noch so kleine Erfolg ist auch eine Ermutigung für die Eltern. »Wichtig ist (…) auch die Kontaktaufnahme aus positivem Anlass – selbst dann beziehungsweise gerade dann, wenn dieser vergleichsweise selten gegeben ist. Positive Anlässe können kleine, unspektakuläre Fortschritte im Lern- oder Sozialverhalten sein, die durch die Rückmeldung der Lehrkraft an die Eltern erheblich an Bedeutung gewinnen« (Grabbe-Letschert 2009).

Bei aufdeckenden Beratungsgesprächen wirkt es sich ermutigend auf Eltern aus, wenn sie in ihrer (irrtümlichen) Sichtweise zunächst einmal verstanden werden. Natürlich darf der Lehrer dabei auf keinen Fall eine vorwurfsvolle Haltung einnehmen. Erziehungsfehler sollten als das betrachtet werden, was sie sind: Versuche auf einem langen Weg, die noch korrigiert werden können. Fehler gehen in der Regel auf Nichtwissen zurück und haben oft genug ihren Ursprung in der eigenen Kindheit der Eltern. Und deren Kindheit wird möglicherweise auf eine andere Weise problematisch gewesen sein. Mit anderen Worten: Eltern sollten sich von uns »freigesprochen« fühlen, was Erziehungsirrtümer angeht. Das »Freisprechen« signalisieren wir durch unsere verständnisvolle, nicht vorwurfsvolle Haltung ihnen gegenüber. Zugleich sollten wir unser Vertrauen in ihre Fähigkeit ausdrücken, Veränderungen vorzunehmen und durchzuhalten.

Um zur subjektiv eingefärbten, eingeschränkten Wahrnehmung zurückzukehren: Was Lehrern bei Eltern mitunter wie eine verzerrte Sichtweise oder Illusion vorkommt, ist für den Elternteil »wirklich so«. Denn für ihn *muss* es vielleicht so sein. Die Tiefenpsychologie lehrt uns, dass es sich bei merkwürdigen Sichtweisen, Illusionen oder Lügen häufig um Formen von *Verdrängung* handelt.

Warum ist die Verdrängung im psychologischen Sinne eine Erfindung der Seele? Durch Verdrängung schützen wir uns selbst vor Erkenntnissen, die uns seelisch belasten könnten (beziehungsweise uns in der Vergangenheit belastet hätten). Verdrängung läuft unbewusst ab. In einigen Fällen wird das belastende Wissen von der Seele so stark verdrängt, dass Menschen auch dann nicht auf dieses Wissen zugreifen können, wenn sie eigentlich gerne diesen Zugang hätten. Dann kann allerdings ein tiefenpsychologisch arbeitender Therapeut weiterhelfen. Wenn der Betreffende jedoch seelisch nicht wirklich bereit oder stark genug ist, seine Verdrängung aufzugeben, leistet er unwillkürlich Widerstand gegen Personen, die ihm eine »andere Wahrheit« vermitteln wollen – unter Umständen auch gegen den Lehrer. Ich weise noch einmal darauf hin: Der Erwachsene schützt sich mit seiner Verdrängung (zumindest liegt darin der

Zweck seines Verhaltens) vor seelischem Schmerz oder Hoffnungslosigkeit. Außerdem gestattet ihm die Verdrängung, sein Leben wie bisher fortzusetzen. Auch manche Eltern, mit denen wir zu tun haben, brauchen »ihre eigene Wahrheit« also möglicherweise noch als Schutz, weil sie noch nicht die Kraft haben, ihr Problem »mit offeneren Augen« zu betrachten.

Das Bedürfnis, sich die eigene Wahrheit zu erhalten, lässt sich manchmal auch bei unseren Schülern beobachten. Wenn wir beispielsweise den Eindruck haben, ein Schüler könnte unter Formen von Vernachlässigung leiden, wird unser Gefühl womöglich glatt durch seine entgegen gesetzten Darstellungen wieder rückgängig gemacht. Doch der erste Eindruck kann trotzdem stimmen! Beispiel: Würde man einen Schüler danach fragen, ob sich seine Eltern um ihn kümmern, kann man zu hören bekommen, dass sich seine Eltern sogar »sehr viel« um ihn kümmern. Aus der Sicht des Kindes stimmt das, ja, auch in diesem Fall *muss* es so stimmen. Das Kind könnte nämlich die Erkenntnis, »schlechte« Eltern zu haben, möglicherweise nicht seelisch bewältigen. Seine Antwort kann aber ebenso einen anderen Hintergrund haben. Sie kann ein Hinweis darauf sein, dass das Kind zu Hause ein »Wechselbad« erlebt, dass es vom Erziehenden abwechselnd vernachlässigt und dann wieder (z. B. aufgrund von Schuldgefühlen) übermäßig bemuttert beziehungsweise verwöhnt wird. Ein solches ambivalentes Verhalten ist besonders häufig bei »Kind-Müttern« zu beobachten, also Müttern, die schon als Teenager Mütter wurden. Da sie ihr Kind in einer so frühen Lebensphase bekamen, in der sie eigentlich selbst noch die Zuwendung eines sorgenden Elternteils gebraucht hätten, fühlen sie sich mit ihrer Aufgabe als Mutter überfordert, selbst wenn sie ihr Kind gerne haben. Durch diesen inneren Konflikt hin- und hergerissen, fällt auch das mütterliche Verhalten wechselhaft aus, es schwankt zwischen Extremen hin und her. Aus ganz anderen Gründen hegen Eltern manchmal einen unterschwelligen Groll auf ihr Kind und erziehen es ähnlich wechselhaft – einmal zu nachlässig, dann wieder übermäßig liebevoll. Den Eltern und dem Kind ist das nicht bewusst, und für uns Lehrer sind solche Probleme in der Regel schwer einzuschätzen.

Man kann grundsätzlich davon ausgehen, dass ein *Zusammenhang* besteht zwischen dem Verhalten eines »schwierigen« Schülers und dem Verhalten seiner Eltern. Denn jede Familie stellt, wie schon erwähnt, ein *System* dar, in dem das eine Verhalten das andere Verhalten bedingt oder hervorruft. Zugleich kann davon ausgegangen werden, dass die Zusammenhänge von den Familienangehörigen selbst nicht (bewusst) erkannt werden. Seelische Probleme werden manchmal von Generation zu Generation »weitergegeben«, kehren sich zuweilen in ihr Gegenteil, entstehen aufgrund spezifischer Partnerkombinationen auf geradezu kreative Art neu und so weiter. Die Vielfalt der Zusammenhänge ist groß, aber ein Zusammenhang besteht in irgendeiner Weise immer.

Erinnern wir uns daran, dass jede Familie ein System darstellt, das nach Selbsterhaltung strebt, also homöostatisch ist. Watzlawick, Beavin und Jackson (1985, S. 32 ff.) haben in Psychotherapien Beobachtungen machen können, die uns interessante Erkenntnisse über Störungen in Familien liefern:

> »Beobachtungen von Familien mit einem schizophrenen Mitglied lassen wenig Zweifel darüber, dass der Zustand des Patienten für die Stabilität des Familiensystems entscheidend ist und dass das System rasch und wirksam auf jeden Versuch reagiert, seine Organisation von innen oder außen zu ändern. Dies ist ganz offensichtlich eine unerwünschte Form der Stabilität« (Watzlawick/Beavin/Jackson 1985, S. 32 ff).

Spätestens vor dem Hintergrund solcher Erkenntnisse ist es nicht weiter verwunderlich, wenn Eltern trotz der Schwierigkeiten ihres Kindes nicht im erwünschten Maße mit der Schule kooperieren. Möglicherweise handelt es sich um Eltern, die *unbewusst* gar *nicht wollen*, dass eine Besserung bei ihrem »schwierigen« Kind eintritt. Wie ist so etwas zu verstehen? Dies soll mithilfe der Individualpsychologie erklärt werden.

Alles, was in diesem Buch über zielgerichtetes Verhalten zu lesen war, gilt ebenso für Eltern. Besonders wenn Eltern an einem Zustand oder Verhaltensmuster hartnäckig festhalten, kann wiederum die individualpsychologische Frage weiterhelfen: »Welches (unbewusste) Ziel verfolgt dieser Elternteil?« Die Antwort schließt leider oft mit ein, dass das »schwierige« Kind mit seinem auffälligen Verhalten *innerhalb seiner Familienstruktur* einen »Zweck« erfüllt. Auf jeden Fall aber für den Erwachsenen, sodass er unbewusst versucht, die Veränderung seines Kindes zu verhindern.

Im offenen Beratungszentrum erlebte ich einmal eine Familienberatung, bei der die Mutter darüber klagte, dass sich ihr Kind nicht von ihr löse, ständig ihre Hand halte und nur wenig selbstständig sei. Für die Mutter hatte dies zur Folge, dass sie übermäßig viel Zeit mit ihrer Tochter verbrachte und sich kaum auf andere wichtige Aufgaben einlassen *konnte (beziehungsweise wollte)*. Ich werde nie vergessen, wie der Berater die Mutter fragte: »Wer von Ihnen braucht es eigentlich, an der Hand zu sein: Ihre Tochter oder Sie?« Mit dieser Frage war bereits alles auf den Punkt gebracht. Das Beispiel zeigt besonders deutlich, wie sich ein Kind mit seinem Verhalten intuitiv auf die (unerkannten) *Bedürfnisse der Eltern* einstellt und nicht etwa umgekehrt.

Um ein weiteres Beispiel zu nennen, möchte ich von einer Schülerin und ihrer Mutter berichten. Die Schülerin fiel zunächst durch sehr gute Leistungen auf. Mir entging aber auch nicht, dass das Mädchen von Monat zu Monat magerer, blasser und schon leicht hohlwangig aussah. Die Mutter war sehr stolz auf die herausragenden Leistungen ihrer Tochter, erzählte mir aber irgendwann, dass ihre Tochter zu Hause schon in Tränen ausbreche, wenn sie statt einer Eins die Note Zwei erhalten oder wenn ein anderer Schüler eine etwas bessere Leistung erbracht habe. Außerdem glaubte das Mädchen, dass einige Schülerinnen der Klasse sie ausgrenzten, weil sie in ihren Augen eine »Streberin« sei.

Daraufhin führte ich in der Schule eine Einzelberatung mit dem Mädchen durch. Schon am nächsten Tag begann das Mädchen, sich im Unterricht mehr zu entspannen und innerlich loszulassen. Seine gesamte Körperhaltung zeigte dies. Es erzählte, wie es unter seinem eigenen Ehrgeiz allmählich auch gelitten habe. Als Nächstes wollte ich die Familie mit einbeziehen: zum einen, um die Zusammenhänge verständlich zu machen, die zu dieser Entwicklung geführt hatten; zum anderen, um sicherzugehen, dass die allmähliche Umorientierung der Schülerin auch zu Hause unterstützt würde. Doch die Mutter, ohnehin von ihrer Persönlichkeit her »immer auf Zack«, reagierte schneller. Ich erhielt umgehend einen Anruf von ihr, nachdem die Schülerin ihr von unserem Beratungsgespräch erzählt hatte. Die unmissverständliche Botschaft der Mutter war nun, selbst wenn sie sie nicht direkt aussprach: Mischen Sie sich nicht ein! Bei näherer Betrachtung ist die Reaktion verständlich. Die guten Leistungen der Tochter dienten der Mutter zur *Selbstaufwertung*, und nun sah sie ihre Felle davonschwimmen.

Es gibt also zahlreiche Gründe dafür, dass Eltern manchmal Widerstand leisten, sobald ihrem »schwierigen« Kind geholfen werden könnte. Die unbewussten Ziele der Eltern stehen dann wahrscheinlich im Widerspruch zur gesünderen Entwicklung ihres Kindes. Wie schon im Kapitel über »Verwöhnung« erläutert, »brauchen« manche Eltern das Problem ihres Kindes, um sich als fürsorgliche Eltern erleben zu können. Eine weitere Variation: Wenn Eltern sich außerstande sehen, ihre Partnerschaftsprobleme zu lösen, bietet sich das Kind buchstäblich an, zu einem so großen Problem zu werden, dass es von den Partnerschaftsproblemen ablenkt. Es ist dann nur ein kleiner Schritt dahin, dass das Kind unbewusst *zum »Problemkind« gemacht* wird. Die Eltern haben so einen »echten« Grund, ihre ganze Aufmerksamkeit auf das Kind statt auf ihre Partnerschaft zu richten. So können sie lange Zeit einer Auseinandersetzung mit ihren eigenen Problemen aus dem Weg gehen. Kein Wunder also, wenn bei auftretenden »Besserungen« alles unternommen wird, um sich das Problemkind zu erhalten: Unverzüglich werden andere Symptome gefunden beziehungsweise wahrgenommen, oder der pädagogische Berater wird infrage gestellt, oder das Kind wird massiver entmutigt. Hier müssen wir erneut bedenken, dass jede Familie als ein funktionierendes System betrachtet werden kann, das nach Selbstkorrektur strebt – ganz so, als hätte das System ein Eigenleben. Von daher dürfte es uns auch nicht mehr wundern, wenn folgender Fall eintritt: Ein »schwieriger« Schüler stellte bisher das Problemkind dar, und nach ersten Fortschritten (beispielsweise durch ermutigende Beratungen) treten plötzlich negative Veränderungen bei einem seiner Geschwister auf. Das Geschwisterkind beginnt also, die eingetretene Veränderung für sein Familiensystem wieder auszugleichen.

> *»Die Probleme jedes Kindes werden (...) zu einem wesentlichen Bestandteil aller Familienbeziehungen und können nicht getrennt verstanden oder gelöst werden. Wenn immer das Problemkind besser wird, wird sein Konkurrent, das seither ›gute‹ Kind, ›schlechter‹. Beider Verhalten ist aufeinander abgestimmt«* (Dreikurs 2003, S. 43).

So drastisch die angeführten Beispiele auch sind, in der Individualpsychologie *vermeidet* man auf jeden Fall *Schuldzuweisungen*; darauf soll noch einmal hingewiesen sein. Aus guten Gründen. Erstens handeln Eltern ja meistens in guter Absicht, auch wenn sich dann vieles unerfreulich entwickelt. Mit Schuldgefühlen würde es den Eltern aber garantiert nur schlecht gehen, und keinem wäre geholfen. Zweitens führte es zu keiner positiven Veränderung, rückblickend nach der Schuld zu fragen. In dieser Hinsicht sind Individualpsychologen eher Pragmatiker – sie fragen lieber, was man als Nächstes *tun* kann. Drittens ist es ratsam, sich (für den »schwierigen« Schüler) die Zusammenarbeit mit den Eltern zu erhalten, und durch Schuldzuweisungen könnte man unbeabsichtigt einen Kontaktabbruch herbeiführen.

Viele Kollegen schwören auf den Satz »Ich kann Sie verstehen«, wenn es um Gespräche mit Eltern geht. *Verstehen* wird auch in der Individualpsychologie großgeschrieben. Sofern man die Äußerung »Ich kann Sie verstehen« nicht wie eine Floskel verwendet, lässt sie Eltern gleich entspannter werden und kann sogar deeskalierend wirken, wenn das Gespräch schwierig verläuft.

16. Von der Kunst, das Unerwartete zu tun

Menschliche Kommunikation knüpft immer an *Erwartungen* an, die Kommunizierende aneinander haben, selbst wenn sie sich ihrer Erwartungen nicht bewusst sind. In der Kommunikationsforschung werden die Erwartungen bei Imhasly/Marfurt/Portman (1979, S. 31) wie folgt aufgeschlüsselt:

> »*Kommunikation als soziales Handeln ist bestimmt durch das Alltagswissen der Partner. Unter Alltagswissen ist zu verstehen: (a) Die Erfahrungen der Partner im Umgang mit sozialen Normen und Beziehungen, mit gesellschaftlich verbindlichen Interpretationsmustern für (soziale) Ereignisse (sogenannte alltagsweltliche Deutungsprogramme). (b) Die Erwartungen in bezug auf den Partner sowie die Vorstellungen darüber, was der Partner von einem selbst erwartet*« (Imhasly/Marfurt/Portman 1979, S. 31).

Demnach sind unsere Erwartungen sowohl allgemeiner als auch individueller Art und die Grenzen dazwischen fließend. Ausschlaggebend ist für uns die aus der Erwartung resultierende *Erwartungshaltung,* weil sie den Ablauf der Kommunikation direkt beeinflusst.

Das trifft auch auf die Erwartungshaltungen zwischen Schülern und Lehrern zu. Bekanntlich testen Schüler ihre Lehrer. Das können die meisten Lehrer bereits während des Referendariats erleben. Es bedeutet nichts anderes, als dass die Schüler ihre *Erwartungshaltungen* an ihre Lehrer überprüfen: Wie verhält sich der Lehrer? Verhält er sich, wie ich es bisher immer erlebt habe, oder an irgendeinem Punkt anders? So oder ähnlich würden die Fragen formuliert werden, wenn sie den Schülern bewusst wären. Gelingt es einem Lehrer nach der Übernahme einer neuen Klasse, bei »schwierigen« Schülern auf eine andere, *unerwartete Weise zu reagieren*, hinterlässt dies bei den Schülern den Eindruck: »Der Lehrer macht nicht das, was wir gewöhnt sind!« Darin liegt eine erste Chance, dass manche negativen Entwicklungen gar nicht erst ihren Lauf nehmen. Folgen wir aber unreflektiert unseren Neigungen und Impulsen, kann es leicht passieren, dass wir manche negativen Einstellungen bei unseren Schülern bestärken und ihr problematisches Verhalten verschlimmern.

Es geht für uns nun darum, zu lernen, mit unserem Verhalten nicht unbedingt immer den Erwartungen unserer Schüler zu entsprechen. Wenn jemand strammstehenden Soldaten Blumen in die Gewehrläufe steckt, tut er etwas Ähnliches. Er verblüfft, indem er auf zur Schau gestellte Bewaffnung mit entwaffnender Friedfertigkeit reagiert. Natürlich steckt eine Menge Symbolik in einer solchen Handlung, und so ist sie auch gemeint. Betrachten wir die Handlung im kommunikativen Sinne, wird hier die ursprüngliche *Botschaft* in ihr Gegenteil verkehrt. Das hat zur Folge, dass sich die an der Handlung Beteiligten anders als erwartet verhalten. Die Rollen werden verändert.

Dies ist der Ansatz, der uns auch im pädagogischen Rahmen interessiert. Lassen sich Botschaften *bewusst missverstehen oder verändern,* um daraus erzieherischen Gewinn zu ziehen? Lassen sich noch weitere Formen finden, um anders als erwartet mit Schülern umzugehen? Aus der Zeit der Friedensbewegung in den 1980er-Jahren stammt der witzige und zugleich kluge Graffiti-Spruch »Stell dir vor, es ist Krieg, und keiner geht hin«. Wie lässt sich diese Einstellung auf pädagogische Auseinandersetzungen übertragen? Kann man – zumindest im übertragenen Sinne – einen Krieg sich selbst überlassen? Kann man sich auf eine Kriegserklärung einfach nicht einlassen, sie also ignorieren? Im Hinblick auf Machtkämpfe, zu denen Schüler uns verleiten wollen, haben wir bereits gesehen: Ja, es geht. Individualpsychologen haben darüber hinaus noch andere Konzepte gefunden, die Lehrer in der Schule umsetzen können.

Einen eingefahrenen, kreislaufartigen Verhaltensmodus zu beenden setzt voraus, dass es dem Lehrer gelingt, *auszusteigen.* Da mir die Analogie sehr passend erscheint, möchte ich es den »Paternoster-Ausstieg« nennen. Wer schon einmal in einem Paternoster, also in der alten Version des Fahrstuhls, gefahren ist, weiß: Solange man nicht aussteigt, fährt man immer weiter im Kreis. Dagegen kostet der Moment, auszusteigen, kurze Überwindung, zumal es den richtigen Moment erfordert und selbst dann noch eine leicht schwankende Angelegenheit ist. Doch sobald man anschließend wieder festen Boden unter den Füßen hat, fühlt man sich gleich besser. Ähnlich verhält es sich mit eingefahrenen, kreislaufartigen Handlungen zwischen Menschen, die wir auch hier wieder als Systeme betrachten wollen. Solange man sich *im* System befindet und verhält, findet man sich unversehens als »Hamster im Rad« wieder, man bewegt sich immer weiter innerhalb des festen kommunikativen Kreislaufs. Wenn es einem aber gelingt, sich in einem Moment des sich wiederholenden Ablaufs anders als erwartet zu verhalten, tritt man aus dem System *hinaus.* Dafür muss man zuerst das kreislaufartige Verhalten und die eigene Rolle darin erkennen. Das erfordert natürlich eine möglichst distanzierte Sichtweise, weshalb mitunter auch Supervisoren mit der Aufgabe betraut werden, ein System zu durchschauen. Deren Blick *von außen* auf das System kann entscheidend dazu beitragen, die nicht auf Anhieb erkennbaren Verhaltensmuster offenzulegen. Andererseits hat die Individualpsychologie gezeigt, dass es selbst ohne fremde Hilfe durchaus möglich ist, seine eigene Rolle in solchen Kreisläufen zu erkennen.

Mitunter ergeht es mir so: Ich komme in eine der späteren Unterrichtsstunden, die Klasse hat schon mehrere Stunden bei anderen Lehrern gehabt, und einer der »schwierigen« Schüler schallt mir schon auf dem Flur in voller Lautstärke irgendetwas entgegen, bevor ich überhaupt den Unterrichtsraum betreten habe. Statt das zu tun, wonach mir in so einem Moment vielleicht zumute wäre, nämlich beispielsweise zu schimpfen, reagiere ich lieber so: Ich sage: »Wie wäre es, wenn wir uns erst mal begrüßen? Heute ist doch ein schöner Tag …« Oder ich frage: »Kann es sein, dass es dir heute nicht so gut geht? Irgendwie habe ich das Gefühl. Komm´, fass´ doch mal mit an, der Tisch muss an seinen Platz zurückgestellt werden …« (Genau genommen geht es dem Schüler ja tatsächlich gerade nicht gut, denn er kompensiert mit seinem lautstarken Verhalten unbewusst sein schwaches Selbstwertgefühl.) Auf diese Weise *über-*

nehme ich *nicht* den *komplementären Part*, den der jeweilige Schüler bei Erwachsenen inzwischen schon unbewusst erwartet, und der zum für ihn vertrauten *Kreislauf* führt. Die Situation wird sich *nicht* als negatives Muster einspielen, als ständige und nervende Wiederholung. In diesem Fall steige ich also gar nicht erst in den »Paternoster« ein.

Schüler, die etwas getan haben, womit sie Regeln der Gemeinschaft verletzen, erwarten im Allgemeinen, dass man sie verurteilt und bestraft. In vielen Fällen kann es Sinn machen, diese Erwartung nicht zu bestätigen. Ich war mir einmal nahezu sicher, dass eine meiner Erstklässlerinnen ein kleines Teil unseres Lernspieles heimlich eingesteckt hatte. Es handelte sich dabei um eine Art Puzzleteil, sodass das Spiel ohne dieses Teil unbrauchbar war. Auf keinen Fall wollte ich das Mädchen vor den Kopf stoßen, denn dann hätte es sich mir gegenüber womöglich verweigert und das Teil weiterhin versteckt. Eine Beschuldigung kam also nicht infrage. So zog ich es vor, der Schülerin zu sagen, dass ich mir Sorgen um sie mache. Ich begründete meine Sorge damit, dass die anderen Schüler sie vielleicht bald nicht mehr mögen würden, weil sie anderen Kindern manchmal wehtue oder Sachen wegnehme. (Anmerkung: Einiges davon war zu dem Zeitpunkt tatsächlich geschehen.) Die Haltung, die ich nun gegenüber der Schülerin einnahm, hatte sie ganz und gar *nicht erwartet*. Wohl deshalb reagierte sie nicht ablehnend, sondern kooperativ: Nach wenigen Minuten stand das Mädchen wortlos auf, holte das versteckte Teil aus ihrem Schulranzen und händigte es mir aus.

In einer sechsten Klasse hatte ich einmal eine Schülerin, die so dominant auftrat, dass sie damit nicht nur ihren Mitschülern, sondern auch uns Lehrern das Leben schwer machte. Innerhalb der Klassengemeinschaft hatte sie eindeutig das Sagen. Diese Einschätzung wurde nicht zuletzt dadurch bestätigt, dass sie zur Klassensprecherin gewählt wurde.

Nach einigen Monaten hatte ich eine Idee. In Absprache mit meinem Teampartner machte ich der Klasse den Vorschlag, dass die Klassensprecher zukünftig in den ersten (unruhigsten) Minuten für so viel angemessene Ruhe sorgen sollten, dass der jeweilige Lehrer mit dem Unterrichten beginnen könne. Die Schüler waren schnell von der Idee überzeugt, zumal viele zu diesem Zeitpunkt schon genervt von der häufigen Unruhe waren. In den folgenden Wochen faszinierte uns alle das Auftreten unserer dominanten Klassensprecherin, denn sie erfüllte die neue Aufgabe mit Bravour. Als ich später mit meinem Teamkollegen darüber sprach, welche Überlegungen mich zu dieser Idee geführt hatten (störendes Verhalten in konstruktive Bahnen lenken), sagte er lachend: »Na, da hast du ihr ja wohl das Wasser abgegraben!« So könnte man die Sache natürlich auch betrachten; wichtig war jedenfalls, dass das Mädchen seine »Power« nun konstruktiv einsetzte und sowohl die Lehrer als auch die Schüler etwas davon hatten. Das »Aussteigen« ist vielleicht zu Beginn nicht ganz einfach, mit der Zeit gewöhnt man sich aber an diese Methode.

David war geradezu süchtig nach kleinen Sanktionen durch Erwachsene geworden. Es machte ihm sichtlichen Spaß, gegen eine Regel zu verstoßen und dann sanktioniert zu werden. Als er einmal mit einem Luftballon im Unterricht herumspielte, ließ ich mir von ihm den Ballon aushändigen. Der entscheidende Moment kam aber am Ende der Unterrichtsstunde. David kam zu meinem Pult und fragte mit strahlendem Gesicht: »Bekomme ich den Ballon erst am Ende der Woche wieder?« Ich hatte mit ihm schon ein Einzelgespräch über seine Sucht nach Sanktionen geführt, deshalb brauchte ich David nur zu fragen: »Merkst du was?«, dann drückte ich ihm den Ballon wieder zurück in seine Hände. David verstand: Er hatte das Entsprechende getan, um eine Art Strafe zu erhalten. Ich tat ihm aber nicht den Gefallen, sondern gab ihm den Ballon einfach nur zurück. Oberflächlich betrachtet verhielt ich mich also nicht besonders konsequent. Aber wenn Schüler Sanktionen als *eigentliches Ziel* anpeilen, wird es für den Lehrer dringlicher, einen Ausstieg zu schaffen, als sich konsequent zu verhalten.

Ähnlich erlebte ich es bei einem Schüler, der weniger zu bagatellartigen Störungen neigte wie der letzte Fall, sondern viel massiver störte und anderen Schäden zufügte. Irgendwann stand er regelmäßig während der Unterrichtsstunden auf dem Flur oder musste die Stunde auf der »Insel« verbringen. Die »logischen Folgen«, die bei anderen Schülern zu schneller Abhilfe geführt hätten, hatten bei diesem Jungen in die Sackgasse geführt. Wahrscheinlich war dies passiert, weil er die schulischen Konsequenzen wie Strafen empfunden hatte. Ich hatte ein wenig das Gefühl, dass er uns Lehrern schließlich hatte zeigen wollen, dass er uns mit dieser ausweglos erscheinenden Situation »besiegt« hatte. Zugleich ging ich aber davon aus, dass er nicht wirklich glücklich darüber sein konnte, dass er so oft nicht an unseren Stunden teilnahm. Ich sprach den Schüler deswegen in einem Einzelgespräch an, und er gab tatsächlich zu, nicht mehr so häufig hinausgehen zu wollen. Daraufhin schlug ich ihm vor, ihm während der Stunden ein Zeichen zu geben, damit er sich selbst rechtzeitig bremsen könne, wenn er wieder drauf und dran sei, die Grenzen zu überschreiten. Wir vereinbarten, dass ich einfach nur leise zu ihm sagen sollte: »Es geht wieder los.« Schon in den nächsten Stunden half der Codespruch uns beiden; das Verhalten des Schülers eskalierte nicht mehr. Dazu hatte mit Sicherheit beigetragen, dass ich dem Schüler in einer *anderen Rolle* begegnet war. Er war ein so entmutigtes Kind, dass er Erwachsene immerzu wie »Gegner« erlebte. Doch obwohl sein Verhalten ein schärferes Sanktionierverhalten nahegelegt hatte, hatte ich mich *nicht wie ein Gegner* verhalten, sondern wie ein Partner. Es schien, als seien dadurch unsere Karten ganz neu gemischt worden. Unsere Beziehung konnte von da an eine für ihn ungewohnte, neue Form erhalten.

Ein Viertklässler hatte sich angewöhnt, alle unbefriedigenden Situationen oder Ergebnisse mit der hämischen Bemerkung »Ja, ja« zu kommentieren. Das verunsicherte und nervte bald die gesamte Klasse, auch uns Lehrer. Leider hatte ich den Fehler gemacht, zwischendurch mit einer Art Moralpredigt darauf zu reagieren, in der ich sämtliche Formen von Schadenfreude verurteilte, darunter auch diese. Der entsprechende Schüler hatte mich damals nur grinsend angeschaut. Etwas zu spät begriff ich, dass ich in die *Falle* getappt war, bei seinem unbewussten Spiel die *Komplementärrolle* zu *übernehmen*: Auf jedes »Ja, ja« dieses Schülers war nun stets mein strenger Blick oder mein Tadel gefolgt. Doch damit hatte ich nur Wasser auf seine Mühlen gegossen. Denn mit dem »Ja, ja« hatte der Schüler jetzt nicht mehr nur die Kränkung seiner Mitschüler erreicht, sondern auch noch meine Aufmerksamkeit.

Doch ich hatte Glück. Der Ausstieg aus diesem Teufelskreis ergab sich irgendwann wie von selbst. Mittlerweile hatten die Schüler und ich uns so sehr an seinen hämischen Kommentar gewöhnt, dass ich irgendwann vergaß, auf den Schüler zu reagieren. Auch die anderen Schüler waren ihren Tätigkeiten weiter nachgegangen, und ich sagte mir im Stillen: »Beim nächsten Mal werde ich bewusst nicht mehr auf ihn reagieren.« Es klappte, zumal der Schüler wahrscheinlich auch schon merkte, dass sein ewig gleicher Kommentar die Klasse zu langweilen begann, denn er sprach sein »Ja, ja« schon leiser aus. So brauchte ich auch kein Klassenratsgespräch zu führen; die Mitschüler und ich gingen nun immer mehr dazu über, seinen Kommentar zu überhören. Gewissermaßen verlor der Schüler auf diese Weise langsam seine *Gegenspieler*, denn irgendwann war die ganze Klasse aus dem langweilig gewordenen Spiel ausgestiegen.

Der Leser wird bemerkt haben, dass ich häufiger die Begriffe »Spiel« und »Spieler« verwende. Man kann Kommunikation tatsächlich als eine Art Spiel betrachten, eine Art Spiel mit Regeln. Ich halte es auch für keinen Zufall, wenn Schüler sofort verstehen, wovon man spricht, wenn man in solchen Zusammenhängen von »Spielen« spricht.

In einer ersten Klasse erlebte ich am Stundenbeginn zweimal hintereinander, dass ich vor der Klasse stand und das Ruhezeichen anzeigte, während zwei Mädchen sich gar nicht darum scherten, sondern voreinander stehend ein (lautes) Klatschspiel veranstalteten. Später bat ich die beiden, in der Pause kurz dazubleiben. Dann sagte ich: »Ich habe gemerkt, dass ihr ein neues Spiel spielt. Wahrscheinlich heißt es ›Den Lehrer nicht sehen und nicht hören‹?« Die Mädchen guckten mich zunächst fragend an. Als ich dann aber auf die ersten Minuten der Unterrichtsstunde zu sprechen kam, huschte ein Lächeln über die Gesichter der beiden Schülerinnen. Da sagte ich: »Ich könnte das Spiel mitspielen. Es könnte dann heißen ›Den anderen nicht sehen und nicht hören‹. Ich würde euch nicht mehr drannehmen, wenn ihr euch meldet, und wenn ihr mich wegen eines Problems sprechen wollt, würde ich euch nicht hören. Ihr wäret ganz und gar Luft für mich.« Ich sollte erwähnen, dass ich diese Worte sehr ernst zu den beiden sagte, um auszuschließen, dass die Mädchen die Idee versehentlich gut fanden. So kam es, dass die Mädchen mich erschrocken ansahen und stammelten, dass sie das »Spiel« doch nicht mehr so gut fänden.

Ich hatte ein einfaches Prinzip angewandt: Schülern ein Verhalten nicht verbieten, sondern stattdessen das völlig Unerwartete tun, »einen draufsetzen«. Dadurch wird die Situation so ungemütlich für den jeweiligen »schwierigen« Schüler, dass er *selbst* aus dem Spiel *aussteigen will*.

Dazu weitere Beispiele. Ich hatte einmal einen Grundschüler, der sich die »Macke« angewöhnt hatte, in stressigen Situationen auf allen vieren durch den Klassenraum zu kriechen. Es nervte. Deshalb ging ich dazu über, ihm sein Spiel ungemütlich zu machen. Ich sagte so gelassen wie möglich: »Nanu, du willst heute wieder ›Hund‹ spielen. Gut, dann musst du weiter auf vier Beinen gehen. Und wenn du irgendwo sitzen willst – dort ist die Ecke für Hunde …« Es ist klar, dass er sich das Spiel schnell wieder abgewöhnte. Schließlich war es nicht seine Absicht gewesen, zum Hund gemacht zu werden. Dabei hatte ich nur seine eigene Idee aufgegriffen und gesteigert.

Ähnlich verhielt ich mich gegenüber einem Jungen, der mir einige Male die ersten Minuten des Unterrichts kaputt gemacht hatte, indem er sich geschickt und lautstark vor der Klasse inszeniert hatte. Ich hatte zunächst unreflektiert reagiert und jedes Mal versucht, ihn zum Aufhören zu bewegen. Dann dachte ich über die Frage nach, was er wohl am wenigsten von mir erwarten würde. Das Konzept hatte Erfolg. Ich nahm den Jungen zunächst beiseite und fragte ihn: »Kann es sein, dass du willst, dass die Klasse zu Beginn einer Stunde nicht auf mich schaut, sondern auf dich?« Meine direkte Frage verunsicherte ihn, und sein »Ja« kam sehr zögernd. Dann sagte ich: »Pass´ auf, die nächste Stunde soll deine Stunde sein! Da erhältst du mal die Gelegenheit, zu zeigen, was du der Klasse alles bieten kannst!« Der Schüler erwiderte, dass er das gar nicht wolle. Doch ich wollte ihm sein Spiel endgültig austreiben, deshalb gestattete ich ihm keinen Rückzug – in der nächsten Unterrichtsstunde rief ich ihn vor der ganzen Klasse auf, uns alle zu »unterhalten«. Das reichte ihm dann tatsächlich.

Stellen wir uns also die Frage: »Was würde der ›schwierige‹ Schüler ganz und gar nicht von mir erwarten?« Die Antwort enthält vermutlich schon die Lösung dafür, wie uns der Ausstieg aus dem unerwünschten Kreislauf gelingen kann. In der Individualpsychologie wird dies mitunter auch als »in die Suppe spucken« bezeichnet.

Ich erinnere mich an den Fünftklässler Amir. Als Klassenlehrerin war mir irgendwann gar nichts anderes mehr übrig geblieben, als ihm einmal kräftig »in die Suppe zu spucken«. Er war zu dem Zeitpunkt schon länger ein »schwieriger« Schüler gewesen. Mehrere Anläufe, ihn auf einen kooperativen Weg zu lenken, hatten zwar vorübergehend zu einer Besserung geführt, aber zum damaligen Zeitpunkt schien er gerade auf einen kolossalen Rückfall zuzusteuern. Die Ereignisse häuften sich: Einer Mitschülerin hatte er in der großen Pause durch gewaltsames Einwirken solche Schmerzen zugefügt, dass sie laut weinend zur Klasse hereinkam. Während der Unterrichtsstunden musste er häufiger als sonst verwarnt werden, weil er sich durch lautstarke Gebärden in den Vordergrund stellte. Eine Fachlehrerin war verärgerter als sonst, als sie sich bei mir über Amirs Verhalten beklagte: Er habe während ihrer Stunden andere Mitschüler massiv provoziert und beleidigt. Keine Frage – Amir *wollte*, dass man sein verstärktes negatives Verhalten bemerkte. Ich fragte mich: Warum verändert er sich gerade jetzt, was ist anders als sonst? Dann fiel mir ein möglicher Zusammenhang ein. Der Vater hatte sich bei mir für ein Gespräch angemeldet, allerdings nur, um mal zu hören, wie sich sein Sohn weiterentwickelt habe. Als auch die (kaum Deutsch sprechende) Mutter zum Gesprächstermin erschien, erhielt das Gespräch einen noch höheren Stellenwert. Ich vermutete nun, dass hier der Zusammenhang mit Amirs erneutem Störverhalten lag. Daher fragte ich die Eltern gleich zu Beginn unseres Gesprächs, ob Amir eigentlich wisse, dass beide Eltern zu mir in die Schule kämen. Ja, meinten sie, sie hätten es ihm gesagt – offensichtlich ohne zu ahnen, wie viel sie damit bei ihm ins Rollen bringen würden. Denn jetzt war ich sicher: Amir befand sich in einem (ihm nicht bewussten) privaten Kleinkrieg mit seinem Vater. Was zu diesem Verhältnis irgendwann einmal geführt haben mochte, soll hier nicht thematisiert werden. Mit einer Einschränkung: Der Vater war sehr angesehen, und die Verhaltensauffälligkeiten seines Sohnes nagten seit Jahren an seinem Selbstbewusstsein; mitunter wirkte er deswegen regelrecht hilflos. Sein Sohn Amir hatte also mit sicherem Instinkt einen Weg gefunden, seinen Vater in regelmäßigen Abständen von seinem »hohen Sockel« zu holen. Doch ich *lehnte es ab*, als Klassenlehrerin die *unfreiwillige Rolle in so einem (teuflischen) Spiel* zwischen Eltern und Kind zu übernehmen, nämlich als »Überbringer der schlechten Nachrichten«. Ich wollte dieser Familie außerdem helfen. Da ich so kurzfristig keine aufdeckende Einzelberatung mit dem Schüler mehr durchführen konnte, weil die Eltern bereits vor mir saßen, entschied ich mich zu einer anderen Maßnahme. Ich berichtete den Eltern nur von der (tatsächlich) positiven Entwicklung der vorherigen Monate und verschwieg die negativen Ereignisse der letzten Tage. Nach einer Dreiviertelstunde schüttelten mir die Eltern glücklich zum Abschied die Hand. Anschließend war ich gespannt, wie sich Amir weiter verhalten würde. Wenn die Individualpsychologie nicht recht hätte oder ich etwas Falsches vermutet hatte, konnte Amir aufgrund der Tatsache, dass sein negatives Verhalten überhaupt keine Konsequenzen hatte, in den nächsten Wochen umso dreister werden. Doch die Individualpsychologie behielt offenbar recht mit ihren Erkenntnissen. Jedenfalls beobachtete ich das Gegenteil, sein Störverhalten nahm wieder ab. Die Annahme, man müsse als Lehrer über alles lückenlos berichten, kann man also revidieren – weil pädagogische Gründe im Einzelfall ein anderes Lehrerverhalten erfordern. Im Zweifelsfall sollte die positive Entwicklung unserer Schüler Priorität erhalten. Man könnte auch sagen: Der Zweck heiligt die Mittel.

Die extremste Form, sich nicht entsprechend den Erwartungen eines »schwierigen« Schülers zu verhalten, ist die *paradoxe Intervention,* vor allem die paradoxe Handlungsaufforderung. In der Psychotherapie wird dies auch als die Technik der »Symptomverschreibung« bezeichnet (Watzlawick/Beavin/Jackson 1985, S. 220), da der Patient genau zu dem (Verhalten) aufgefordert wird, das er eigentlich abbauen soll. Letzten Endes soll dieser Kunstgriff natürlich dazu führen, dass der Mensch sein Symptom beziehungsweise sein Verhalten in den Griff bekommt. Mit dem gleichen Ziel lässt sich dieser Kunstgriff bei besonders »schwierigen« Schülern in der Schule anwenden. Die Maßnahme erfordert ein wenig Mut und Überwindung, und man sollte sie sparsam einsetzen, damit sie nicht an Wirkung verliert. Watzlawick, Beavin und Jackson schreiben:

> *»Wenn man das Verhalten einer anderen Person beeinflussen will, bestehen dafür grundsätzlich nur zwei Möglichkeiten. Die eine ist der Versuch, sie zu anderem Verhalten zu bewegen ... Die andere Möglichkeit (...) besteht darin, dem anderen dasjenige Verhalten vorzuschreiben, das er bereits von sich aus an den Tag legt«* (Watzlawick/Beavin/Jackson 1985, S. 221).

Paradoxe Handlungsaufforderungen lassen sich in ganz verschiedenen schulischen Situationen sinnvoll einsetzen. Ich hatte bereits von der »schwierigen« Schülerin Alina berichtet. Eines Tages, als ich sie wieder in der Einzelförderung unterrichtete, kooperierte sie nicht mit mir, als wir das Schreiben einzelner Wörter übten. Ich hatte das Gefühl, dass sie die Wörter absichtlich immer wieder falsch schrieb. Unsere Zusammenarbeit war so unfruchtbar beziehungsweise eigentlich gar nicht als solche zu bezeichnen, dass wir ebenso gut alles hätten einpacken können. Da entschied ich mich für die paradoxe Handlungsaufforderung und schlug Alina ein »Spiel« vor: Sie sollte von nun an die Buchstaben absichtlich falsch schreiben. Alina war sofort einverstanden, doch schon nach kurzer Zeit machte ihr die »Spielregel« keinen Spaß mehr. Von da an konnten wir endlich sinnvoll üben.

Ein anderes Beispiel: In meiner Sprachfördergruppe befand sich ein Junge, der selbst geringfügige Anlässe sofort nutzte, um sich mit lautem und auffälligem Gebaren bei seinen Mitschülern Aufmerksamkeit zu verschaffen. Ich hatte sein Verhalten allmählich satt, weil es eine Belastung für die Ohren war und regelmäßig für Unterrichtsunterbrechung sorgte. Irgendwann ergab sich eine Situation, die ein übergroßes Potenzial für sein negatives Verhalten darstellte. Ich kann mich nicht mehr erinnern, worum es sich bei dem Auslöser handelte. Aber ich glaubte, seine Störungen bereits kommen zu sehen. Wahrscheinlich zeigte jemand gerade ein Foto herum, das wenig bekleidete Menschen zeigte. Und richtig, der Junge begann bereits, seinen Körper leicht zu verbiegen und seinen Mund zu öffnen. Doch diesmal kam ich ihm zuvor. Schnell rief ich: »Jetzt musst du ganz laut jaulen und dich dort auf den Boden schmeißen, so schlimm ist das Bild!« Man kann sich vorstellen, wie schnell der Junge sich fasste und nur den Kopf schüttelte, obwohl alle erwartungsvoll zu ihm schauten. Denn wie die Mehrzahl aller »schwierigen« Schüler hasste auch er es, zu tun, wozu ein Erwachsener ihn aufforderte. Außerdem wäre sein *an sich spontanes Verhalten* nicht zuletzt deshalb *zu einem absurden Verhalten* geworden, weil es nach der Aufforderung *nicht mehr spontan* gewesen wäre. So jedenfalls erklären Watzlawick/Beavin/Jackson (1985, S. 221 ff.) den Erfolg ihrer Technik der »Symptomverschreibung«. Da die meisten Verhaltensformen Spontaneität benötigen, sind sie für den Betreffenden nicht mehr durchführbar, sobald man ihn zu seinem Verhalten direkt auffordert.

Bei meinem Schüler Andreas konnte ich auch einmal eine paradoxe Handlungsaufforderung wirksam anwenden. Er ging damals in die zweite Klasse. In Einzelberatungen hatte ich mit Andreas zunächst darüber gesprochen, dass er seine Mitschüler häufig verbal provozierte, meistens mit Begriffen aus dem sexuellen Bereich. Die Kinder nannten es »schlimme Wörter sagen«. Besonders oft hatte er damit seine Tischnachbarin Sümeye gekränkt. Andreas war nun an dem Punkt angelangt, sich diese Form von Provokation abgewöhnen zu wollen, weil er sich damit so unbeliebt machte. Ich gab ihm für die Abgewöhnung folgenden Rat: Er solle erst einmal »halb schlimme« Wörter zu Sümeye sagen, etwa »alte Gardine«, »kaputte Jacke«, »blöder Sack« oder »Verrückte«. Andreas lachte über diesen Vorschlag, wollte sich aber darauf einlassen. Man stelle sich das vor: Ein Lehrer fordert einen Schüler dazu auf, mit Schimpfwörtern zu provozieren, wenngleich es Schimpfwörter mit geringerem Bedeutungsinhalt sein sollen.

Nach etwa einer Woche setzten wir uns wieder zusammen, und ich fragte Andreas: »Wie hat's geklappt mit solchen Wörtern wie ›alter Sack‹?«

»Gut ...«
»Was hast du dir denn als Wort ausgedacht?«
»Alter Sack.«
»Du hast dir kein neues Wort ausgedacht? Na ja, schließlich ist das ja auch schon ein halb schlimmes Wort ...«

Dann folgte zwischen Andreas und mir eine Unterhaltung darüber, dass ihm diese »halb schlimmen« Wörter tatsächlich helfen könnten, sich umzugewöhnen, und er bald von den anderen Schülern viel mehr gemocht werden würde. Natürlich war für Andreas zu diesem Zeitpunkt bereits der Spaß daran abhandengekommen, verbal zu provozieren. Denn inzwischen provozierte er in Absprache mit seiner Klassenlehrerin!

Einige Wochen später nahm ich Sümeye kurz beiseite, um sie zu fragen, ob sie noch immer unter Andreas' beleidigenden Wörtern zu leiden habe. Ihre Antwort lautete: »Er hat schon lange keine Schimpfwörter mehr benutzt.«

Einmal hatte ich gleich zwei Schüler, bei denen ich schon mehrere erfolglose Versuche hinter mir hatte, sinnvoll mit ihnen zu arbeiten. Sie schienen geradezu besessen von dem (nicht bewussten) Wunsch zu sein, das Gegenteil von dem zu tun, was ein Erwachsener von ihnen erwartete. Insofern war es besonders naheliegend, bei diesen Schülern paradoxe Handlungsaufforderungen anzuwenden, und so tat ich es. Nach der »Anwendung« wirkten die beiden Schüler jedes Mal wie ausgetauscht. Ich musste diese Form der Intervention zwar noch ein paar Mal wiederholen, aber der Erfolg war dann stets verblüffend.

Der eine der beiden Schüler hatte zuerst so massiv den Unterricht gestört, dass ich ihn auf den Flur gehen ließ. Dann aber spielte sich, wie meistens, das ab, was mindestens genauso stark störte: Der Schüler störte vom Flur aus, indem er z. B. immer wieder die Klassentür öffnete oder sogar einige Zentimeter hereinkam. Manchmal verhielt er sich sogar so, dass er, wenn ich kam, einen Fuß in die Tür setzte, damit ich sie nicht mehr schließen konnte. In den nächsten Tagen ging ich nach meinem Plan vor. Entweder sagte ich ihm vor Betreten des Klassenraumes, dass ich von ihm erwarte, dass er wieder so störe, dass ich einen Grund hätte, ihn vor die Tür zu setzen. Und dass ich mir deshalb von ihm wünsche, dass er nicht nur halbherzig, sondern »bitte stark« störe! In den nächsten Minuten saß der Schüler verwirrt auf seinem Platz, statt zu stören. Vergaß er meine Worte nach einiger Zeit und störte doch wieder, bekräftigte ich (scheinbar) sein Handeln: »Ja, so ist es richtig, ich hatte mich schon gefragt, wann du endlich anfangen würdest, zu stören.« Es gab auch Tage, an denen ich selbst zu Beginn der Stunde meine paradoxe Handlungsaufforderung vergessen hatte. Doch sie ließ sich immer nachholen, sobald die Situation akut wurde. Wenn dieser Schüler schließlich doch wieder massiv störte und auf den Flur gehen sollte, sagte ich leise zu ihm (während die Klasse weiterarbeitete): »So, und nun *musst* du vom Flur aus *stören*, *wenn du mich nicht enttäuschen willst*. Ich möchte, dass du die Tür immer wieder aufmachst. Und am besten stellst du auch dein Bein oder etwas anderes dazwischen, damit die Tür nicht mehr zugeht, ja? Hast du *verstanden, was ich von dir erwarte*?« Der

Junge blieb dann lange völlig passiv auf dem Flur stehen, bis ich ihn wieder hereinholte.

Diese Form der Intervention mag grausam wirken, und der Leser könnte annehmen, Schüler würden durch derartige Aufforderungen in den Wahnsinn getrieben. Das Gegenteil ist aber richtig. Denn z. B. beim zuletzt beschriebenen Fall kamen die Eltern des Schülers damals schon seit einigen Jahren nicht mehr mit ihm zurecht, und andere Pädagogen und Schüler hatten auch Schwierigkeiten mit ihm, sodass der Schüler immer mehr in die Außenseiterrolle geraten war. Kaum jemand hatte noch einen ungezwungenen Umgang mit ihm, weil er selbst banale Situationen schon nach wenigen Minuten zum Eskalieren brachte. Der Junge war wirklich gefährdet, aber aufgrund seines eigenen Verhaltens, das er nicht in den Griff bekam. Meine paradoxen Handlungsaufforderungen eröffneten ihm die Möglichkeit, mal ganz »normal« am Unterricht teilzunehmen. Ich kann außerdem zur Beruhigung sagen, dass meine »verrückten« Handlungsaufforderungen nach einer Weile nicht mehr nötig waren. Der Schüler fand Geschmack daran, im Unterricht mitzuarbeiten, und wir hatten ein entspanntes Verhältnis zueinander.

Bei dem anderen Jungen war die paradoxe Handlungsaufforderung noch einfacher anzuwenden gewesen. Ich brauchte nur zu Beginn der Stunde der ganzen Klasse mitzuteilen, unser Hausmeister suche zwecks Mithilfe bei »Drecksarbeiten« einen Schüler (diesen Bluff gestattete ich mir), der an diesem Tag gar nicht mitarbeiten, sondern nur stören wolle. Dann brauchte ich nur noch in Richtung dieses Jungen lächelnd zu sagen, dass es bestimmt bald jemanden geben würde, der uns *den Gefallen täte, sich genau so zu verhalten*. Da lernte ich den Schüler von einer ganz anderen Seite kennen, und man kann wohl sagen, dass auch er selbst sich einmal als normal mitarbeitenden Schüler kennenlernte.

17. Die »selbsterfüllende Prophezeiung«

Prophezeiungen beeinflussen auf subtile Weise sowohl Abläufe als auch menschliche Entwicklungen. Manchmal werden sie konkret ausgesprochen, manchmal existieren sie auch als unausgesprochene oder unbewusste Erwartungen. Zieht eine Prophezeiung genau das Ereignis nach sich, das prophezeit worden ist, haben wir es – je nachdem, ob man es so betrachten will – mit einer »selbsterfüllenden Prophezeiung« zu tun. Nicht, weil die jeweilige Prophezeiung so außerordentlich treffsicher gewesen wäre, sondern weil eine Prophezeiung (beziehungsweise eine Erwartung) durch sich selbst die Dinge in Gang setzt, die schließlich zum erwarteten Ereignis führen. Das betrifft sowohl Erwartungen hinsichtlich der eigenen Person als auch die anderer.

Wenn wir uns dies verdeutlichen, haben wir Lehrer den Verlauf der Entwicklung eines Schülers viel stärker in der Hand. Denn wir können negative Ereignisse bewusst weniger oder gar nicht erwarten, selbst wenn dies zunächst etwas befremdlich erscheint. Im Umkehrschluss können wir positive Entwicklungen bewusst fördern, indem wir sie für möglich halten und uns dieser Perspektive entsprechend öffnen. Um dies zu veranschaulichen, möchte ich wieder von verschiedenen Beispielen berichten.

Zunächst soll es um unbewusste *negative Selbstwahrnehmung* gehen. Dieses Phänomen lässt sich, wie schon erwähnt, oft bei »schwierigen« Schülern beobachten. Mitunter sind »schwierige« Schüler unbewusst davon überzeugt, keinen Platz in der Klassengemeinschaft zu verdienen, weil sie der Klasse mehr schaden als nützen. Das Fatale daran ist, dass diese Schüler so überzeugt von ihrer »Schlechtigkeit« sind, dass sie sich entsprechend negativ verhalten, damit ihre Einstellung durch die Reaktionen anderer Menschen bestätigt wird. Sie *erwarten*, dass sie bald aus der Gemeinschaft ausgegrenzt werden. Das ist der Grund, warum ich nicht – höchstens bei extremen Fällen – dazu übergehe, einen »Störer« an einen Einzelplatz zu setzen. Ich bin davon überzeugt, dass wir ihn sonst auf Dauer noch schwerer integrieren können. Lehrer sollten wirklich alles vermeiden, was die negative Rolle, die ein Kind eingenommen hat, zusätzlich zementiert. Es darf nicht zu einem »Siehste!«-Eindruck kommen, der in Worten formuliert etwa lauten könnte: »Ich wusste ja, dass ich nicht dazugehöre.« In der Folge würde dies den stillen Hass des Schülers schüren, und er würde bald weiterhin negatives Verhalten an den Tag legen, was wiederum scheinbar dem Lehrer »bestätigen« würde, die Entscheidung sei richtig gewesen, den Schüler an einen Einzelplatz zu setzen. Doch damit ist niemandem gedient.

Wie oft habe ich bei Unterrichtsaufgaben mit dem Ziel des freien, persönlichen Ausdrucks (in Fächern wie Kunst, Musik oder Deutsch) erlebt, dass Schüler vorschnell sagten, sie würden dieses oder jenes nicht können. Ich hatte dieses Problem bereits im Zusammenhang mit der Schülerin erwähnt, die auf einem Auge »blind« zu sein schien. Leider entstehen aufgrund solcher negativer Einstellungen tatsächlich weniger erfreuliche Arbeitsergebnisse. Denn die übermäßig selbstkritische, *negative Herangehensweise* des Schülers sorgt für eine entsprechende *Eigendynamik*. Dabei müssten Schüleraussagen wie »Ich kann das nicht« ohnehin infrage gestellt werden, weil gerade der freie Ausdruck ein unbegrenztes Spektrum an Ausdrucksmöglichkeiten zulässt. Genau genommen erübrigt sich hier also die Fragestellung nach einem »Können« oder »Nichtkönnen« – und zwar zugunsten der Fragestellung »Wie …?«. Letztere sollte vom Lehrer in den Vordergrund gerückt werden:

- Wie ist der Künstler mit den Farben/Worten/Klängen umgegangen?
- Wie hat er das Objekt erschaffen?
- Wie ist bei ihm die Technik zum Einsatz gekommen?
- Wie ist ihm zumute gewesen?
- Wie hat er sich dem Thema genähert?
- Wie ist er zum Wesentlichen gekommen? Wie willst du nun mit den Farben/Worten/Klängen umgehen?
- Wie willst du dich dem Thema nähern?

Sobald wir uns mit unseren Schülern auf die Frage nach dem »Wie« konzentrieren, befreien wir sie von ihren Unsicherheiten, weil ihnen klar wird, dass es im Wesentlichen um den persönlichen Ausdruck geht, und nicht um »falsch« oder »richtig«.

Wann immer es möglich ist, sollten wir Schüler dabei unterstützen, ihre Unsicherheiten abzubauen, die ja im weitesten Sinne *negative Selbstwahrnehmungen* sind (»Ich kann nicht … «). Ich habe mir angewöhnt, bei Arbeitsergebnissen gezielt auf gut gelungene Stellen aufmerksam zu machen, vorzugsweise in Besprechungen mit der gesamten Klasse. Das hat gleich eine doppelte Wirkung: Die Schüler sind für diese »Belege« überaus empfänglich, zudem wird das Gelungene vor einem größeren Publikum gewürdigt. Ein solches Vorgehen lässt sich in allen oben erwähnten Fächern durchführen, also bei Kunstergebnissen, selbst geschriebenen Texten oder selbst gespielten Musiksequenzen. Das Schöne ist, dass man bei fast jedem Ergebnis mindestens ein Detail finden kann, bei dem entweder die Aufgabenstellung besonders genau umgesetzt wurde, jemand eine ganz eigene, originelle Idee entwickelt hat, etwas sehr ausdrucksstark wirkt, etwas sehr sorgfältig erarbeitet wurde oder bei dem etwas einfach mal ganz »anders« wirkt. Es gibt so viele Möglichkeiten, den persönlichen Schülerausdruck zu würdigen, sodass irgendwann auch dem allerletzten Schüler seine Selbstzweifel genommen werden können. Bei manchen Schülern konnte ich ihre sich plötzlich aufhellende Miene direkt beobachten. Wenn ich die Gedanken der Schüler hätte lesen können, wären es wohl solche gewesen: »Die Lehrerin hat auch bei mir etwas Gutes gefunden!«, »Mein Ergebnis ist ja doch nicht so schlecht!«. Dass sie sich *günstig auf die weiteren Erwartungshaltungen der Schüler auswirken,* ist ein wichtiger Aspekt positiver Rückmeldungen.

Hinter einer negativen Selbstwahrnehmung steckt nicht selten mindestens ein Elternteil, der negative *Vorbehalte* hat, die auf das Kind *übertragen* werden. Da sich ein

Kind an der Wahrnehmung seiner Eltern orientiert, kann man sich den negativen Einfluss leicht ausmalen. Ich hatte z. B. über längere Zeit mit einer Mutter zu tun, die schon mit dem herablassenden Ton ihrer Stimme zeigte, wie negativ sie über ihre Tochter dachte. Leider hatte die Mutter die Angewohnheit, ihre negative Sichtweise sehr häufig auch im Beisein ihrer Tochter zu äußern. Es waren Aussagen wie »Ich kenn' ja meine J.« oder »Ich hab' ärgerlich zu ihr gesagt, dass ich das irgendwie erwartet hatte«. Bald hatte das Mädchen die negative Erwartungshaltung seiner Mutter übernommen. Ich habe auch schon erlebt, dass Lehrer *negative Erwartungen* wiederholt *in Gegenwart der betreffenden Schüler* aussprachen. Das hörte sich dann meistens so an: »Ist doch klar, dass X mal wieder …«, »X hat natürlich seine Hausaufgaben nicht gemacht, wie immer.«, »X wird morgen bestimmt nicht …«. Einerseits ist es zwar verständlich, wenn man als Eltern oder Lehrer nach etlichen frustrierenden Wiederholungen zu Ironie und Zynismus neigt, weil man so seinem Ärger Luft machen kann. Andererseits sorgt man gerade dadurch dafür, den negativen Kreislauf in Gang zu halten und zu verfestigen.

Im Zusammenhang mit negativen Prophezeiungen möchte ich auch von meinem Drittklässler Abdurahman und seiner Mutter berichten. Diesmal handelt es sich um einen komplexeren Zusammenhang, bei dem wiederum die Erwartungen der betreffenden Personen einen starken Einfluss auf das Geschehen hatten. Beide, mein Schüler und seine Mutter, kamen zu mir ins Beratungsgespräch, nachdem Abdurahman wiederholt von seinen Mitschülern geärgert worden war. Jedenfalls erzählten das beide. Mir war schon in den letzten Wochen aufgefallen: Immer wieder sprang die Mutter mit heftiger Empörung auf dieses Problem an, selbst wenn es bei dem »Ärgern« um eher banale Handlungen ging. Häufig war die Mutter morgens vor dem Unterricht in die Klasse gekommen, um mich zu sprechen. Ihre abschließende Bemerkung war meistens: »Die ärgern ihn wirklich, ich habe es gestern selbst gesehen – er denkt sich das nicht aus!« In diesem Fall waren beide, Sohn und Mutter, miteinander in ein Spiel verwickelt, dessen Muster sie nicht erkannten. Wir haben es hier mit einem klassischen Fall von *selbsterfüllender Prophezeiung* zu tun. Da es sich um einen kommunikativen Kreislauf handelt, stellt sich wieder die Frage, an welcher Stelle man ihn zu erklären beginnt, denn stets resultiert das eine aus dem anderen.

Ich möchte beim Ablauf in der Familie beginnen. Abdurahman muss schon früh gespürt haben, dass seine Mutter eine misstrauische Haltung gegenüber ihrem sozialen Umfeld einnahm. Dadurch nahm sie negative Erlebnisse wie unter einem Vergrößerungsglas wahr und fühlte sich nach den entsprechenden, bereits *erwarteten Ereignissen* in ihrer misstrauischen Haltung bestätigt. Darüber hinaus gab es bei der Mutter eine zweite Persönlichkeitsseite: Sie schien ihre durch das Misstrauen entstandene Einsamkeit dadurch zu kompensieren, dass sie dennoch überdurchschnittlich gesprächig war. Auch die Gespräche mit ihrem Sohn wirkten ausgesprochen intensiv. In unseren Beratungen verstanden sich beide glänzend, stets führte die Mutter die Sätze ihres Sohnes zu Ende und umgekehrt. Es machte außerdem den Eindruck, als freuten sich beide jede Woche aufs Neue, wegen ihres Anliegens zu kommen. Und nicht nur das: Beide schienen sich auch zu Hause darüber zu freuen, wenn sie über das Thema

»Ärgern« erneut reden konnten – zumindest sagte mir das mein Gefühl. Das Bezeichnende war, dass sich bei diesem Fallbeispiel etwas deutlicher die Frage danach trennen ließ, »was zuerst da war, das Huhn oder das Ei« beziehungsweise die Erwartung des Geärgertwerdens oder das Geärgertwerden selbst. Denn sowohl der Sohn als auch die Mutter verhielten sich so paranoid, dass andere Menschen, in diesem Fall Schüler, regelrecht dazu *verleitet* wurden, Abdurahman zu ärgern. Man konnte *voraussagen*, dass er und seine Mutter zuverlässig darauf anspringen und übertrieben reagieren würden. *Die Erwartung wurde auf diese Weise regelmäßig zur Wirklichkeit.* Doch mit welchem unbewussten Ziel handelten der Sohn und die Mutter? Was hatten sie davon, hier wie ein *Team* zu handeln? Die Antwort lässt sich in ihrer starken Verbundenheit finden – die gesamte Problematik hatte Mutter und Sohn »zusammengeschweißt«. Abdurahman konnte sich der Aufmerksamkeit seiner Mutter sicher sein, sobald er von solchen negativen Erlebnissen berichtete. Die Mutter ihrerseits wurde durch die Problematik regelmäßig aus ihrer Langeweile herausgerissen, die sie zu Hause erlebte. Zugleich konnte sie die hohe Verbundenheit mit ihrem Sohn genießen, wenn sie sich gemeinsam aufregten.

Glücklich waren beide trotzdem nicht, deshalb vereinbarten wir Folgendes, nachdem wir ausführlich über alles gesprochen hatten: Abdurahman sollte aufhören, sich über belanglose Handlungen seiner Mitschüler zu ärgern, und stattdessen üben, zu Hause andere Dinge zu erzählen, die er tagsüber erlebt hatte (also einen positiven Ersatz finden, damit er in Zukunft nicht weniger Aufmerksamkeit erhalten würde). Auch die Mutter sollte ihr Verhalten umstellen: Sie sollte nicht mehr reagieren, selbst wenn ihr Sohn rückfällig werden und erneut von Ärgernissen erzählen würde. Damit konnte der Teufelskreis endlich durchbrochen werden. Bezeichnend im Sinne »selbsterfüllender Prophezeiungen« ist hier, dass »der Betreffende sein Verhalten nur als Reaktion auf das der anderen sieht, nicht aber auch als dessen auslösendes Moment« (Watzlawick/Beavin/Jackson 1985, S. 95).

Legen wir uns dagegen eine *positive Erwartungshaltung* zu, wird die »selbsterfüllende Prophezeiung« zu einem wertvollen pädagogischen Mittel.

Ich hatte bereits von meinem Schüler Jan berichtet, der sich als Neuer in der Klasse nicht an Regeln halten wollte und seine Mitschüler gezielt störte, z. B. indem er ihre Federtasche auf den Boden warf. Da ich meinem Grundsatz folgen wollte, auch »schwierige« Schüler an einen Gruppentisch zu setzen, waren die beiden anderen Schüler seines Tisches (ein Sitzplatz war zufällig leer geblieben) ziemlich gefordert, was miterziehendes Schülerverhalten angeht. Ich besprach mit den beiden Tischnachbarn, dass sie bei allen mäßigen Störungen, die von diesem Schüler ausgingen, so ruhig wie möglich bleiben und kleinere Schäden in der ersten Zeit in Kauf nehmen sollten. Sobald jedoch ihre »Schmerzgrenze« erreicht sei, sollten die beiden Schüler ohne Worte aufstehen und an einem der noch leeren Tische weiterarbeiten dürfen. Allerdings sollten sie, falls dieser Fall eintrete, sich zu Beginn der nächsten Stunde erneut an ihren eigentlichen Platz zurücksetzen.

Der Sinn dieses Handelns soll kurz erklärt werden: Das spontane Weggehen der Schüler enthielt immer dieselbe nonverbale Botschaft: »So machst du dir keine

Freunde.« Das darauffolgende Sichzurücksetzen der Schüler enthielt ebenfalls immer dieselbe nonverbale Botschaft, diesmal eine positive: »Du gehörst zu uns. Bestimmt störst du bald weniger.« Die beiden Schüler schienen die Angelegenheit wie ein Experiment aufzufassen und interessant zu finden. Vielleicht auch, weil ich ihnen den Umgang mit dem »schwierigen« Schüler zutraute. Schon wenige Tage später begannen die Störungen des »schwierigen« Schülers zu späteren Zeitpunkten oder fielen weniger drastisch aus. Allmählich entspannte er sich an seinem Gruppentisch.

Das beschriebene Vorgehen trägt gleich mehrere typische individualpsychologische Merkmale pädagogischen Vorgehens. Zum einen wurde eine *positive Erwartungshaltung* gegenüber dem »schwierigen« Schüler zum Ausdruck gebracht und dadurch indirekt auch bei ihm selbst ermöglicht und hervorgerufen. Zum anderen wurde der Aspekt des festen, gleich bleibenden Handelns umgesetzt, in diesem Fall sogar unter gänzlichem Verzicht auf Worte. Und drittens ist der Aspekt der Einbeziehung der Mitschüler ganz im Sinne der Individualpsychologie.

Die *Erkenntnis*, dass man stärker *in der Lage ist, sich selbst zu steuern*, als man es im Allgemeinen annimmt, hat oft schon eine positive Wirkung.

Ich hatte einmal eine »schwierige« Schülerin in der sechsten Klasse, die ich zwar mit viel Geduld für die Mitarbeit hatte gewinnen können, die aber dennoch häufig wieder in ihr negatives Verhalten zurückfiel. Mal verhielt sie sich innerhalb der Klasse wie ein »Engel« und war für uns Lehrer eine starke Unterstützung. Doch schon eine Stunde später schien es manchmal so, als wäre sie »vom Teufel geritten«. Ich sprach mit ihr darüber in einem Einzelgespräch. Sie platzte sofort mit der Bemerkung heraus: »Ich bin aber so, ich kann nichts dagegen tun!« Daraufhin sagte ich ihr ganz sachlich, dass wir Menschen uns immer weiter veränderten und dass es an uns selbst liege, wie wir uns entwickelten. Diese Möglichkeit schien die Schülerin zu faszinieren, und sie schien zu merken, dass ich ihr die Einflussnahme auf ihr eigenes Verhalten *zutraute*. In den folgenden Wochen klappte es zwar noch nicht immer, aber tendenziell konnte man erkennen, dass sich das Verhalten der Schülerin allmählich in der Mitte einpendelte. Sie hatte begonnen, sich *selbst an die Hand zu nehmen*. Die Übernahme von *Eigenverantwortung* ist ein wichtiges Ziel in individualpsychologischen Beratungen und Therapien.

Als ich meine erwähnte Vorbereitungsklasse (VK) übernahm, befand sich darin bereits der Schüler Ibrahim, vom Alter her ein Viertklässler. Er war schon ein halbes Jahr zuvor aus dem Ausland gekommen und sprach bisher nur sehr wenig Deutsch. Die Lehrerin, die die Vorbereitungsklasse vor mir geführt hatte, berichtete mir, der Junge habe in den ersten Monaten wie »unter Schock« gewirkt. Es erschien glaubhaft, dass der Landes- und Kulturwechsel zu viel für das Kind gewesen sei, insofern wunderte sich zunächst niemand über seinen geringen Sprachzuwachs. Wir Lehrkräfte gaben ihm Zeit, um noch mehr »anzukommen«, wie wir es gern ausdrücken. Die Eltern von Ibrahim sprachen ebenfalls nur wenig Deutsch, deshalb versprach ich mir nicht viel von einem Beratungsgespräch. Doch nach einem weiteren halben Jahr unter meiner Klassenführung kam mir die Angelegenheit seltsam vor. Immerhin überholte jedes neu hinzukommende Kind diesen Schüler schon nach wenigen Wochen, was seine

Sprachkompetenz betraf. Noch immer warf er uns nur »Wortbrocken« hin, wenn er sprach, und verknüpfte die Wörter nur selten zu ersten Sätzen. Besonders auffällig fand ich, dass er uns Lehrer mit einem glasigen Blick oder sogar angstgeweiteten Augen ansah, wenn wir ihn ansprachen, obwohl wir nur einfache Aussagen wählten, die er schon zigmal gehört hatte (»Nimm bitte dein Heft heraus«, »Bitte abschreiben«, »Lies das vor«, »Wo ist dein …?«). Ibrahim konnte dann minutenlang schweigen und dabei in andere Richtungen schauen, während man auf seine Antwort wartete. Es liegt auf der Hand, dass es bald für jeden Lehrer zur »Geduldsprobe« wurde, diesen Schüler anzusprechen. Während man es sonst mit »schwierigen« Schülern zu tun gehabt hatte, die aufgrund ihrer erhöhten Aktivität störten, war Ibrahim nun das komplette Gegenteil – seine hohe Passivität kostete jeden Pädagogen enorme Kraft. Im Unterricht bewältigte Ibrahim nur einfachste Aufgaben, bei denen er nicht selbst nachdenken brauchte (wie z.B. Abschreiben). Man kann sich vorstellen, wie schwierig es war, ihn in Mathematik zu unterrichten. Sobald Ibrahim selbst nachdenken musste, wirkte er wie blockiert und starrte uns Lehrer entgeistert oder hilfesuchend an. Sein Blick hatte sogar etwas Flehendes. So reagierte er auch bei Mitschülern, sodass er bestenfalls akzeptiert, aber nicht ernst genommen wurde. Mitunter kam es zu grotesken Situationen, z.B. dass drei Schüler gleichzeitig versuchten, ihm in seiner Muttersprache etwas zu erklären, während Ibrahim auch diese Schüler nur verwirrt anstarrte. Der Junge lebte auf diese Weise so abgeschirmt wie unter einer Glocke. Anforderungen wurden schließlich möglichst nicht mehr an ihn herangetragen, sodass er wie unter Schonung lebte. Bei uns Lehrern schlich sich bald der Eindruck ein: »Es hat alles keinen Zweck.«

Nachdem unsere Beratungslehrerin Ibrahim getestet hatte, wurde allerdings deutlich, dass seine Intelligenz grundsätzlich normal entwickelt war und man von seelischen Problemen ausgehen musste. Doch wie ließ sich etwas herausfinden, wenn die Eltern kaum Deutsch sprachen und keine Möglichkeit bestand, frühere Lehrer oder Kinderärzte zu befragen, geschweige denn den Schüler selbst? Als die Zeugniskonferenz zu dem Schluss kam, dass ein Förderschul-Test gemacht werden müsse, wollte ich es auf einen neuen Versuch ankommen lassen. Ich vertiefte mich in Fachbücher der Individualpsychologie und beschloss, nun rein *hypothetisch* vorzugehen: Selbst wenn ich keinen konkreten Hinweis dafür hatte, ging ich von jetzt an einfach davon aus, dass Ibrahim sehr viel mehr von unserer deutschen Sprache verstand und intelligent genug war – jedoch das unbewusste *Ziel* verfolgte, *in Ruhe gelassen zu werden und Anforderungen zu vermeiden* (in der Individualpsychologie als Nahziel 4 bezeichnet). Denn das war inzwischen das Resultat seines Verhaltens: Jeder ließ ihn weitgehend in Ruhe, und er brauchte keine höheren Leistungen mehr zu erbringen. Natürlich bezahlte Ibrahim dafür einen extrem hohen Preis: Er lebte innerhalb der ihn umgebenden Gemeinschaft wie isoliert und konnte zukünftig – so schien es jedenfalls – nur noch in einer Förderschule beschult werden.

Zufällig fiel mein Entschluss, hypothetisch davon auszugehen, dass der »Fall Ibrahim« anders betrachtet werden müsse, mit dem Zeitpunkt der Elternsprechtage zusammen. Um das Gespräch mit seinen Eltern vorzubereiten, sprach ich ein paar Tage vorher mit Ibrahim allein – sofern man unsere Kommunikation als »Gespräch« bezeichnen konnte. Doch schon dieser Verlauf gestaltete sich besser als alle vorherigen Versuche. Ich vermute, dass der Grund darin lag, dass ich mit Entschlossenheit *davon ausgegangen war,* dass Ibrahim lediglich unbewusste Ziele verfolgte und mich in Wirklichkeit einigermaßen gut verstand. Vermutlich hatte er meine veränderte Sichtweise und meine Entschlossenheit *gespürt*. Ich benutzte zwar in den ersten Minuten unseres Gesprächs noch eine Plüschente, in die man mit der Hand hineinschlüpfen konnte und mit der die Beratungslehrerin Ibrahim zum Sprechen angeregt hatte. Dieser Weg sollte uns aber nur zum Warmwerden verhelfen. Nach wenigen Minuten legte ich die Plüschente auf den Tisch und sah Ibrahim fest ins Gesicht, während ich sagte: »Ibrahim, was ich eben mit der Ente gesagt habe, ist wirklich wichtig. Es kann sein, dass du auf eine andere Schule gehen musst, weil du so langsam Deutsch lernst. Wenn ich dich eben richtig verstanden habe, möchtest du aber lieber hier weiter zur Schule gehen, oder?« Ibrahim ließ sich zwar kaum Gefühle anmerken, »verschwand« aber nicht mehr hinter seinem glasigen Blick, was bisher eher selten vorgekommen war. Das betrachtete ich als ersten Fortschritt, nachdem ich ihn nun konsequent ernst genommen hatte. Er brauchte auch noch nicht den gesamten Inhalt unseres Gesprächs zu verstehen; wichtiger war, dass er die Dringlichkeit unseres Gesprächs erfasste. Ibrahim versuchte immerhin auch, mir mit wenigen Worten zu antworten.

Am bald folgenden Elternsprechtag hatte ich das Glück, dass Ibrahim seinen Vater an diesem Tag begleitete, sodass wir zu dritt sprechen konnten. Schnell zeigte sich, dass der Vater sich der seelischen Probleme seines Sohnes bereits bewusst war. Nachdem ich dem Vater den wenig entwickelten Sprachstand von Ibrahim beschrieben hatte, fragte ich, ob Ibrahim in seiner Heimat auch sprachliche Probleme gehabt habe. Der Vater bestätigte dies und sagte, Ibrahim habe grundsätzlich immer sehr wenig mit anderen Menschen gesprochen. Er habe außerdem kaum mit anderen Kindern gespielt, auch in der Schule nicht. Nach einer Weile sagte ich zu beiden gewandt, dass es mir vorkomme, als stehe das Gefühl »Angst« im Vordergrund (ich schrieb das Wort zum besseren Verständnis zugleich an die Tafel). Ibrahim schien mit großer Aufmerksamkeit zuzuhören, denn er folgte uns mit einem konzentrierten Blick, zeigte allerdings keine Gefühlsreaktionen. Sein Vater dagegen begann sofort zu erzählen, dass seine Frau mit Ibrahim sechs Jahre in der Heimat allein gelebt habe, weil er selbst hier in Deutschland das Geld für die Familie verdient habe. Ich sagte, dass mir Ibrahims Mutter auch verängstigt vorgekommen sei, wenn ich sie morgens gesehen hätte. Der Vater erklärte (im Rahmen seiner sprachlichen Möglichkeiten), dass die *Angst* ein *Grundgefühl innerhalb der Familie* gewesen sei und die Mutter oft ängstlich auf Ibrahim eingewirkt habe, denn außerhalb des Hauses sei die Kleinstadt recht gefährlich gewesen (so jedenfalls betrachtete es der Vater). So weit zum Hintergrund des Entstehens der Angst. Wesentlicher erschien mir die Erkenntnis, dass Ibrahim sich das »Angsthaben« zur Lebensform gemacht hatte, dass er dadurch jahrelang »in Watte gepackt« worden war und sich nun auf dem besten Wege befand, durch seine Selbstisolation zum Förderschulkind zu werden. Immerhin sah er mich auch in diesem Gespräch aufgeweckter an als sonst. Das ermutigte mich, weiterhin von seinen vorhandenen Potenzialen auszugehen. Ich unternahm den nächsten Schritt, Ibrahim aus seinem Teufelskreis herauszuholen, indem ich in Anwesenheit des Vaters mit ihm einen Dialog begann:

»Ibrahim, wir verstehen, warum du lange Zeit Angst hattest.«
(Zurückhaltendes Nicken)
»Es gibt jetzt aber ein Problem.«
(Der Vater übersetzte für Ibrahim das Wort »Problem«.)
»Du musst lernen, weniger Angst zu haben, weil du sonst zu wenig lernst. Wir glauben auch, dass du jetzt schon nicht mehr so viel Angst hast, stimmt's?«
(Ich schaute ihn mit ermunterndem Lächeln an.)
»Die Angst brauchst du jetzt eigentlich gar nicht mehr ...«
(Ich machte eine wegwerfende Handbewegung, um mit Ibrahim zusammen die Angelegenheit humorvoll zu betrachten. Daraufhin lächelte er.)

Natürlich werde ich nie erfahren, wie viel Ibrahim von unseren beiden Gesprächen tatsächlich verstanden hatte. Ich ging aber weiterhin davon aus, dass er wesentlich mehr verstehen konnte, als wir alle bisher angenommen hatten. Meine *positive Erwartung* wurde in den folgenden Wochen allmählich immer mehr bestätigt, wenn auch mit langsamen Erfolgen. Am wesentlichsten erschien mir, dass Ibrahim anfing, eine andere Haltung zu seiner Umwelt einzunehmen. Er verhielt sich weniger hilflos, gab seinen glasigen Blick auf, traute sich mehr zu und probierte an allen möglichen Stellen, mitzumachen. Sein Interesse, ein *aktiver* Teil der Gemeinschaft zu sein, war erwacht. Das könnte dadurch begünstigt worden sein, dass die Lernatmosphäre in der Klasse zu diesem Zeitpunkt ausgesprochen positiv war. Bei allen in der Klasse unterrichtenden Lehrern fand ein abwechslungsreicher Unterricht statt, die Schüler machten deutliche Lernfortschritte, und – nicht unwesentlich – es wurde viel gelacht. Ein Kind, das noch nicht völlig in die innere Isolation »entschwunden« ist, verspürt in einem solchen Umfeld das natürliche Bedürfnis, an den vielen positiven Erlebnissen teilzuhaben. Wie jetzt auch Ibrahim.

Mich persönlich macht es trotzdem immer betroffen, mitzuerleben, wie ein Kind, das sich für einen konstruktiveren Lebensstil entschieden hat, trotzdem noch lange Zeit im Rückstand bleibt. Denn die vorherigen Defizite kann es durch seinen neu gewonnenen Lebensmut nicht in kurzer Zeit ausgleichen. So war es auch bei Ibrahim. Noch oft konnte er im Unterricht nicht angemessen mitarbeiten, weil er eigentlich erst einmal auf wesentlich niedrigerem Aufgabenniveau hätte lernen müssen, überhaupt eigene Arbeitsschritte zu unternehmen. Schließlich hatte er das in seiner bisherigen Grundschulzeit nie getan, weil er in die *Vermeidung* geflüchtet war. Wie sollte er so plötzlich Dritt- oder Viertklässleraufgaben bewältigen? Andererseits hätte er aufgrund seines fortgeschrittenen Alters in einer ersten oder zweiten Klasse völlig deplatziert gewirkt. Natürlich nutzten wir Lehrer Möglichkeiten der Binnendifferenzierung, aber auf diese Weise arbeitete er nicht wirklich an den gleichen Aufgaben wie die anderen Mitschüler – und inzwischen wollte er so gerne dazugehören! Es blieb also für uns Lehrer ein Drahtseilakt, Ibrahim zu unterrichten. Wir traten ihm gegenüber jetzt *fordernder* auf (um ihn nicht mehr zu schonen, sondern ihm etwas zuzutrauen), mussten aber rechtzeitig einschätzen können, ab welchem Punkt er *überfordert* war, damit er nicht wieder mutlos wurde.

Ähnlich verhielt es sich mit unserer pädagogischen Aufgabe, ihn innerhalb der Klassengemeinschaft angemessen wahrzunehmen. Besonders zu Beginn seiner Veränderungen freute ich mich über jedes Arbeitsergebnis und jede Meldung von ihm und war geneigt, ihn noch vor den anderen Schülern als Ersten dranzunehmen oder seine Leistungen in besonderem Maße wertzuschätzen. Andererseits hatte Ibrahim sich durch sein früheres Verhalten auch eine *Sonderstellung* geschaffen, und davon musste er nun *entwöhnt* werden. Das bedeutete, seine Leistungen so oft wie möglich zu würdigen, ihn aber auch nicht mehr als die anderen Schüler zu beachten. Im Sinne individualpsychologischer Erziehung sollte er also keinesfalls verwöhnt werden. Wie gesagt, ein Drahtseilakt. Dann trat eine zusätzliche Entwicklung ein: Ibrahim hatte zwar aufgehört, die Rolle des »Gar-nichts-Verstehenden« einzunehmen und passiv zu bleiben. Stattdessen erhöhte er aber nun seine Versuche, uns Lehrer überaus fordernd in seinen Dienst zu stellen! Durch diesen direkteren Stil zeigte sich jetzt unvermittelter, was Ibrahim so viele Jahre durch Passivität erzwingen wollte: nämlich die uneingeschränkte Unterstützung der Erwachsenen seines Umfelds. Ibrahim hatte sich über die Jahre extrem »mutterfixiert« entwickelt. Ich erlebte mit ihm also eine typische Übertragungssituation. Es kam mir fast wie Zynismus vor: Anfangs hatte Ibrahim uns Lehrern immer nur einen »Wortbrocken« hingeworfen, wenn wir ihn ansprachen; inzwischen meldete er sich, und wenn ich mich ihm zuwandte, warf er mir nun großzügig (!) zwei »Wortbrocken« zu, sah mich dann aber fordernd an.

In den ersten Tagen glaubte ich, ihm fiele wirklich nur ein entscheidendes Wort noch nicht ein, und machte ihm Vorschläge, wie er daraus einen Satz bilden konnte. Dann merkte ich allerdings, dass er mir grundsätzlich nur Halbfertiges, nicht selten sogar Unbrauchbares nannte ... denn ich sollte mir an seiner Stelle einen Satz ausdenken! Sein neues (unbewusstes) Konzept erkannte ich noch besser, als ich irgendwann mein Bauchgefühl befragte, welche Botschaft ich aus all seinem Tun heraushörte. Es war für mich die Aufforderung: »Tu du es für mich!« Das machte mich ärgerlich. In den nächsten Stunden merkte ich, dass ich zunehmend gereizter auf Ibrahim reagierte und es vermied, mich länger auf ihn einzulassen. Er war unglaublich hartnäckig und geschickt darin, selbst nichts zu tun. Als ich ihm immer energischer sagte, dass er die Aufgabe allein machen müsse, erlebte ich auch noch ein plötzliches Gekränktsein seinerseits. Ein paar Minuten später, als ich ihm anbot, wie die anderen Schüler sein Frühstück zu essen, schüttelte er mit einem hämischen Lächeln den Kopf. Seine nonverbale Botschaft wirkte nun auf mich wie: »Jetzt kannst du mich auch mal!«

Doch einen Eindruck möchte ich gleich richtigstellen: Selbst wenn es nach den letzten Beschreibungen den Anschein erweckt – Rückschritte machte Ibrahim nicht. In der Individualpsychologie wird es als Fortschritt angesehen, wenn ein Mensch, der sich schon lange Zeit auf passive Weise in die Selbstisolation begeben hat, als nächste Stufe Formen von Überlegenheitsstreben oder Formen von Racheverhalten ausagiert. Denn die *passive Selbstisolation,* die nicht selten eine letzte Stufe auf dem Weg zur Psychose ist, zeigt einen besonders *schweren Grad von Entmutigung* an. Dagegen sind aktive oder wie in diesem Fall halb aktive Verhaltensweisen schon Versuche, sich in der Gemeinschaft wieder behaupten zu wollen. Dieser Schüler war noch recht weit davon entfernt, sich kooperativ zu verhalten, aber er hatte die richtige Richtung eingeschlagen. Außerdem muss man bedenken, dass aufgrund seiner enormen Sprachdefizite zu diesem Zeitpunkt kein effektives aufdeckendes Beratungsgespräch geführt werden konnte (in dem Ibrahim beispielsweise hätte verdeutlicht werden können, wie stark er danach strebt, andere in seinen Dienst zu stellen, und was ihm dies für einen vermeintlichen Nutzen bringt). Das hätte seine positive Entwicklung mit Sicherheit beschleunigt. Doch immerhin konnte ich Ibrahim durch mein eigenes Verhalten, das ich ihm entgegensetzte, klarmachen, dass ich mich nicht auf die Rolle einließ, nur für ihn da zu sein.

In den folgenden Monaten wirkte der immerhin schon elfjährige Ibrahim wie ein Kleinkind, das – noch ziemlich unbeholfen – erste Erfahrungen damit machte, an einer Gemeinschaft teilzunehmen und mit Gleichaltrigen zu spielen. Das ist nicht verwunderlich, denn seine *Persönlichkeitsentwicklung* befand sich tatsächlich auf dieser Stufe. Vorübergehend passierten Ibrahim z. B. noch etwas überspannte Reaktionen beim Fußballspielen mit anderen Jungs: Sobald seine Mannschaft ein Tor geschossen hatte, »grölte« er nun lauter als alle anderen Mitspieler. Manchmal wirkte er etwas tollpatschig, manchmal war sein Verhalten übertrieben; doch insgesamt durchlief er diese nachgeholte Eingliederung in beschleunigtem Tempo, sodass sein auffälliges Verhalten bald normaler wurde.

Ich habe nicht nur bei Ibrahim beobachtet, dass Menschen, die zum ersten Mal den Ausweg aus ihrem Teufelskreis entdeckt haben, sehr viel *neuen Lebensmut* entwickeln – so viel, dass sie offenbar auch aus einem neuen *Vorrat an Frustrationstoleranz* schöpfen. Um wieder an die primären Überlegungen anzuknüpfen: Es bleibt ein wesentlicher Aspekt, ob wir an die positivere Entwicklung eines Kindes glauben. Denn unsere *Erwartungen* beeinflussen in hohem Maße die Entwicklung.

In diesem Zusammenhang sind sogenannte Intelligenztests eher kritisch zu sehen. Individualpsychologen haben oft genug die Erfahrung gemacht, dass Kinder, die zurückgeblieben wirken (und dies auch als ein ihnen nicht bewusstes Ziel verfolgen), sich bei Intelligenztests so anstellen, als wären sie tatsächlich zurückgeblieben. Schon häufig konnten Psychologen später den Nachweis erbringen, dass die angeblich zurückgebliebenen Kinder mindestens normal, ja mitunter sogar besonders intelligent waren.

Es entspricht einem gängigen Eindruck in unserer Gesellschaft, dass Erwachsene sich in der Regel bemühen, einem hilflosen Kind aus seiner Hilflosigkeit herauszuhelfen. Doch »oft ist es nicht ein Lehrer, der ein Kind beeinflusst, sondern das Kind übernimmt die Führung, indem es den Lehrer von seiner Unfähigkeit überzeugt« (Dreikurs 2003, S. 77). Der jeweilige Schüler bringt also seinen Lehrer so weit, dass Letzterer in sein Konzept passt, nicht umgekehrt.

Einige Wochen später wurde meine positive Erwartungshaltung in Bezug auf Ibrahims Entwicklung arg auf die Probe gestellt: Nach den zweiwöchigen Frühjahrsferien verhielt er sich fast so, als hätten die zuletzt beschriebenen Veränderungen nie stattgefunden! Doch nun war der Zeitpunkt gekommen, dass Ibrahim dahingehend getestet werden sollte, ob er besser in einer Förderschule aufgehoben sei. Ich informierte die Eltern über diesen anstehenden Schritt und erlebte, dass sie sich große Sorgen machten. Positiv war jedoch, dass die Sorge auch bei Ibrahim eine spürbare Nervosität hinterließ, sodass er offen für weitere Gespräche war. Ich nahm den Förderschul-Test als Anlass, um trotz der Sprachbarrieren noch einmal ein Beratungsgespräch mit ihm zu führen. Diesmal ging ich einen Schritt weiter: Ich sprach seine möglichen unbewussten Motive an, führte also ein aufdeckendes Beratungsgespräch:

»Ibrahim, haben deine Eltern schon mit dir darüber gesprochen, dass du vielleicht in eine Förderschule kommen musst?«
»Ja.«
»Willst du wissen, was ich denke?«
»Hm.« (Mit Nicken)
»Ich glaube, dass du eigentlich viele Jahre klug warst.«
(Er schaute mich neugierig an.)
»Ja, ich glaube, dass es klug von dir war, nicht so viel zu lernen ... (Pause) Denn ... weil du nichts gelernt hast, ist doch immer Mama zu dir gekommen?«
»Ja.«
»Immer und immer wieder ... Und auch Papa und dann noch die Lehrer?«
»Ja.«
(Sein Gesicht hellte sich ein wenig auf.)
»Dann war das doch klug. Weil es schön ist, wenn alle immer kommen und helfen. Und du musstest gar nichts machen, oder?«
(Ibrahim schaute leicht irritiert, aber weiterhin neugierig.)
»Aber, weißt du, ich glaube, dass es jetzt nicht mehr klug ist, so weiterzumachen. Jetzt ist es wahrscheinlich sogar ganz dumm. Deshalb spreche ich mit dir. Jetzt kannst du vielleicht nicht mehr weiter in unsere Schule gehen. Und deine Mama und die anderen Menschen wollen nicht mehr so viel zu dir kommen müssen.«
(Pause)
»Ich glaube aber, dass du so klug bist, es jetzt anders zu machen ...«
(zustimmendes Nicken, aber abgewandter Blick)

Nach diesem Gespräch konnte ich wieder nur vermuten, wie gut er mich trotz seiner Sprachdefizite verstanden hatte. Offenbar recht gut, denn in den nächsten Tagen erlebten wir Ibrahim noch ausgewechselter als vorher. Im Unterricht meldete er sich wie verrückt, verfolgte mit hoher Konzentration alle Erklärungen und äußerte sich nicht mehr nur mit »Wortbrocken«, sondern regelmäßig mit Sätzen und deutlich mehr Begriffen, die vorher nur zu seinem Hörverstehen gehört hatten. Einige Schüler der Klasse riefen zuerst sogar ganz verblüfft: »Ibrahim hat eben einen ganzen Satz gesagt!«

Besonders überraschend fand ich Ibrahims Verhalten beim Schreiben eigener Texte. Er verhielt sich plötzlich nicht nur viel leistungsbereiter, sondern versuchte nicht mehr, meine Hilfe zu erzwingen. Ich erinnere mich noch, wie Ibrahim mich einmal erneut beim ersten Satz um Hilfe bat. Da ich noch in Erinnerung hatte, wie es vorher abgelaufen war, kam ich nur zögernd zu ihm. Doch diesmal hatte er schon mehrere Wörter überlegt, und er brauchte wirklich nur noch eine Anregung für ein weiteres Wort, das ihm noch nicht geläufig war. Als ich ihm anschließend signalisierte, dass ich ihm zutraute, allein weiterzuarbeiten, schrieb er tatsächlich noch mehrere Sätze dazu, ohne mich erneut um Hilfe zu bitten. Dann passierte etwas Ungewöhnliches. Die Stunde war zu Ende, und ich kündigte an, dass die Schüler nach der großen Pause ihre fertigen Texte vorlesen konnten. Da schrieb Ibrahim plötzlich immer weiter, wie im Rausch. Ich zögerte das Abschließen des Raumes noch ein wenig hinaus, denn das war es in meinen Augen wert. Nach der Pause stand ein mächtig stolzer Ibrahim vor der Klasse, der etwa zehnmal so viel vorlas wie sonst! Der Text war zwar nicht an allen Stellen zu verstehen, aber darauf kam es nicht an. Jetzt hatte er endlich eine für ihn gesunde Haltung zum Lernen eingenommen; die entsprechenden Fähigkeiten würden mit der Zeit »nachwachsen«.

18. Abschied vom Perfektionismus

Die Individualpsychologie liefert uns Lehrern hilfreiche Einstellungen für die Unterrichtspraxis, Einstellungen, die zu einer entspannteren und besseren Arbeit führen. Sie sollen im Folgenden vorgestellt werden.

Gewiss hat es jeder irgendwann schon einmal erlebt: Wenn man aufgrund eines Problems angespannt ist, löst es sich weniger gut – vor allem, wenn man auch noch perfektionistischen Vorstellungen folgt. Sobald wir aber anfangen, über ein Problem zu schmunzeln oder sogar zu lachen, *löst* sich vieles bereits. Insofern möchte ich *Humor* als ein besonders geeignetes Mittel bezeichnen, um sich von Perfektionismus zu lösen und um bessere Resultate zu erzielen (freilich sollte man Humor auch nicht allzu sehr anstreben, andernfalls findet man sich prompt erneut in einer Variante des Perfektionismus wieder). Auch unter Individualpsychologen wird das Thema Humor großgeschrieben. Nicht nur in Beratungen, auch in Therapien unterstützt eine humorvolle Einstellung den therapeutischen Prozess und die Gesundung des Patienten. Davon abgesehen, werden Beratungen und Therapien positiver und entspannter erlebt, wenn sie in einer durch Humor geprägten Grundstimmung vonstatten gehen.

Auch die (mitunter angespannte) Stimmung zwischen Lehrern und Schülern wird mit Humor sofort entspannter, heiterer. Humor ermöglicht uns, zeitweise aus unserer Rolle herauszutreten, bildlich gesehen mal »neben uns« zu stehen. Wir gestatten uns, Dinge auszusprechen oder zu tun, die wir im Ernst nicht so leicht sagen oder tun würden. Insofern erschließen wir uns durch Humor einen gewissen Freiraum.

Das kann z. B. darauf hinauslaufen, dass wir uns als Lehrer mit humorvoller Distanz wahrnehmen (und darstellen). Dann sprechen wir vielleicht in der dritten Person über uns: »Und was macht Frau Schöneich in so einem Augenblick? Kommt sofort angedackelt …«, oder: »Wie findet Frau Schöneich denn das?«

Ich hatte einmal in einer Klasse unterrichtet, in der sich die Schüler auffallend oft miteinander stritten. Natürlich versuchten sie auch, mich als Lehrerin in die Konflikte mit hineinzuziehen (mit dem Ziel, dass ich Partei ergreifen oder den Streit schlichten solle). Mit diesem Ziel blieben meine Schüler allerdings erfolglos, denn ich wollte mich nicht von dem wichtigen individualpsychologischen Grundsatz abbringen lassen, der lautet: »Sich nicht in einen Streit verwickeln lassen« (Dreikurs/Soltz 1971, S. 204). Ich tat meinen Schülern also nicht den Gefallen, sondern hielt mich aus den Streitereien heraus. Das trug zunächst nicht genügend dazu bei, dass die Streitereien weniger wurden. Da versuchte ich es mit Humor. Ich schlug meinen Schülern Themen vor, über die sie sich auch einmal streiten konnten. Dadurch wurde meinen Schülern allmählich bewusst, wie unwichtig die Anlässe ihrer Streitereien waren:

»Wie wäre es, wenn ihr euch jetzt mal darüber streitet, dass der Tisch braun ist?«
»Streitet euch doch mal darüber, dass es regnet!«
»Warum streitet ihr euch nicht darüber, dass wir in der Klasse zwölf Jungen und elf Mädchen haben?«
Jedes Mal kicherten die Kinder belustigt, und mit der Zeit kamen die Streitereien weniger oft vor.

Einen (nicht von mir) als hyperaktiv eingestuften Schüler, der noch nicht lange in meiner Klasse war, konnte ich innerhalb weniger Sekunden zur Ruhe bringen, als er in einem improvisierten darstellenden Spiel vor der Klasse eine »Ampel« spielen sollte. Es ging um Verkehrsunterricht, und ich wollte die Schüler »richtiges Verhalten« vor der Klasse vorführen lassen. Ich vertraute den Erkenntnissen der Individualpsychologie und ging davon aus, dass der hyperaktiv wirkende Schüler sein Verhalten würde steuern können, wenn es darauf ankam. Die Individualpsychologie behielt recht. Als er gerade viel zu überdreht auf der Stelle hüpfte, flüsterte ich ihm schmunzelnd zu: »Das geht nicht, dass du dabei hüpfst. Eine Ampel steht ganz still!« Dem Jungen gefiel diese Art von Humor, er lächelte mich an und stand augenblicklich fast absolut still da.

Ein anderes Mal konnte ich eine aufgebrachte vietnamesische Schülerin mit etwas Humor wieder beruhigen, nachdem sie auf dem Schulhof beleidigt worden war. Sie gehörte zu der Klasse, in der es häufiger vorkam, dass die Schüler ein starkes Interesse an Streitereien zeigten. Als das vietnamesische Mädchen nun empört vor der ganzen Klasse berichtete, was es auf dem Schulhof mit einem fremden Schüler erlebt hatte, war klar, was von mir erwartet wurde: Ich als Lehrerin sollte den Übeltäter demnächst zur Rede stellen oder gar bestrafen. Das Mädchen hatte (seiner Schilderung nach) erlebt, dass ein Schüler in der Pause ihm zugerufen hatte: »Dumme Chinesin!« Ich fragte noch einmal nach, ob der Schüler wirklich »Dumme Chinesin!« und nicht »Dumme Vietnamesin!« gerufen habe. Als mir das bestätigt wurde, antwortete ich: »Dann ist ja eigentlich dieser Junge dumm. Denn du bist doch gar keine Chinesin.« Meine Schülerin strahlte ganz erleichtert, lachte mit den anderen amüsiert über den neuen Sinn dieser Geschichte, und ihr Wunsch nach einer Strafmaßnahme hatte sich ganz nebenbei in Luft aufgelöst.

Wir Lehrer sind meistens viel Stress ausgesetzt. Mal drohen uns die Anforderungen über den Kopf zu wachsen, mal werden unsere Kompetenz oder unsere Arbeitsergebnisse infrage gestellt, mal werden wir persönlich angegriffen, ein anderes Mal genügen wir vielleicht unseren eigenen Ansprüchen nicht. Spätestens in solchen Momenten erkennen wir: Wir als Lehrer benötigen mindestens so viel Ermutigung wie unsere Schüler. Das kann nicht immer von Kollegen, Freunden oder Familienangehörigen geleistet werden. Am professionellsten ist es, sich *Supervision* geben zu lassen, um wieder neue Kraft zu schöpfen oder Probleme in den Griff zu bekommen (dazu mehr im letzten Kapitel). Wie schon der erwähnte Humor können uns außerdem *Einstellungen* präventiv vor Entmutigung schützen.

Die Individualpsychologie empfiehlt vor allem eine Einstellung, die als »*Mut zur Unvollkommenheit*« bezeichnet wird. Im heutigen Sprachgebrauch würden wir wohl eher vom »Mut, nicht perfekt sein zu wollen« sprechen. Doch lassen wir uns einmal auf die Gedankengänge der Individualpsychologin Sofie Lazarsfeld ein, festgehalten in einem Text der ersten Hälfte des vorigen Jahrhunderts. Der Originaltext wurde noch in alter Frakturschrift gesetzt, während sein Inhalt in meinen Augen zeitlos aktuell ist. Es handelt sich um Auszüge aus dem 1926 veröffentlichten Essay über den »Mut zur Unvollkommenheit«:

»Zur Unvollkommenheit? Wird man fragen, ja, dazu gehört doch kein Mut; unvollkommen zu sein, das verstehen wir alle ganz ausgezeichnet! Merkwürdigerweise ist das aber nicht der Fall …« (1926). Lazarsfeld ist der Ansicht, dass es eine Reihe von Menschen gibt (eigentlich meint sie die meisten), die sich nicht mit ihrer von Natur aus gegebenen Unvollkommenheit arrangieren können im Sinne einer positiv empfundenen Akzeptanz. Ein anderer positiver Ansatz könnte sicherlich auch darin liegen, infolge der gefühlten eigenen Unvollkommenheit unermüdlich an sich zu arbeiten. Doch für Lazarsfeld sieht dies alles in der Realität weniger positiv aus: Aus ihrer Sicht versuchen die Menschen meistens das, was ihnen zur Vollkommenheit fehlt, »durch Fiktion, durch Schein zu ersetzen …« (1926). Ihren Ausführungen nach würden manche Menschen auch eher in eine Krankheit flüchten als zuzugeben, dass sie sich bestimmten Anforderungen nicht gewachsen fühlen (Lazarsfeld 1926). »Der Kern des Problems ist also die Frage: Wie lernen wir es ertragen, als das zu leben und zu wirken, was wir sind? Wie lernen wir es, den Aufgaben des Lebens nach unseren besten Kräften und mit allem Mut gerecht zu werden und doch nicht eine unerreichbare Idealgestalt aus uns zu machen, an der gemessen uns unsere Unvollkommenheit dann niederdrücken muss?« (Lazarsfeld 1926). Weiterhin erklärt Lazarsfeld, dass eine Menge Lügen und Heucheleien eingesetzt werden, um etwas zu verdecken oder weil der Mensch sich nicht überwinden kann, Irrtümer einzugestehen. Besonders unerträglich erscheint wohl die Möglichkeit, von anderen auf eigene Irrtümer aufmerksam gemacht zu werden, denn entsprechend viel wird zu dessen Vermeidung getan. All diese Versteckspiele und Vermeidungen bleiben natürlich nicht ohne Auswirkungen auf das alltägliche Zusammenleben. Jedenfalls findet Lazarsfeld als Resultate etliche schlechte Gewohnheiten, die das Zusammenleben erschweren, und das alles nur aus Angst vor der Unvollkommenheit! Sie erwähnt in diesem Zusammenhang beispielsweise das auffallend laute und viele Sprechen, das mehrmalige Wiederholen von bereits Gesagtem oder die Angewohnheit, in witzelndem oder höhnischem Ton zu sprechen (Lazarsfeld 1926). All dies stellt Lazarsfeld als »Maskierungen« heraus, und zwar weil dem Menschen offenbar das, was er tatsächlich hervorbringt, nicht genügend wertvoll erscheint, sodass er glaubt, in irgendeiner Weise nachhelfen zu müssen. Alfred Adler hat darauf hingewiesen, dass übertriebene Tätigkeiten, wie wir sie inzwischen nahezu überall in Form von Aktionismus beobachten können, ihren Ursprung darin haben, dass dem Handelnden das Vertrauen in seine Fähigkeiten fehlt. Eigentlich müsste man – folgt man den Gedankengängen Lazarsfelds – auf diese Missstände immer wieder aufmerksam machen, weil nicht nur die Handelnden, sondern die gesamte Gemeinschaft für diese Art von Lebensführung einen hohen Preis zahlt: von gesundheitlichen bis hin zu ökologischen und sozialen Folgen. Dagegen ist es doch recht einfach, »nach bestem Ermessen zu handeln, ohne Rücksicht darauf, ob damit gerade Gipfelleistungen geschaffen werden« (Lazarsfeld 1926), und diesen Maßstab auch für seine Mitmenschen gelten zu lassen. Menschen, die aus Überzeugung individualpsychologisch denken und handeln, fällt es leichter, Fehler, Misserfolge oder Unzufriedenheit einzugestehen – und zwar ohne dadurch in seelische Not zu geraten. Dies fällt noch leichter, wenn Herausforderungen (sowohl berufliche, als auch private) weniger als Privatsache, sondern als Aufgaben der Gemeinschaft beziehungsweise des Teams betrachtet und in diesem Sinne gelöst werden. Eine solche Haltung befähigt den Menschen, sein Bestes zu geben, ohne an die eigene Leistung den Anspruch der Vollkommenheit zu erheben. Auf lange Sicht gelingt es dann auch, Gefühlsschwankungen (z. B. Schmerz, Begeisterung) und wechselnde Phasen (z. B. Gelingen und Fehlschläge) gelassener hinzunehmen. Nach Lazarsfeld sollte eine solche Haltung unser Ziel sein. Wir würden uns leichter damit abzufinden, nicht ausschließlich Glück und Erfolg erwarten zu können. Denn es genügt, täglich nach unserem besten Vermögen zu handeln, ohne Garantie aufs Gelingen. Andere Menschen können und sollten wir ebenso dazu ermutigen. Unsere Menschlichkeit beziehungsweise unser »Mut zur Unvollkommenheit« drückt sich also letzten Endes in dieser Haltung aus: Wir können *nach bestem Ermessen handeln, aus Fehlschlägen lernen und es immer wieder aufs Neue zu versuchen.*

Die Ausführungen Lazarsfelds verdeutlichen, dass Vertuschen und (Vor)täuschen nicht nur im moralisch-ethischen Sinne problematisch sind, sondern darüber hinaus relativ viel Energie erfordern. Gewinnt man aber den »Mut zur Unvollkommenheit«, lässt sich diese Energie als nunmehr überschüssige Energie für positive Vorhaben einsetzen. Ich möchte hinzufügen, dass Mut zur Unvollkommenheit weit mehr vermag, und zwar dass er unser gesamtes Handlungsspektrum erweitern kann. Indem wir uns den Spielraum gestatten, auch einmal zu scheitern, können wir (beruflich und im Alltag) mehr ausprobieren und kreativ werden. Erlauben wir uns also, in unserer Lehrertätigkeit mit Situationen zu spielen, herumzutollen, zu experimentieren und so viele Umwege zu machen, wie wir brauchen. Fallen wir dabei hin, rappeln wir uns eben wieder auf und setzen unsere Arbeit mit hinzugewonnenen Erfahrungen fort! Es gibt einen populären Satz des Individualpsychologen Theo Schoenaker, den ich hier nennen möchte: So, wie ich bin, bin ich gut genug.

Warum besteht in unserer Gesellschaft bloß die so weit verbreitete Ansicht, wir dürften uns keine Fehler leisten und genügten nicht so, wie wir (gerade) sind? Es stellt sich die Frage, wer den Hang zum Perfektionismus bei uns Menschen eigentlich auslöst? Wer erhebt diesen Anspruch auf Perfektion – sind wir es selbst oder wird uns dieser Anspruch von außen »aufgedrückt«? Oft lässt sich das nämlich kaum voneinander trennen beziehungsweise kaum zurückverfolgen. In der Tiefenpsychologie ist seit Langem bekannt, dass wir Menschen in unserer Kindheit Werte und Einstellungen durch unsere Eltern und andere Erwachsene vermittelt bekommen, dann aber internalisieren, also zu eigenen Einstellungen machen. Demnach dürfte unser Streben nach Perfektion individuell ausgeprägt sein. Doch wir stehen unter dem zusätzlichen Einfluss unserer gesellschaftlichen Entwicklung, insbesondere unter dem Einfluss des sich entwickelnden Klimas an unserer jeweiligen Schule. In der Tat kann man von Schule zu Schule verschiedene Einstellungen vorfinden, vor allem wenn es um das Begehen von Fehlern und um Perfektion geht.

In Leitbildern von Schulen ist oft die Rede von höheren Zielen wie beispielsweise, dass Schüler sich mit ihrer Individualität angenommen fühlen sollen. Häufig wird auch hervorgehoben, dass Schüler unabhängig von ihren Leistungen Wertschätzung erhalten sollen. Doch wie sollen solche Ziele umgesetzt werden, wenn sie nicht auch für die Lehrer dieser Schule gelten? Wertschätzung und Anerkennung – und das ohne Anspruch auf Perfektion – sollten auch für Lehrer selbstverständlich zu den Grundlagen gehören, die ihre eigene Tätigkeit (unter)stützen. Mit Sicherheit hätte das positive Rückwirkungen auf die Schüler, denn auch hier stehen alle miteinander arbeitenden Menschen in einem wechselseitigen Verhältnis zueinander.

Konflikte an Schulen können dagegen schwerer »beigelegt werden, wenn die Fragen des persönlichen Werts, des Prestiges und des Ansehens mit im Spiele sind. Freiheit aus solchen Bedrängnissen ist nur dem möglich, dem es gelingt, von sich selbst abzusehen und sich dem zuzuwenden, was die Situation erfordert« (Dreikurs 2003, S. 31). Ein Lehrer, der ohne auferlegte Zwänge und ohne seelischen Druck handeln kann, ist demnach viel besser in der Lage, sich auf die vor ihm liegenden Probleme zu konzentrieren. »Gelingt es ihm aber, sich zu dieser inneren Freiheit durchzuringen, so kann er sie auch seinen Schülern übermitteln und ihnen damit eine gesunde Lebensphilosophie auf den Weg geben« (Dreikurs 2003, S. 31).

Schulen sollen neuerdings weitgehend auch innovativ sein, und die Basis für Innovationen sind nun einmal kreative Menschen. Jene arbeiten und entwickeln sich am besten in einem Arbeitsklima, in dem genügend *Raum* gegeben wird – auch für das Begehen von Fehlern. Zwar gibt es Menschen, die sagen, sie gelangten unter (Zeit)druck zu den besten Lösungen. Das mag zunächst stimmen. Schaut man jedoch genauer hin, sind ihre Arbeitsbedingungen meist derart, dass längst nicht in allen Arbeitsphasen Perfektion erforderlich ist, auch nicht Zeitdruck. Kreativität entsteht überhaupt oft erst in verschiedenen Phasen, die aufeinander folgen und einander bedingen. Die »ideenlose Phase« kann z. B. bereits die Vorbereitung für die ideenreiche Phase darstellen, vergleichbar mit Ebbe und Flut. Ebenso ist es kein Wunder, dass uns manchmal in Phasen der Entspannung die besten Lösungen zufallen. Dazu schreibt Clarissa P. Estés:

> *»Wir lassen die Sache ruhen, und plötzlich, völlig unerwartet, kommt uns eine rettende Lösung in den Sinn. Bei genauerem Hinsehen bemerken wir, dass die Antwort oder Lösung uns in einem Moment der völligen Entspannung eingegeben wurde – eine wichtige Entdeckung!«* (Estés 1997, S. 123)

Die Einstellung »Mut zur Unvollkommenheit« findet im inneren *Loslassen* eine gewisse Entsprechung. Für die Gesundheit und die Entwicklung unserer Fähigkeiten sind auch in unserem Lehrerberuf hin und wieder Phasen notwendig, in denen wir loslassen und aufhören, zu streben. Dieses »Nichtstreben« beschreibt Linda Myoki Lehrhaupt in ihrem Buch über Tai-Chi und Qi-Gong:

> *»Die Stille, die wir in der Bewegung* (des Tai Chi, d. Verf.) *fanden, war unser eigenes Nicht-Streben. Solange wir uns antrieben, ein Ziel zu erreichen, waren wir angespannt und nur auf uns selbst konzentriert. Als wir uns in die Müdigkeit hinein entspannten, weil wir im Grunde keine andere Wahl hatten, fiel die ständige Beschäftigung mit unseren Zielen, unsere Eigeninteressen und allem, was das Gefühl für unsere individuelle Identität stärkte, einfach weg. Und damit erschloss sich uns ein tieferes Gefühl von Kraft, das uns durch die Übung trug«* (Myoki Lehrhaupt 2001, S. 142).

Zu Beginn dieses Buches schrieb ich, dass der typische Individualpsychologe vor allem eines ist: ein Optimist. Optimismus, der sich weniger auf eine bestimmte Erwartung bezieht, sondern einer *grundsätzlichen Zuversicht* entspricht, wirkt sich auch in der Lehrertätigkeit positiv aus. Es ist die Gewissheit, dass sich früher oder später Lösungen *ergeben* werden. Selbst wenn wir zu dem Zeitpunkt noch nicht einmal klar erkennen können, was genau das Problem ist. Diese Zuversicht stellt sich meist erst dann ein, wenn man schon einmal erlebt hat, wie man nach zahlreichen Versuchen, ein Problem zu lösen, aufgegeben hatte. Und wie die Lösung dann »wie von selbst« kam. Das hängt damit zusammen, dass wir erst durch *Aufgeben*, das eigentlich ein Loslassen ist, offen für neue Möglichkeiten und Veränderungen werden. Damit sind Möglichkeiten gemeint, die uns auf unerwartete Weise weiterhelfen oder das jeweilige Problem erheblich mildern. Im chinesischen Taoismus wird dies »Wu wei« genannt, was übersetzt »nicht handeln« bedeutet. Dies ist aber nicht wörtlich gemeint, sondern als Lebensführung zu verstehen, die einem *Mitgehen oder Mitfließen* mit den aktuellen Entwicklungen entspricht. Dabei ist man relativ wenig auf Lösungen fixiert, doch letzten Endes verhilft einem genau das zu guten Lösungen.

Als ich schon viele Jahre als Lehrerin unterrichtet hatte, bekam ich den Schüler Sharif in meine Klasse. Bei ihm hatte ich nach wenigen Tagen den traurigen Eindruck, dass er aufgrund der hinter ihm liegenden Jahre schon »zu kaputt« war. Er war zunächst im Ausland zur Schule gegangen und hatte noch Schwierigkeiten mit der deutschen Sprache. Doch das schien mir nicht das Problem zu sein; vielmehr hatte ich den Eindruck, dass er so schlechte Erfahrungen mit Erwachsenen gemacht hatte, dass er voll unterdrückter Hass- und Rachegefühle war. Er duckte sich in den ersten Wochen, wenn man sich seinem Platz näherte – ein fast untrügliches Zeichen für früher erfolgte körperliche Züchtigung. Obwohl Sharif gerade erst begonnen hatte, mich kennenzulernen, schlug mir ununterbrochen sein Misstrauen entgegen, ein deutliches Zeichen von Übertragung. Mit anderen Erwachsenen hatte er offenbar viel Negatives erlebt, nun ging er bereits selbstverständlich vom Negativen aus. Geradezu chronisch grinste er so unverfroren und heimtückisch, dass man lieber nicht wissen wollte, was er als Nächstes vorhatte. Denn seine Mitschüler hatten sehr häufig unter ihm zu leiden, und im Unterricht störte er regelmäßig. Kurz gesagt, dieser Schüler steckte voller Misstrauen und voller Gemeinheiten. Meine pädagogischen Versuche hatten bei ihm kaum Wirkung, und da ich in diesen Monaten gerade viele andere Sorgen hatte, beschloss ich, die Probleme mit diesem Jungen erst mal nicht an mich herankommen zu lassen. Mir fiel ohnehin keine erfolgreiche Maßnahme mehr ein. So ging ich meiner Arbeit wie immer nach und kümmerte mich dabei kaum um Sharif. Doch nach ein paar weiteren Wochen stellte ich fest, dass sich das Verhalten dieses Jungen zum Besseren verändert hatte, wenn auch zunächst minimal. Um realistisch zu bleiben, hatte ich vorsichtshalber sogar mit einer weiteren Verschlechterung gerechnet. Sharif hatte sich aber mit ein paar Schülern der Klasse oberflächlich angefreundet, störte auch mal in einigen Unterrichtsstunden gar nicht und machte inzwischen fast immer die Aufgaben mit. Außerdem beggenete er mir anders: Sein Blick war direkter geworden, die Körperhaltung entspannter, und er hatte inzwischen die meisten Verhaltensweisen übernommen, die zu einem geregelten Ablauf in der Schule beitragen (z. B. auf dem Platz sitzen bleiben oder melden). Von da an konnte ich sinnvoller und gezielter mit ihm arbeiten.

Im Nachhinein denke ich, dass es zwei Erklärungen für Sharifs positive Veränderung gibt, die ja ohne mein direktes Zutun geschehen war. Die eine Erklärung ist, dass ich aufgrund meiner verinnerlichten individualpsychologischen Ausbildung etwas Wesentliches automatisch gemacht hatte: all das *nicht* getan, was nur zu einer Verschlimmerung geführt hätte. Dies war aber für einen Schüler, der offenbar viel Negatives hinter sich hatte, wahrscheinlich so ungewohnt, dass er daran Gefallen gefunden haben muss. Ich bestrafte oder verurteilte ihn nicht (sondern sagte nur ruhig, dass sein Verhalten nicht in Ordnung war, wenn er wieder negativ aufgefallen war), ich schrie ihn nicht an, blieb selbst nach negativen Vorfällen gleichbleibend freundlich, nahm ihn nicht weniger oft dran, wenn er sich meldete, und würdigte gute Ergebnisse. All das kostete mich keine besonderen Kraftanstrengungen, aber für diesen Jungen dürfte der Unterschied zu seinen früheren Erfahrungen recht groß gewesen sein. Das wurde mir allerdings erst im Nachhinein klar.

Ich fand noch eine zweite hypothetische Erklärung für seine positive Veränderung. Da ich angesichts der »Kaputtheit« (dies war in der Tat meine anfängliche Wahrnehmung gewesen) zunächst nicht mehr mit Positivem bei diesem Schüler rechnete, tat ich das, was man oberflächlich als schlichtes Resignieren bezeichnen könnte. Allerdings unterschied sich meine seelische Verfassung von echter Resignation in einem entscheidenden Punkt: Ich hatte zu diesem Zeitpunkt schon mehrere »schwierige« Schüler auf einen besseren Weg lenken können und *gestattete es mir, mal erfolglos sein zu dürfen*. So konnte ich entspannt weitermachen und ganz und gar *loslassen*. Ich hatte in dieser Sache sozusagen »keine Aktien drin«. Erst im Rückblick wurde mir bewusst, dass ich einen der Grundsätze der Individualpsychologie umgesetzt hatte: Mut zur Unvollkommenheit. *Wir müssen nicht immer gut sein, wir sind auch nicht immer gut. Wir können nicht alles können, wir können auch nicht alles. Wir machen nun mal Fehler, wir müssen Fehler machen!* Das Wunderbare an dieser Einstellung ist, dass wir besser werden, je mehr wir uns zugestehen, nicht vollkommen sein zu müssen. Es ist, wie ich bereits ausführte: Wir sind dann entspannter, und im entspannten Zustand fallen uns bessere Lösungen zu.

Ich bin mir mittlerweile ziemlich sicher, dass der »schwierige« Schüler Sharif mein Loslassen gespürt hat. Ein Kind, das bereits x-mal erlebt hat, wie Erwachsene mit Wut und Resignation auf ihn reagierten, merkt, wenn dagegen jemand relativ entspannt bleibt und seine Aufmerksamkeit auf anderes richtet als auf seine »Untaten«. Und was wir eigentlich immer tun können, ist, in kleinen Schritten und mit kleinen Erfolgen einfach weiterzuarbeiten.

Arthur G. Nikelly und Don Dinkmeyer (1978, S. 117) sind der Ansicht, dass »Ermutigung (…) dazu (anspornt), das, was sich nicht ändern lässt, zu verstehen und zu akzeptieren, während sie (…) gleichzeitig dazu auffordert, an dem zu arbeiten, was einer Verbesserung zugänglich ist«. Ein Mensch »kann zwar nicht vollkommen werden, aber er kann seine Ziele anpassen und eine weniger unvollkommene Person werden« (Nikelly/Dinkmeyer 1978, S. 117). Diese Aussagen lassen sich jederzeit und überall sofort im Schulalltag umsetzen. Warum nicht mal die Maßstäbe herunterschrauben, statt sie immer höher zu setzen? Dann macht es auch wieder Freude, gemeinsam an realistischen Zielen und Aufgaben zu arbeiten. Der Verzicht auf Vollkommenheit und die Zuversicht, dass sich Probleme gemeinsam lösen lassen, können Lehrern und Schülern zu mehr Lebensqualität verhelfen.

Nimm es leicht! Was für eine schöne Aufforderung das doch ist. Die Individualpsychologen Dreikurs und Soltz (1971, S. 268) raten, mit dieser Einstellung unseren erzieherischen Aufgaben nachzugehen. In ihrem Buch »Kinder fordern uns heraus« heißt daher eine Kapitelüberschrift: »Es leichter nehmen« (1971, S. 268). Wir können z. B. niemals hundertprozentig gerecht sein, selbst wenn wir es wollten. Wir könnten unter größten Anstrengungen versuchen, gute Erziehung zu leisten, aber unsere Anstrengungen würden zu Angespanntsein führen, und angespannt kann kein Mensch gut erziehen. Wir könnten uns auch ständig um ein Kind sorgen, aber in dem Maße würde es dann viel zu wenig Eigenverantwortung lernen. So gelangen wir zu der Erkenntnis, *dass sich die Dinge besser entwickeln, wenn wir sie leichter nehmen.* Es gilt, wie auch sonst im Leben, ein gesundes Mittelmaß zu finden. Und, wie es der Volksmund schon sagt: Weniger ist oft mehr.

Dreikurs und Soltz schreiben in ihrem Buch über Kindererziehung: »Ungeheuer viel Zeit und Energie verbrauchen wir, um das Leben unserer Kinder für sie zu leben. Wie viel besser wäre es für alle, wenn wir uns entspannen, unseren Kindern mehr Vertrauen und vor allem die Gelegenheit geben würden, ihr Leben selbst zu leben« (Dreikurs/Soltz 1971, S. 273).

19. Mut im Doppelpack

Die Kraft der Ermutigung sollte bei uns selbst, also bei uns Lehrern, beginnen. Gelegentlich werden wir durch Arbeitskollegen ermuntert und bestärkt, und das gehört sicherlich zur besten Unterstützung. Doch wenn dies niemand macht und zudem die Möglichkeit zur Supervision fehlt, können wir die täglich nötige Zuversicht auch selbst hervorbringen. Die Individualpsychologie bezeichnet dies als *Selbstermutigung*.

Selbstermutigung zählt zu den Vorgängen der intrapersonellen Kommunikation (= Selbstkommunikation). Man versteht darunter Inhalte, die jemand im Stillen denkt oder sich selbst gegenüber äußert und die wesentlich die eigene Person betreffen (eigene Charaktereigenschaften, Handlungen). Unser *innerer Dialog* trägt entscheidend dazu bei, wie wir persönliche Erlebnisse bewerten. Dabei stellt sich die Frage, ob wir uns wohlwollend oder extrem kritisch betrachten. Es macht einen Unterschied, ob wir uns selbst in missbilligender, bestrafender Form ansprechen und behandeln oder in bestätigend-ermutigender Form. Wären wir Zuhörer bei Selbstgesprächen, könnten wir Äußerungen hören wie: »Lass´ es, du packst es ja doch nicht« oder »Du schaffst es, beim letzten Mal hat es auch schon besser geklappt.« Derartige Selbstgespräche können also Selbstherabsetzung und beeinträchtigenden Pessimismus beinhalten, während selbstermutigende Inhalte einen positiven Einfluss auf das reale Handeln und das bewusste Erleben haben. Besonders bei Fehlschlägen und Belastungen sollte man sich stets aufs Neue selbst ermutigen können.

Auf eine positive Weise wirkt Selbstermutigung zugleich wie ein ins Wasser geworfener Stein, der Kreise in seinem Umfeld erzeugt. Denn Selbstermutigung überträgt sich auf andere Menschen, mit denen man zusammenarbeitet. Und schließlich »(brauchen) unsere Kinder, Schüler, Jugendlichen und wir Erwachsenen untereinander Modelle, von denen wir abgucken können, wie wir uns selbst ermutigen« (Tymister/Wöhler 1989, S. 72).

So wird uns manche Person, die wir in unserer Kindheit (oder später) erlebt haben, vielleicht immer als *Modell* oder *Vorbild* in Erinnerung bleiben. Weil sie uns vorgelebt hat, an sich selbst zu glauben, nicht aufzugeben, am Positiven festzuhalten, Humor zu wahren, unglaubliche Energien zu entwickeln oder ganz einfach erfinderisch zu sein.

Ermutigung bedeutet eigentlich nichts anderes als »Kraft zu schöpfen«, wo auch immer man diese Kraft vermutet: in der Seele, im Körper oder im Geist. Clarissa P. Estés stellt in ihrem Buch »Die Wolfsfrau« infrage, ob Kraft entsteht, *nachdem* man etwas geschafft hat. Vielmehr sei es »essentiell für den Prozess des Bemühens – *besonders davor und währenddessen* – ebenso wie danach«. So käme man voran im Leben und sei fähig, um etwas zu kämpfen – »alles durch die Kraft des Geistes« (1997, S. 462).

> *»... Diese Stärkung – sei es durch Worte, Gebete, Kontemplation verschiedener Art oder auf andere Weise – kommt von einem Numen, einer Größe, die im Zentrum der Psyche beheimatet und doch größer als die ganze Psyche ist. Dieses Numen ist völlig zugänglich, man muss es hegen und pflegen. Seine Existenz, wie immer man es nennen möchte (und es hat viele Namen), ist eine unwiderlegbare psychische Tatsache«* (Estés 1997, S. 462).

Da individualpsychologische Maßnahmen einerseits unvermittelt am Kern eines Problems ansetzen (z. B. Machtkampfversuche neutralisieren oder für Schüler unerwartet reagieren), andererseits auf mehreren Ebenen einen langfristigen Einfluss ausüben (Dazugehörigkeitsgefühl, Gleichwertigkeit als Umgangsstil zwischen Lehrer und Schüler, Übernahme von Selbstverantwortung und Mitverantwortung, neues Zutrauen in die eigenen Fähigkeiten, machbare Schritte mit Erfolgserlebnissen), ergeben sich positivere Entwicklungen in der Regel relativ schnell und sicher. Das ist immer schon *ermutigend für Lehrer*. Erfreuliche Entwicklungen machen stolz und schenken Zufriedenheit im Beruf (Auf diesen Aspekt komme ich am Ende des Kapitels noch einmal zurück).

Doch wir erhalten noch mehr. »Schwierige« Schüler *zeigen* uns ganz viel, wenn auch eher absichtslos. Ich denke beispielsweise an Alina, die mir zeigte, wie viel Zeit eine neue Entwicklung oft braucht und wie viele Rückfälle dazugehören. Diese Schülerin hat mir vorgeführt, was auch der Roman »Die Entdeckung der Langsamkeit« (Nadolny 1983) als Botschaft vermittelt. Die Hauptfigur dieses Romans ist ein englischer Kapitän und Polarforscher, der wegen seiner Langsamkeit immer wieder Schwierigkeiten hat, mit der Schnelllebigkeit seiner Zeit Schritt zu halten, aber schließlich doch aufgrund seiner Beharrlichkeit zu einem großen Entdecker wird. Die Arbeit mit Alina konnte mir persönlich den Umgang mit Langsamkeit beziehungsweise langsamen Entwicklungen noch authentischer vermitteln, als es der Roman vermochte.

Ibrahim dagegen hat mir gezeigt, dass nichts aussichtslos ist – auch nicht die Entwicklung eines Schülers, dessen Persönlichkeitsentwicklung um Jahre verzögert ist. Ebenso eindrucksvoll zeigen dies Fernsehdokumentationen mit Patienten, die zunächst als aussichtslose Fälle galten, aber allen ärztlichen Prognosen zum Trotz gesund wurden. Auch diese Beispiele können Zuversicht in uns wachsen lassen. Doch wie viel eindringlicher erlebte ich die Entwicklung von Ibrahim, weil ich selbst Zeuge einer zunächst aussichtslos erscheinenden Entwicklung wurde.

Was Sharif mir zeigte, war für mich auch etwas Besonderes. Er führte mir vor, dass ich loslassen kann und damit sogar Positives bewirke. All diese Schüler waren mir gute Lehrmeister: zum einen für den Umgang mit Schülern, die ähnliche Probleme haben wie sie, zum anderen für das eigene (auch) nicht immer einfache Leben.

Durch Schüler mit »schwierigem« Verhalten können wir lernen, unseren ethischen, spirituellen oder pädagogischen *Grundsätzen treu zu bleiben*. Wir lernen durch sie außerdem, *Beharrlichkeit und Festigkeit zu entwickeln*.

Versuchen wir beispielsweise, in der fünften Klasse einen Schüler, der sich in seiner bisherigen Schullaufbahn nur schwer integrieren ließ, für die Unterrichtsarbeit zu gewinnen, werden wir wahrscheinlich zunächst einige Enttäuschungen erleben. Was wir auch beginnen, es liegt nahe, dass wir nicht die ersten Pädagogen sind, die Versuche in diese Richtung unternommen haben. Daher springt das Kind kaum noch auf unsere Bemühungen an. Hier gilt erst recht: dranbleiben und *gegen den eigenen Impuls, aufgeben zu wollen, ankämpfen*. In Worte gefasst, könnte sich die eigene Entmutigung zunächst so anfühlen: »Das Kind will sich ja nicht einmal helfen lassen, jetzt kann es mich mal …« Doch uns gelingt das *Dranbleiben*, wenn wir uns sagen: »Das Kind kann zurzeit nicht anders. Aber ich kann ihm die Freundlichkeit und Unterstützung zukommen lassen, die es (eigentlich) braucht, ohne Bedingungen daran zu knüpfen.« Schon unsere konstante Freundlichkeit führt bald dazu, dass das Kind eine positive Beziehung zu uns entwickelt, auch wenn – oder obwohl – es uns bestimmt öfter auf die Probe stellen will. Und es ist eigentlich so einfach, »nur« freundlich zu sein, z. B. den Schüler zu fragen, warum er am heutigen Tag ein wenig traurig wirkt. Nach den Wochenenden noch bewusster hinzuhören, wenn er etwas erzählen will. Sich bedanken, wenn er etwas Nützliches getan hat. Bei seinem gemalten Bild etwas Positives hervorheben … Es gibt so viele Gesten der Freundlichkeit.

Alfred Adler schildert in einer Fallbeschreibung, wie er mit konsequenter Freundlichkeit einer psychisch kranken Patientin helfen konnte. Da das Beispiel eindrucksvoll und beispielhaft zugleich ist, möchte ich es kurz wiedergeben:

Eines Tages wurde Adler gefragt, was er für ein Mädchen tun könne, das schon seit acht Jahren an *dementia praecox* litt. Vor zwei Jahren war sie in eine Heilanstalt eingeliefert worden. Der Fall klingt traurig und tragisch: Das Mädchen bellte wie ein Hund, spuckte, zerriss seine Kleidung, und mitunter versuchte es sogar, sein Taschentuch aufzuessen. Offenbar wollte es die Rolle eines Hundes spielen, und Adler meinte, dies in folgendem Sinne verstehen zu können: Vermutlich habe das Mädchen in seinen ersten Jahren gefühlt, dass seine Mutter es wie einen Hund behandelt habe. Adler besuchte sie zunächst an acht aufeinanderfolgenden Tagen, ohne weitere Schritte zu unternehmen. Am neunten Tag begann er dann, das erste Mal mit ihr zu sprechen, allerdings antwortete sie ihm nicht. Adler sprach aber weiterhin mit ihr, und nach dreißig Tagen begann sie ebenfalls zu sprechen, wenn auch zunächst verworren und unverständlich. Adler kommentierte die zu erwartende Entwicklung des Mädchens schließlich so: Sobald dieses Patientin ihren Mut zu einem gewissen Grade wieder erhalten würde, könne man ihr Verhalten vorhersagen. Ein solcher Patient würde »noch nicht kooperativ sein wollen. Er ist wie ein schwererziehbares Kind; er wird versuchen lästig zu sein, er wird alles zerbrechen, was ihm in die Hände fällt, oder er wird (…) schlagen. Als ich das nächste Mal mit dem Mädchen sprach, schlug es mich … Ich ließ mich von dem Mädchen schlagen und blickte es dabei freundlich an. Dies hatte es nicht erwartet … Es schlug bei mir eine Fensterscheibe ein und verletzte sich an dem Glas seine Hand. Ich tadelte es nicht, sondern verband ihm die Hand …« (Adler zit. nach Ansbacher/Ansbacher 1982, S. 296 ff.). Adler sah dieses Mädchen später von Zeit zu Zeit wieder und konnte feststellen, dass sich sein Zustand stabilisiert hatte, außerdem blieb es in den nächsten Jahren gesund.

Es gibt nur ganz wenige Schüler, die uns kaum Gelegenheit bieten, freundlich zu ihnen sein zu können, weil sie sich bereits zu sehr zurückgezogen haben. Doch bei all den »schwierigen« Schülern, die oft unseren Unterricht stören, können wir davon ausgehen, dass sich solche Gelegenheiten bieten. Denn diese Schüler richten ihre Energien nach außen. Zwar sind sie gerade dadurch eine Belastung, doch ihr Gemeinschaftsgefühl ist noch nicht so verschüttet wie bei Schülern, die sich bereits in sich selbst zurückgezogen haben. Aktiv störende Schüler agieren viel und lassen es, wie in diesem Buch beschrieben, zu vielen kommunikativen Abläufen kommen. Fragen wir beispielsweise einen Sharif, wie er die Ferien erlebt hat, würde er unsere Frage womöglich mit einem vorwitzigen Lächeln quittieren, aber er würde uns immerhin zuhören und anschauen.

Was konstante Freundlichkeit angeht, sind besonders »schwierige« Schüler für Freundlichkeit sogar *besonders empfänglich* (solange wir dabei authentisch sind) – weil sie sich so gebärden, dass vielen Erwachsenen im Allgemeinen nicht mehr danach zumute ist, freundlich zu ihnen zu sein. Deshalb also *dranbleiben*. Denn dann, und wirklich erst dann, entwickeln wir eine positive und *belastbare Beziehung* zu dem Kind.

Gewiss müssen Lehrer zu Beginn einer schwierigen Lehrer-Schüler-Beziehung erst einmal die »Gebenden« sein. Doch irgendwann fließt die Ermutigung zum Gebenden, also zum Lehrer, zurück. Es sollte uns insofern nicht verblüffen, wenn wir nach einigen Wochen individualpsychologischen Vorgehens nicht nur positives Feedback in Form von Fortschritten und Erfolgen von unseren Schülern erhalten. Denn nicht selten werden wir von unseren »schwierigen« Schülern sogar *aktiv ermutigt*. Geht man davon aus, dass kommunikative Prozesse auf Wechselwirkungen basieren, sind solche Erlebnisse eigentlich gar nicht so verwunderlich. Einige Beispiele sollen wieder der Veranschaulichung dienen.

Ich erinnere mich noch, wie mir einmal keine besondere Idee für ein Wahlpflichtkurs-Thema einfiel und mich schließlich alle Kollegen übertrumpften mit ihren Angeboten, die in der Schule ausgehängt wurden. Wie zu erwarten, war mein Thema dann auch nur von wenigen Schülern gewählt worden. Ich bin der Meinung, dass solche Enttäuschungen zum Lehreralltag gehören, und dass man lernen kann, damit gelassen umzugehen. Trotzdem war ich natürlich etwas betrübt, und dann half mir ausgerechnet mein »schwieriger« Schüler Pascal, die Enttäuschung zu überwinden und wieder besser gelaunt zu sein! Wir befanden uns damals gerade auf dem Weg vom Kunstmuseum in die Schule zurück, und Pascal und ich unterhielten uns über die Wahlpflichtkurs-Wahl. Er sagte mir ganz direkt: »Ich habe dich genommen. Weil du immer so gute Sachen machst!« Das tat in diesem Augenblick richtig gut. Und ich bin davon überzeugt, dass die Ermutigung, die er mir da geschenkt hatte, kein Zufall war. Denn erstens hatte ich *ihn* in den letzten Jahren immer wieder aufs Neue »aufgebaut«, und Pascal hatte für den Abbau seines schwierigen Verhaltens besonders lange gebraucht. Und zweitens, vermutete ich schon lange hinter seiner »Dickfelligkeit« eine hohe Sensibilität. Er muss gespürt haben, dass ich nun diejenige war, der es einmal nicht gut ging, und hatte die Gelegenheit ergriffen, mir im positiven Sinne etwas zurückzugeben.

In der folgenden Zeit blieb es nicht nur bei diesem einen Beispiel von *zurückgegebener Ermutigung*. In problematischen Situationen erlebte ich Pascal öfter als meine

»Stütze«: Er meldete sich für Pflichten, die andere Schüler nicht gerne übernehmen wollten, und Ähnliches.

Ich habe geschildert, wie sich der Schüler Sharif, der anfangs so »kaputt« wirkte, allmählich integrieren ließ. Einige Monate später gab es eine weitere positive Veränderung bei Sharif: Er begann, meinen Unterricht zu schätzen, und machte innerhalb kürzester Zeit so deutliche Lernfortschritte, wie ich es bei durchschnittlichen Schülern erst nach doppelt so viel Zeit erlebe. Das wirkte sich auch auf die anderen Schüler aus, sodass sie mehr Spaß am Unterrichtsthema entwickelten. Dadurch erlebte ich viele schöne Unterrichtsstunden. Die Erklärung für die »180-Grad-Wende« bei Sharif könnte darin liegen, dass in jedem Menschen so etwas wie gegenteilige Seiten existieren. Diese These möchte ich am Beispiel von Sharif noch genauer erklären.

Dieser noch verhältnismäßig junge Schüler hatte sich schon so sehr auf der destruktiven Seite des Lebens befunden, dass er vermutlich umso »erleichterter« seinen neuen Weg erlebte. Dies dürfte bei ihm viel Energie freigesetzt haben. Und wie erging es mir als Lehrerin? Natürlich war auch ich erleichtert, und es machte mir viel Freude, später seine konstruktive Mitarbeit zu erleben. Ich beschloss, in Zukunft noch mehr der Gesetzmäßigkeit zu vertrauen, die schon vor etwa zweitausend Jahren von den Chinesen erkannt worden war: »In jedem Extrem steckt im Keim bereits sein Gegensatz.« Wir finden diese Erkenntnis vor allem im Yin-und-Yang-Prinzip abgebildet, den beiden Polaritäten, die das Weibliche und das Männliche darstellen. Wer sich damit näher befassen möchte, sollte das alte »I Ging« lesen, das »Buch der Wandlungen«. In der Übersetzung von Richard Wilhelm heißt es: »Alles geht gut, denn der Gegensatz schlägt gerade auf seiner Höhe in sein Gegenteil um« (Wilhelm 1984, S. 149). Der natürliche Zusammenhang der Gegensätze wird in ähnlicher Weise im »Tao Te King« ausgedrückt, den gesammelten Erklärungen von Lao Tse: »Glück ist im Unglück verwurzelt. Unglück lauert hinter dem Glück« (Tao Te King, 58) und »Sein und Nichtsein erschaffen einander« (Lao Tse/Tao Te King, 2). Auch der Tiefenpsychologe C. G. Jung verweist auf die Yin-und-Yang-Lehre und schreibt:

> *»Jedes psychologische Extrem enthält im Geheimen seinen Gegensatz oder steht sonst wie mit diesem in nächster und wesentlichster Beziehung. Ja, es leitet aus dieser Gegensätzlichkeit geradezu seine ihm eigentümliche Dynamik her«* (Jung 1995, S. 478).

Wir können aus dem Erkennen dieses Prinzips Kraft ziehen und in besonders schwierigen Fällen auch eine besonders große Chance vermuten. So wird »der Stolperstein zum Trittstein« und im übertragenen Sinne der besonders »schwierige« Schüler vielleicht zu einer Kraftquelle.

Bei besonders gelungenen Entwicklungen können gleich mehrere Schüler oder sogar die ganze Klasse ermutigt werden. Das ist zwar nicht immer möglich, aber von besonderem Wert. Ich hatte z. B. Folgendes erlebt: Um zunächst nur dem Schüler Tim zu helfen, wurden in unserem Klassenrat verschiedene Lösungen erarbeitet. Die daraus folgenden Entwicklungen setzten dann innerhalb der Klasse eine *positive Eigendynamik* in Gang, die sich gleich mehrfach förderlich auswirkte.

Zur Vorgeschichte: Tim war in der vierten Klasse wiederholt durch beispielloses Verhalten in den Pausen und im Sportunterricht aufgefallen. Er hatte beleidigende Schimpfwörter gebraucht und immer häufiger zugehauen und zugetreten. Es hatte aber auch das positive Ereignis gegeben, dass Tim vor wenigen Monaten zum Klassensprecher gewählt worden war. Beides zusammen ergab natürlich ein etwas widersprüchliches Bild. Deshalb dauerte es auch nicht lange, bis eine meiner Schülerinnen zu mir kam und sagte, sie sei dafür, dass der Klassensprecher neu gewählt werde, weil Tim sich nicht wie ein Vorbild verhalte. Zur Bekräftigung schob sie gleich als Argument nach: »Frau X. findet das auch!« (Frau X. war eine Fachlehrerin.) Die ganze Angelegenheit machte mir damals Sorgen. Denn eine Abwahl hätte die Probleme mit Tim sehr wahrscheinlich verschlimmert: Er wäre hochgradig entmutigt worden, weil das Klassensprecheramt ihn bis zu diesem Zeitpunkt mit Stolz erfüllt hatte. Nach einer Abwahl wäre er nicht etwa »in sich gegangen«, hätte sein Verhalten bereut und sich dann positiver verhalten. Das wäre zwar genau das gewesen, was wir Lehrer uns so oft von solchen Maßnahmen erhoffen. Sehr viel wahrscheinlicher aber hätten wir feststellen müssen, dass das Eintreten von Vernunft und Einsicht beim »Täter« voraussetzt, dass es sich um einen reifen Menschen mit einem soliden Selbstwertgefühl handelt. Ein solcher Mensch würde aber wiederum gar nicht erst so negativ auffallen wie Tim. Nein, sehr viel wahrscheinlicher war, dass Tim sich bestraft gefühlt hätte, sodass wir sein Racheverhalten zu spüren bekommen hätten.

Glücklicherweise entschied ich mich stattdessen, *die Klasse ihm helfen zu lassen*. Das mag vielleicht zunächst unpassend erscheinen. Jemandem helfen, der selbst anderen gezielt schadet? »Helfen statt verurteilen« ist zumindest bei der Erziehung jüngerer Kinder ein wirksames Motto. Bei älteren Kindern lässt sich das weniger allgemein sagen, da sollte man den einzelnen Fall betrachten. Die Worte, mit denen ich mich an die Klasse wandte, waren:

> *»Ich glaube, Tim braucht unsere Hilfe.«*
> *Nachdem die Klasse verstanden hatte, worauf ich hinauswollte, fragte ich:*
> *»Habt ihr eine Idee, was ihm helfen könnte?«*
> *Drei Schüler machten sofort gute Vorschläge:*
> *»Er könnte lernen, sich nicht mehr so leicht zu ärgern, wenn er beim Fußball verliert, also ein guter Verlierer werden.«*
> *»Er könnte nicht reagieren, wenn er mit Schimpfwörtern provoziert wird.«*
> *»Einer von uns könnte in seiner Nähe bleiben und ihm zuflüstern: Du willst doch Klassensprecher bleiben, also reg dich nicht auf ...«*
> *Der letzte Vorschlag kam zu meiner Überraschung ausgerechnet von Adrian, einem unserer »schwierigsten« Schüler. Tim verfolgte das Klassenratsgespräch mit äußerst gespitzten Ohren, sagte aber selbst nichts, sondern nickte nur an mehreren Stellen. Ich schloss die Klassenratssitzung mit den Worten:*
> *»Also, wenn Tim zukünftig im Amt bleiben kann – und nicht ich, sondern nur ihr könntet ihn abwählen –, wäre das nicht nur sein Erfolg, sondern auch der Erfolg der Klasse.«*

Es wäre unrealistisch gewesen, von Tim eine vollkommene Abkehr von seinem auffälligen Verhalten zu erwarten, denn er war schon mit einer deutlichen Neigung zu aggressivem Verhalten in unsere Klasse gekommen. Aber immerhin nahmen in den folgenden Wochen die Häufigkeit und die Ausprägung seines auffälligen Verhaltens ab, und bei den restlichen Vorkommnissen übte sich die Klasse in Gelassenheit. Schließlich konnten sich die Schüler dieser Klasse darüber freuen, Tim erfolgreich unterstützt zu haben.

Erfreulich – und weit mehr als ein Nebenbeieffekt – war nun außerdem, dass der vormals »schwierige« Schüler Adrian tatsächlich dazu überging, Tim bei Fußballspielen öfter durch Zuflüstern ans »Nichtschlagen« zu erinnern. Das Verblüffende daran ist: Adrian war bis dahin selbst ein Schüler gewesen, der oft handgreiflich geworden war. Hier können wir nur mutmaßen: Hatte er Geschmack an der Mitverantwortung gefunden? Konnte er sein (eigenes) Problem besser lösen, weil er sich jetzt in der Rolle des »Aufpassers« erlebte und weniger in der des zu erziehenden Kindes? Hatte er besonderen Gefallen an dieser Aufgabe gefunden, weil er sie im Klassenrat selbst vorgeschlagen hatte? All diese Vermutungen münden jedenfalls in der gleichen Erklärung: Adrian war ganz offenbar in seinem Gemeinschaftsgefühl gestärkt worden. Und nun half er *mir* und *der Klasse*, indem er auf Tim achtete.

Mit individualpsychologischen Methoden stellt sich mit der Zeit auf beiden Seiten (also bei Schülern und Lehrern) eine gewachsene Zuversicht ein. Schüler und Lehrer stehen dabei in einer Mut spendenden Beziehung zueinander. Die *Schülerermutigung wird* so in vielerlei Hinsicht und auf verschiedenen Ebenen zur *Lehrerermutigung*.

Begünstigt wird eine solche Entwicklung, wenn ein »schwieriger« Schüler während seiner Umorientierung nie das Gefühl bekommen muss, dem Lehrer dankbar sein zu müssen. Die tatsächliche Veränderung muss ohnehin immer vom Schüler selbst geleistet werden, der Lehrer oder Berater kann nur Impulse geben. Insofern kann sich der Schüler später zu Recht in dem Gefühl wiegen, sich *wirklich selbst geholfen* zu haben. Ein Gefühl der Dankbarkeit stellt sich beim Schüler zwar trotzdem ein (und ist eine Erklärung für die Ermutigungen, die zum Lehrer »zurückfließen«). Doch es ist eher ein unspezifisches Dankbarkeitsgefühl, das den Schüler zu nichts verpflichtet und somit seine persönliche Unabhängigkeit und sein neues Selbstwertgefühl wahrt.

Was Lehrerermutigung betrifft, gibt es einen weiteren Erklärungsansatz dafür, dass sich individualpsychologische Arbeit spürbar kraftspendend auswirkt. Der Ansatz stammt aus der Resilienzforschung, und ich möchte zunächst diesen Fachbegriff erklären. Der Begriff »Resilienz« (engl.: *resiliency*) lässt sich übersetzen als »psychische Widerstandsfähigkeit«. Im eigentlichen Sinne ist hier die Fähigkeit eines Menschen gemeint, sich trotz sozial und psychisch belastender Lebensumstände positiv zu entwickeln. In der Resilienzforschung beschäftigen sich Wissenschaftler seit einigen Jahren mit diesem Thema, um daraus Transfermöglichkeiten abzuleiten, also allgemeine und übertragbare Erkenntnisse für andere Bereiche wie beispielsweise für die Pädagogik und die Psychologie.

In Bezug auf diese Forschung ist nun die Tatsache von Bedeutung, dass der Einsatz individualpsychologischer Methoden sowohl kurzfristig als auch nachhaltig als sehr wirksam und daher *sinnvoll erlebt* wird. Folgt man nämlich den Forschungsergebnissen der Resilienzforschung, dürfte sich dies stärkend auf das Immunsystem des Lehrers auswirken. Denn es besteht ein nachgewiesener Zusammenhang zwischen »Sinn« und »seelischer Gesundheit« (Ruedi 2009, S. 401). Forschungen haben ergeben: Menschen, die häufiger Sinn erleben, sind eher seelisch gesund, während seelisch gesunde Menschen häufiger Sinn erleben (Becker 1985, S. 186 ff.). Das liefert eine Erklärung dafür, dass die individualpsychologische Arbeit mit »schwierigen« Schülern auch dem Lehrer Kraft – und damit verbunden Ermutigung – schenkt. Der Erfolg des pädagogischen Handelns wird einerseits sofort sichtbar bei schnellem Handeln in kommunikativen Abläufen, und sei es nur, dass eine schwierige Situation im entscheidenden Moment nicht eskaliert. Andererseits kommen die länger dauernden positiven Entwicklungen hinzu, wie ich es in den letzten Kapiteln beschrieben habe. In diesem Zusammenhang ist bemerkenswert, dass individualpsychologisches Handeln im Allgemeinen nur wenig Aufwand erfordert, sodass man sich nie zu sorgen braucht, »zu viel zu investieren«. Es kommt viel mehr auf Beobachtungsvermögen und nervliche Stärke an.

20. Vom schwierigen Umlernen

Während des Schreibens einer Deutscharbeit (in diesem Fall »Texte schreiben«) in meiner vierten Klasse kam Alina mit Stirnrunzeln auf mich zu und fragte: »Wird Rücksicht mit ›ck‹ geschrieben?« Ein kurzer, scheinbar nebensächlicher Moment mit einer scheinbar beiläufigen Frage. Nicht jedoch in der Entwicklung von Alina. Sie konnte beziehungsweise wollte sich fast die gesamte Grundschulzeit lang nicht auf die deutsche Rechtschreibung einlassen. Genau genommen hatte sie sich unseren schriftsprachlichen Regeln lange verweigert – sich also dagegen entschieden, sich im Rahmen unserer Normen auszudrücken. Dadurch hatte sie sich selbst aus unserer Gemeinschaft ausgegrenzt, denn ihre geschriebenen Texte blieben aufgrund der unberücksichtigten Rechtschreibung nahezu unlesbar. Insofern dokumentiert Alinas plötzliches Bemühen, Wörter nach der Norm zu schreiben, den Zeitpunkt, an dem sie sich verspätet der Gemeinschaft anschloss. Sie wollte jetzt nicht mehr nur für sich selbst schreiben, sie wollte, dass ihre Texte auch von *anderen* gelesen werden konnten. Doch bis hierher war es ein langer Weg gewesen.

In der pädagogischen Arbeit haben wir es nie schnell mit einem fertigen Ergebnis, sondern immer mit einem *Prozess* zu tun. Dieser Prozess verläuft nur in wenigen Fällen linear und gleichmäßig bergauf; im Allgemeinen geht es eher ungleichmäßig voran, und auch Rückfälle sind normal. Wie viel Zeit geben wir, wenn Schüler sich umorientieren wollen und wenn wir dabei auch Rückfälle mit einkalkulieren?

Ausgehend von der Erkenntnis, dass der Lebensstil eines Menschen nach etwa fünf Jahren entwickelt ist, soll der Frage nachgegangen werden, wie stark der Lebensstil in späteren Jahren noch beeinflussbar ist. Die Fallbeispiele haben gezeigt, dass Zeit und Aufmerksamkeit, in Einzelfällen auch erhebliche Anstrengungen nötig sind, damit ein Mensch von seinem sich ungünstig auswirkenden Lebensstil abrückt. Warum eigentlich? Der persönliche Lebensstil eines Menschen bietet immerhin ein hohes Maß an Sicherheit, wenn auch nicht immer positive Entfaltungsmöglichkeiten und Zufriedenheit. Insofern ist die Frage ernst zu nehmen, ob wirklich überzeugende Gründe dafür sprechen, dass man seinen Lebensstil verändern sollte. Bekanntlich ängstigt viele Menschen die Vorstellung, sich zu verändern. Sie möchten am liebsten alles beim Alten belassen. Man kann in unserer Gesellschaft die weitverbreitete Angewohnheit beobachten, das eigene Leben (unbewusst) an allen Situationen vorbeizumanövrieren, die einen mit Selbstzweifeln konfrontieren könnten. Und genauso beobachten Individualpsychologen bei uns das Bestreben, den einmal entstandenen Lebensstil beizubehalten. Der Individualpsychologe Josef Rattner behauptet deshalb, dass »der Charakter eines Menschen ein resistentes Gewohnheitssystem (ist)« (Rattner 1973, S. 54).

Einstellungen, die schon als Kind entwickelt und dann beibehalten wurden, haben genau genommen den Charakter von Vorurteilen. Der Individualpsychologe Manès Sperber schreibt, dass »unsere Umwelterlebnisse uns recht häufig zu entschiedener Stellungnahme (verführen), noch ehe Belehrtheit es uns ermöglicht, zureichend begründete Urteile zu bilden. Es ist, als ob die kindliche Entwicklung, genauer: die Entwicklung der Beziehung Umwelt–Kind, Kind–Umwelt, uns zu voreiligen Urteilen, zu Vorurteilen geradezu zwänge« (Sperber 1978, S. 18). Sperber macht außerdem darauf aufmerksam, dass »gerade auf dem (Gebiet) psychologischer Erkenntnis das kindliche Vorurteil eine besondere Konservierungsfähigkeit (bewahrt)« (Sperber 1978, S. 19).

Allem, was den bisherigen Lebensstil infrage stellt, wird in der Regel ein (mehr oder weniger starker) Widerstand entgegengesetzt. Man muss sich also nicht wundern, wenn jemandem ein Weg zur Verbesserung seiner Lebensführung aufgezeigt wird – sei es, etwas anders zu betrachten oder anders zu handeln –, und derjenige darauf undankbar, oft sogar feindselig reagiert. Dahinter verbirgt sich wiederum der unbewusste Mechanismus, den einmal entwickelten Lebensstil zu bewahren. Das kann sich fatal auswirken, vor allem wenn es darum geht, wiederkehrende, belastende Situationen oder Verhaltensmuster zu verändern. Denn zu diesem Zweck wird in Beratungen der Lebensstil eines Ratsuchenden mit gezielter Eingrenzung und Fokussierung untersucht. Dennoch reagieren selbst erwachsene Ratsuchende, die sich bewusst auf ein Beratungsgespräch einlassen, mitunter mit Widerständen auf den Berater (Antoch 1981, S. 123 ff.). Im weitesten Sinne beginnt der Ratsuchende, sein »Selbst« zu verteidigen, denn auch so ließe sich der Lebensstil eines Menschen interpretieren. Reagiert der Ratsuchende mit Abwehr auf seinen Berater, entspricht seine Reaktion nicht selten dem Wunsch, das eigene Selbstwertgefühl gegen die Einsicht zu schützen, bisher »falsch« gehandelt zu haben (Tymister 1982, S. 222). Um dem entgegenzuwirken, wird dem Beratenen vermittelt, dass sein Probleme verursachendes Verhalten einen (verborgenen) Sinn hat, den der Berater und der Ratsuchende gemeinsam herausfinden können. Bei einer positiv verlaufenden Beratung wird dem Beratenen also deutlich, dass sein Handeln in einem anderen Sinnzusammenhang in der Vergangenheit sinnvoll oder sogar notwendig war – weil keine anderen oder besseren Alternativen greifbar erschienen. Diese Sichtweise erleichtert es dem Beratenen, von seinem (Probleme verursachenden) Verhalten Schritt für Schritt abzurücken und somit seinen Lebensstil selbst zu korrigieren.

In jedem Fall hat der Lebensstil eines Menschen einen (über)lebenswichtigen Sinn. David Johnson und Ronald Matross, beide keine Individualpsychologen, sprechen in einem ähnlichen Themenzusammenhang von einer »psychischen Ökonomie«: »Der Rückgriff auf Einstellungen ist Teil einer fundamentalen psychischen Ökonomie, die sich als ›Prinzip des geringsten Aufwandes‹ beschreiben lässt: Wann immer möglich, wende alte Reaktionen auf aktuelle Wahrnehmungskonstellationen an« (Jackson/Matross 1977, S. 58).

Wenn der Lebensstil demnach nicht nur schützt, sondern zum ökonomischen Umgang mit dem Leben beiträgt, ist es nur allzu verständlich, dass Menschen an ihrem Lebensstil so beharrlich festhalten.

Die Resistenz des Lebensstils wird auch daran deutlich, mit welch großem Spektrum an Variationen ein Mensch seine unbewussten Ziele ansteuert. Er ist gut darin trainiert, flexibel seinen »Kurs« beizubehalten. Vordergründig wirken die meisten seiner Verhaltensmuster zunächst sehr unterschiedlich. Erst unter dem Gesichtspunkt des angestrebten Ziels gehört eine Vielzahl von Verhaltensmustern zu einer Kategorie und zementiert den Lebensstil des jeweiligen Menschen. Der Schöpfer seines Lebensstils tauscht die unterschiedlich wirkenden Verhaltensmuster lediglich gegeneinander aus, während er fortsetzt, sein Ziel zu verfolgen. Dies wird auch durch die »nicht selten zu machende Beobachtung bestätigt, dass viele Menschen aus Fehlern nicht lernen, sondern sich immer stärker in ihre Irrtümer verstricken. Sie ändern (…) nicht ihre Ziele im Leben, sondern höchstens die Methoden, mit denen sie ihre Ziele anstreben« (Ruedi 1988, S. 271).

Ein kurzes Beispiel zur Erläuterung: Ein Schüler, der sich schon lange angewöhnt hat, seine Eltern in seinen Dienst zu stellen, bekommt ein zusätzliches Geschwister. Das Neugeborene beansprucht die ganze Aufmerksamkeit der Eltern. Daraufhin wird der Schüler in seinen schulischen Leistungen so schwach, dass einer seiner Eltern ihm täglich bei den Schularbeiten helfen muss. Obwohl die schlechten schulischen Leistungen für die Eltern und für ihn selbst ein völlig neues Problem darstellen, ist sein verborgenes Ziel, die Eltern in seinen Dienst zu stellen, tatsächlich unverändert geblieben. Sein Nachlassen in der Schule hat sich gegenüber seinen bisherigen Verhaltensmustern lediglich als effizienter erwiesen.

Wolfgang Stegmüller macht in seiner eher naturwissenschaftlichen Darstellung auf das für ein resistentes System bezeichnende Phänomen aufmerksam, dass grundsätzlich mehrere Möglichkeiten erschlossen werden, ein Ziel zu erreichen. Er beschreibt »das Verhalten eines (…) Systems (…), das mit großer Beharrlichkeit ein Ziel zu verfolgen scheint, da es je nach den wechselnden Umweltbedingungen neue und neue Wege zur Erreichung wählt« (Stegmüller 1974, S. 588). Seine Beschreibung lässt sich ohne Weiteres auf den Lebensstil als ein resistentes System übertragen. Weiterhin deutet Stegmüller an, dass zahlreiche voneinander verschiedene Ketten existieren, die alle zu demselben »Endziel« führen (Stegmüller 1974, S. 588).

Selbst Adler beschreibt den Lebensstil, als könne man von einem recht eigenständigen System ausgehen (Adler 1973, S. 47). Obwohl der Lebensstil eines Menschen seine eigene Schöpfung ist, stellt sich die Frage, ob der Mensch seinen Lebensstil steuert oder ob das Umgekehrte der Fall ist: dass der Lebensstil seinen Menschen steuert. Diese Frage stellt sich angesichts der Beobachtung, dass selbst Ratsuchende, die sich mit großer Bereitschaft verstehen und verändern möchten, mit den Widerständen ihres eigenen Lebensstils zu kämpfen haben. Ich möchte es einmal so ausdrücken: Ein Mensch, der sich verändern will, muss in der Lage sein, sich »selbst neu zu programmieren«. Manès Sperber schreibt dazu:

> *»Verkennen wir nicht die Schwere dieser Aufgabe und nicht die Schwierigkeiten, die wir selbst uns hierbei sind und bieten: Es ist fast, als stünden wir uns selbst in dem Wege, den wir zu uns selbst einschlagen wollen«* (Sperber 1978, S. 20).

Ich habe oft über das Mädchen Alina geschrieben, das es damals meisterhaft verstanden hatte, sich durch Passivität allen Schwierigkeiten zu entziehen und die Erwachsenen zugleich in höchste Aktivität zu versetzen. Alina war für mich einer der schwierigsten Problemfälle, denn sie benötigte für ihre positive Entwicklung fast die gesamte Grundschulzeit, und während dieser Zeit passierten zahlreiche Rückfälle. Mitunter war ich sogar geneigt gewesen, keine Bemühungen mehr in sie zu investieren und den Fall anderen Pädagogen zu überlassen. Wie ich schon beschrieben habe, hatte ich erst im Rückblick gemerkt, dass ich einiges durch Alina hatte lernen können. Durch sie hatte ich damals vor allem begriffen, dass manche Entwicklungen wesentlich *mehr Zeit* brauchen, als wir es uns wünschen. Umso mehr können wir aber auch die *kleinen Fortschritte* würdigen, solange es Fortschritte in die *richtige Richtung* sind.

Einmal machte ich mir zu Alina folgende Notiz: »Alina hatte innerhalb einer Werkstatt-Doppelstunde nur etwa fünf Minuten zu einer Aufgabe etwas geschrieben und anschließend gar nichts mehr gemacht. Sie versuchte außerdem, mich zu provozieren, indem sie ein Lernspiel öffnete, mit dem nur die Schüler arbeiten sollten, die mit allen Aufgaben fertig waren (und sie kannte diese Regel). Zudem beschäftigte sie sich nicht konstruktiv mit dem Spiel, sondern auf eine betont nachlässige Art.«

Als wir das nächste Einzelgespräch führten, erwähnte ich bewusst *nur* die fünf Minuten, in denen sie selbstständig gearbeitet hatte, und hob diesen Fortschritt hervor. Darüber hinaus besprach ich mit Alina ein zweites Mal die Gründe für mein »Nichtkümmern«, sobald sie das Lernen verweigerte. Ich wollte sichergehen, dass sie sich darauf verlassen konnte, dass ich sie mochte und nicht aus Gleichgültigkeit auf Distanz blieb. Das reichte für den Tag vollkommen.

Etwa einen Monat später ließ ich Alina selbst aufzählen, was ihre letzten Erfolge waren. Sie zählte auf:

- »Mehrere Sätze zum Eisbär-Buch geschrieben, ohne dass du mir gesagt hast, dass ich das machen soll.«
- »Zuletzt immer alle Hausaufgaben gemacht.«
- »Auf dem Schulhof bin ich diesmal nicht gekommen und habe über etwas gejammert, was andere getan haben.«

Ich war ehrlich überrascht, weil ich selbst viel weniger Positives wahrgenommen hatte.

Etwa in der zweiten Klasse, als deutlicher erkennbar wurde, dass Alinas Verhaltensweisen schon mindestens seit der Kindergartenzeit bestanden hatten und sich nun leider auch in der Grundschule hartnäckig hielten, sprach ich mit Alina offen darüber, was Rückfälle sind, um ihre eigenen Enttäuschungen abzufedern, z.B. bei der Rückgabe von benoteten Arbeitsergebnissen. Natürlich half auch mir dieses Gespräch, meine *eigenen* vorübergehenden *Enttäuschungen* abzufedern.

Hierzu eine meiner Notizen:

»Gestern war der Rückfall schlimmer als erwartet. Eine Doppelstunde lang hatte A. fast nichts gemacht. Allenfalls zwei Sätze hatte sie geschrieben, aber mit meiner Hilfe (ausnahmsweise mal, denn den anderen Schülern helfe ich ja auch). Als die Schüler dann dazu übergehen sollten, ihr Geschriebenes in Reinschrift abzuschreiben, hatte sie nichts mehr gemacht, sondern sich demonstrativ ans Fenster gehockt und hinausgeschaut. Ich tat – wie wir es im Einzelgespräch vereinbart hatten – nichts, aber es fiel mir unglaublich schwer, und ich musste aufpassen, nicht wütend zu werden ...«

Besonders Alinas einzelne *Rückfälle* zeigten mir aber im Laufe der Grundschuljahre, dass »Rückwärtsbewegungen« zu einer Veränderung dazugehören. Denn insgesamt nahm ihre Entwicklung eine positive Richtung. So lehrte mich dieses Mädchen, auch *Geduld zu haben,* und irgendwann hatte ich das Gefühl: *Auch ich wachse mit!* Ein gutes Gefühl, das den bittern Beigeschmack, den ihre Rückfälle mit sich brachten, bald ausglich.

Wie das Beispiel zeigt, fließt die gesamte Persönlichkeit eines Lehrers – und damit verbunden sein Lebensstil – in den Umlernprozess eines Schülers mit ein. Einerseits steht der »schwierige« Schüler im Vordergrund des Veränderungsprozesses. Derweil begleitet und unterstützt ihn sein Lehrer über viele Monate bis Jahre, und zeitweise muss er auch aktiver einschreiten. Es spielt dabei z. B. durchaus eine Rolle, ob der Lehrer von seinem eigenen Lebensstil her eher geduldig oder ungeduldig, ob er leicht entflammbar oder eher mit Ausdauer auf Schwierigkeiten reagiert. Ob der Umlernprozess erfolgreich verläuft und in welchem Stil er abläuft, hängt letzten Endes auch von der persönlichen Frustrationstoleranz des Lehrers ab. In manchen Fällen kommen auf den Lehrer größere Anforderungen zu als auf den »schwierigen« Schüler, zumindest werden sein Durchhaltevermögen und seine nervliche Stärke auf die Probe gestellt. »Der mutlose, von seinen Defekten überzeugte Mensch ist, ganz gleich, wie falsch seine Vorstellungen über sich sein mögen, gut gerüstet, wenn es gilt, andere zu entmutigen, die etwa versuchen, sein falsches Selbstbild zu korrigieren« (Dinkmeyer/Dreikurs 1980, S. 53).

Man denke dabei auch an Schüler, die das Nahziel 3 verfolgen, also Rache. In der Regel ist ein solcher Schüler selbst so hochgradig verletzt, dass er nicht mehr glaubt, von anderen Menschen gemocht zu werden. Er wird dem Lehrer über lange Zeit »beweisen« wollen, dass man ihn nicht mögen kann. In früheren Jahren könnte dieser Schüler viel herumgestoßen worden sein. Er erwartet dann nur noch, weiterhin ähnlich behandelt zu werden, und fordert die ihm vertrauten negativen Reaktionen geradezu heraus – auch, indem er sie erwartet. »Ohne den unerschütterlichen Entschluss, nie aufzugeben, sollte man nie versuchen, einem Kind, das sich nicht geliebt fühlt, zu helfen. Es ist viel schlimmer, einem Kind Hoffnung zu machen und es dann fallen zu lassen, als nie zu versuchen, ihm nahe zu kommen« (Dreikurs 2003, S. 213).

Der »schwierige« Schüler muss den *Umlernprozess* nicht allein leisten, wenn er mit der Unterstützung seines Lehrers rechnen kann. Dennoch kann die eigentliche Veränderung nur vom Schüler selbst ausgehen. Adler pflegte deshalb zu sagen: »Man kann ein Pferd zur Tränke führen – trinken muss es selbst« (in: Rattner 1973, S. 77).

In der deutschen Sprache heißt es so treffend: Erfahrungen »macht« man. Das gilt auch und gerade für neue Erfahrungen. Es sieht zunächst so aus, als müsse ein »schwieriger« Schüler nur dazu übergehen, sein problematisches Verhalten zu unterlassen. Dieser Schritt kommt einem Verlernen gleich. Doch jedes gestoppte Verhaltensmuster ruft gewissermaßen ein Vakuum hervor: Ein anderes Verhalten muss an dessen Stelle treten, und das muss erst gefunden und erlernt werden. »Und schließlich klafft eine Lücke zwischen der Fähigkeit, nach eingespielten tausendfach wiederholten und (bisher) ›bewährten‹ und bereits automatisierten Mustern zu handeln und der Unbeholfenheit gegenüber allen neuen Ansätzen …« (Antoch 1981, S. 94).

So gesehen müssen durch individualpsychologische Maßnahmen zwei Lernformen fürs Umlernen gefördert werden: *Verlernen* und *Neulernen*. Verändern Menschen ihr Verhalten, betreten sie in dieser Hinsicht also »Neuland«. Nichts erscheint mehr eingespielt, die Handlungen der anderen sind weniger einschätzbar, bisherige »Pseudobefriedigungen« (z. B. Im-Mittelpunkt-Stehen, Triumphgefühle) fallen weg. Mit anderen Worten, das neu probierte Verhalten bringt auch Verunsicherung mit sich, zumindest wenn das ursprüngliche Verhalten des Menschen schon sehr lange beibehalten worden war. Zum Vergleich folgt hier die Beschreibung eines Erwachsenen, der beim Tai-Chi seine Bewegungen zum ersten Mal völlig umstellt, geschildert durch Linda Myoki Lehrhaupt:

> »Auch wenn sein Gleichgewichtssinn ausgezeichnet war, neigte er dazu, in Hüfte und Taille ziemlich rigide festzuhalten. Als ich ihn ermunterte, sich mehr vom Oberkörper her zu drehen, was seine Hüften und seine Taille entlastete, verlor er vorübergehend sein gutes Gespür für Balance – natürliche Folge eines Umstellungsprozesses, die immer dann eintritt, wenn wir ein gewohntes Bewegungsmuster ändern« (Lehrhaupt 2001, S. 20).

Wie können Lehrer ihre »schwierigen« Schüler beim Umlernprozess sinnvoll begleiten? Der *Dialog* zwischen Lehrer und Schüler hat sich als eine gute Prozessbegleitung herausgestellt. Während am Anfang noch das aufdeckende Beratungsgespräch von großer Bedeutung ist, können (in nun größeren Zeitabständen) Gespräche über die neuen Erfahrungen des Schülers dazu beitragen, dass er sich gestützt fühlt und weiterhin Ermutigung erhält. Schon indem sich der »schwierige« Schüler auch weiterhin *mitteilt* und erlebt, dass sein Lehrer ihn versteht, wächst sein Selbstvertrauen. Wenn Dialoge zustande kommen, wird aus Sicht der Individualpsychologie zugleich das Gemeinschaftsgefühl gestärkt. Denn jeder Dialog stellt eine Übung dar, sich auf einen anderen Menschen einzulassen, und jedes Verstehen zwischen Menschen wirkt sich kommunikationsfördernd aus. Wenn Anstrengungen nicht sofort von Erfolg gekrönt sind, bedarf es erst recht weiterer Gespräche. Auch »misslungene Versuche« können angesprochen und gewürdigt werden.

Ein Schüler, der ein neues Verhalten erprobt, wird umgehend neue Reaktionen beziehungsweise Rückmeldungen in seinem sozialen Umfeld erleben. Seine ersten Erfahrungen macht er, indem er sich nicht so verhält, wie die Menschen es bisher von ihm gewohnt waren. Denn sein Umfeld reagiert nun anders auf ihn. Die verschiedenen Erwiderungen, die der Schüler erfährt, verändern wiederum seine Gefühle, sodass er über die veränderten Rückmeldungen »die sein Selbst- und Fremdbild korrigierenden Gefühlserfahrungen« macht (Heisterkamp 1980, S. 79). Man muss damit rechnen, dass die neuen Erfahrungen nicht immer unproblematisch für den Schüler sind. Außerdem wird man sehen müssen, wie konsequent der Schüler sein neues Verhalten durchhalten kann. Mitunter reagiert das soziale Umfeld so, als wolle es einen Schüler wieder in seine frühere, gewohnte Rolle zurückholen – auch damit muss man rechnen.

Da Umlernen ein so bedeutsamer und komplexer Prozess ist, in dem Probleme bei realistischer Einschätzung dazugehören, sollte man sich einmal die Gedanken von Scott Peck zu Gemüte führen, die er in dem Buch »The Road less Travelled« (»Der wunderbare Weg«) formuliert hat. Seinen Ausführungen zufolge ist das Leben vor allem deshalb so schwer, weil der Prozess so schmerzlich ist, sich Problemen zu stellen und sie zu lösen. Schließlich bestehe das Leben »aus einer endlosen Reihe von Problemen«; insofern sei es immer einerseits voller Schmerz und andererseits voller Freude (Peck 1978).

> *»Doch in genau diesem Prozess, in dem wir Problemen begegnen und sie lösen, gewinnt das Leben seinen Sinn … Probleme fordern unseren Mut heraus und unsere Weisheit; ja sie lassen Mut und Weisheit in uns entstehen. Wir wachsen geistig und spirituell nur aufgrund von Problemen. Wenn wir das Wachstum des menschlichen Geistes fördern möchten, fordern wir die Fähigkeit des Menschen heraus, Probleme zu lösen und ermutigen dazu … Wir lernen durch den Schmerz, der in uns ausgelöst wird, wenn wir mit Problemen konfrontiert sind und sie lösen«* (Peck 1978, S. 16).

Es erwarten uns Höhen und Tiefen, wenn wir einen »schwierigen« Schüler auf seinem Weg begleiten. Dies sollte uns klar sein. Doch wir lernen dabei, über unsere vermeintlichen Grenzen hinauszugehen und zu wachsen. Wenn wir uns nur auf angenehme, sichere Wege einlassen, bringen wir uns um die Herausforderung des eigenen persönlichen Wachstums.

21. Selbstreflexion für Lehrer

So gelangen wir zu guter Letzt zu uns selbst, zu uns als Lehrer und Menschen. Die vorangegangenen Kapitel haben gezeigt, wie wir mit unserem eigenen Verhalten eine Menge Einfluss auf kommunikative Abläufe nehmen und dass darin große Chancen liegen. Auch hat sich gezeigt, dass die Wahrnehmung unserer eigenen Gefühle und unseres eigenen (Rollen-)Verhaltens, unsere *Selbstwahrnehmung,* Voraussetzung für die Arbeit mit »schwierigen« Schülern ist. Insofern liegt der Schluss nahe, dass jeder Lehrer über genügend Selbstwahrnehmung verfügen sollte, wenn er in der Schule professionell arbeiten will. Selbstwahrnehmung hat jedoch erst dann einen Sinn, wenn sie kontinuierlich zu *Selbstreflexion* führt, also zu einer bewussten Auseinandersetzung mit der eigenen subjektiven Wahrnehmung.

Warum ist Selbstreflexion gewissermaßen das Tüpfelchen auf dem i, warum ließe sie sich nicht einfach als Nebensächlichkeit abtun? Hauptsächlich aus zwei Gründen: Erstens ermöglicht Selbstreflexion uns Lehrern den (empathischen) Zugang zu den seelischen Problemen unserer »schwierigen« Schüler, und darauf baut letztendlich unser pädagogisches Vorgehen auf. Zweitens schützt Selbstreflexion davor, in problematischen Unterrichtssituationen hilflos hin und her getrieben zu werden, vergleichbar mit einem Ball auf den Wellen. Schließlich ist es ein frustrierendes Gefühl, wenn man sich im Unterricht nicht mehr als Herr der Lage fühlt. Lehrer sollten sich das Gefühl erhalten, unabhängig von konkreten Situationen prinzipiell handlungsfähig zu sein – selbst wenn das Handeln nicht sofort zum erwünschten Erfolg führt.

Wir haben uns in vorherigen Kapiteln damit befasst, kommunikative Abläufe beobachten und einschätzen zu lernen. Dies kann und sollte um einen grundlegenden Aspekt erweitert werden: die Kenntnis der eigenen Persönlichkeitsanteile, da diese Anteile alle Abläufe zusätzlich beeinflussen. Wir können auch von »Selbsterkenntnis« sprechen. Dabei handelt es sich um einen an uns selbst gerichteten Anspruch, der bereits in der Antike in Worten formuliert wurde. So war z. B. am griechischen Apollontempel zu Delphi der Spruch »Erkenne dich selbst« zu lesen. Und in China lautet eine uralte Volksweisheit: »Die Selbsterkenntnis ist eine Tugend, die von den Menschen am schwersten erkämpft werden muss.«

Doch kommen wir zum Begriff »Selbstreflexion« zurück. Wie kann man sich professionelle Selbstreflexion vorstellen? Grundsätzlich ist Distanz zum Geschehen notwendig, innerlich (gedanklich und emotional), aber auch zeitlich und räumlich. Aus der Distanz heraus können wir das Erlebte in Ruhe reflektieren und im Rückblick Fragen an uns stellen wie »Was habe ich als Schwierigkeit erlebt?«, »Wie habe ich mich gefühlt?«, »Welches Muster kann ich erkennen?«, »Was könnte zu dieser Schwierigkeit beigetragen haben?«, »Welchen Anteil hatte ich daran?«, »Was kann ich (beim nächsten Mal) tun/ändern?«. Wir analysieren also nicht nur Schwierigkeiten, sondern ziehen neue Möglichkeiten in Betracht. Nach derart eingehender Reflexion gehen Lehrer besser vorbereitet in die nächsten vergleichbaren (und doch neuen) Situationen. Nicht ohne sich selbst ermutigt oder sich Ermutigung geholt zu haben – um sich auch seelisch zu stärken. Die nächste Situation wird dann wiederum reflektiert und die veränderte eigene Einstellung bzw. das eigene Handeln auf seine Wirksamkeit hin überprüft. Natürlich wird man die Reflexion nicht immer so systematisch durchführen können und wollen, weil oft die Zeit dafür fehlt. Es soll hier lediglich darum gehen, professionelle Selbstreflexion als Prinzip darzustellen. Wird nämlich ein solcher Prozess zur Gewohnheit, steht die schulische Arbeit auf einer verhältnismäßig sicheren Grundlage, denn selbst kurzfristig auftauchende Schwierigkeiten bringen den Lehrer nicht mehr so leicht aus dem Gleichgewicht.

Reflektieren wir Unterrichtssituationen so, wie gerade beschrieben, gelangen wir automatisch früher oder später an den Punkt, dass wir uns fragen müssen, was der Verlauf der Situation mit uns selbst zu tun hat. Manche Leute witzeln gern: »Da geht's dann ans Eingemachte.« Tatsächlich beeinflussen unsere Persönlichkeitsanteile (in der Individualpsychologie: Lebensstil) ganz entscheidend unseren Umgang mit Schülern, Kollegen und Eltern. Adler hat dies erkannt und mehrfach auf die damit verbundenen Probleme hingewiesen. Schließlich hat auch mancher Lehrer Persönlichkeitsanteile, mit denen er sich »selbst im Wege steht«, also sich und anderen Probleme bereitet. Es ist leider so: Probleme, die in der Persönlichkeit des Lehrers (Adler: im Lebensstil des Lehrers) verwurzelt sind, können schwierige Situationen noch schwieriger machen, wenn diese Anteile nicht aufgearbeitet werden. Umgekehrt erleichtert und optimiert das Aufarbeiten eigener Persönlichkeitsanteile (Adler: eigener Lebensstilanteile) die pädagogische Arbeit, besonders mit »schwierigen« Schülern. Wir können daher in jedem Fall von einem persönlichen Gewinn sprechen. Der Individualpsychologe Leonard Seif, ein enger Mitarbeiter Adlers, entwickelte 1930 Thesen und Konzepte zur »Selbsterziehung«, um dieser Thematik Rechnung zu tragen. Wir würden heutzutage eher von »Selbstanalyse« (einem Begriff aus der Psychoanalyse), »Selbstcoaching«, »Selbstregulierung« oder »Selbstmanagement« sprechen. Wenngleich der Begriff »Selbsterziehung« also weniger geläufig ist, hatte Seif von der Sache her eine Thematik erfasst, die heute aktueller ist denn je. Letztlich geht es darum, die berufliche Arbeit zu verbessern, und zwar über einen Weg mit »Tiefgang« statt mit allgemein üblichen Handreichungen und Ratschlägen.

Zweifellos gibt es verschiedene Möglichkeiten, seine berufliche Arbeit und sich selbst (seinen Lebensstil) zu überprüfen und hinzuzulernen. Filme und Bücher, insbesondere Autobiografien und Biografien, können als Modelle für die eigene Lebensführung oder für Problemlösungen dienen.

Selbstreflexion bedeutet nicht zuletzt »Arbeit an sich selbst«. Im Fernen Osten war es lange Zeit üblich (und ist es stellenweise noch heute), dass Menschen Prüfungen unterzogen wurden, um zu innerer Stärke und neuen Einsichten zu gelangen. Manches davon wirkt auf uns Menschen westlicher Kultur befremdend. Doch was uns hier interessieren sollte, ist die »Arbeit an sich selbst« als Intention und als durchaus unterschiedlich begehbarer Weg. Bei näherer Betrachtung erweisen sich manche Lehrgänge und Lektionen ostasiatischer Religionen als durchaus weise und nachahmenswert – wir würden lediglich weniger drastische Methoden wählen.

Ein schönes Beispiel dafür ist die in buddhistischen Zusammenhängen häufig vermittelte Lektion, dass Stolz als Eigenschaft überwunden werden muss. Dahinter steht die Erkenntnis, dass Stolz einem Menschen wenig nützt, sondern allenfalls dazu verleitet, sich selbst im Wege zu stehen. Denn nach buddhistischer Lehre führt Stolz zu unrealistischer Selbsteinschätzung und verstellt den Blick für Möglichkeiten. So ist die »Arbeit« am Stolz ein traditionelles Motiv, das sich in vielen überlieferten Geschichten aus buddhistischen und anderen asiatischen Kulturen finden lässt. Im tibetischen Buddhismus gibt es z. B. die Geschichte des jungen Mannes Milarepa. Sein Lehrer weist ihn so lange an, einen Turm zu bauen und zu zerstören, bis er zufrieden feststellt, dass sein Schüler völlig frei von Stolz und Arroganz ist (Lehrhaupt 2001, S. 150).

Individualpsychologen würden gegebenenfalls zunächst einmal »schauen«, warum der Stolz in der Vergangenheit einen nachvollziehbaren *Sinn* hatte. Es mag beispielsweise sein, dass jemand in einer Familienatmosphäre aufgewachsen ist, in der »Wetteifern«, »Überlegensein« oder »Stolz« zum Grundtenor gehörten. Es mag auch sein, dass jemand als Kind regelmäßig in seiner Würde verletzt und infrage gestellt wurde, sodass die Eigenschaft »Stolz« einer Kompensation gleichkam oder eine sinnvolle Lebensstrategie ergab. Auf Grundlage solcher gewonnenen Einsichten fiele es sicher leichter, seine Haltung *umzutrainieren,* als den beschriebenen ostasiatischen Weg zu gehen. Doch die Intention ist die gleiche: Persönlichkeitsanteile, die einem das Leben erschweren, werden nach Möglichkeit allmählich verlernt oder zumindest auf ein geringeres Maß eingeschränkt.

> *»Andere zu kennen bedeutet Weisheit,*
> *sich selbst zu kennen bedeutet Einsicht.*
> *Andere zu bezwingen erfordert Kraft,*
> *sich selbst zu bezwingen erfordert Stärke.«*
> (Lao Tse/Tao Te King, S. 33)

Vieles spricht dafür, Selbstreflexion zusammen mit einer anderen Person vorzunehmen. Wir Menschen neigen dazu, »blind« für die eigenen Seiten (Adler: für die eigenen Lebensstilmuster) zu sein, was nach Adler auf die *tendenziöse Apperzeption* (selektive Wahrnehmung) zurückzuführen ist. Insofern liegt es nahe, sich in einigen Zeitabständen Supervision geben zu lassen, also berufsbezogene Beratung. Das können Einzelberatungen sein, ebenso wie kollegiale Fallberatungen oder Supervisionsgruppen. Lehrern bietet Supervision eine besonders gute Möglichkeit, ihre Beziehung zu ihren Schülern und Kollegen zu reflektieren, zu verbessern und sich selbst weiterzuentwickeln. Wenn die Supervision tiefenpsychologisch fundiert ist, wird bei der Betrachtung von Verhaltensmustern und Gefühlen auch der Bezug zur eigenen Kindheit hergestellt.

Beratene Lehrer können lernen, mit den Worten Günter Heisterkamps, »das Handeln auf seine bewussten und unbewussten Ziele hin zu befragen, (…) auf Konsequenzen zu achten, (…) Gefühle und Handlungen als Gliedzüge umfassender Einheiten zu verstehen, (…) das Beziehungsgefüge (zu erfahren) (…), das sie mit (den Menschen in ihrem Berufsumfeld, d. Verf.) verbindet« (Heisterkamp 1980, S. 72). Darüber hinaus kann Supervision noch mehr leisten: In einer umfangreichen Folge von Lebensstil- oder Supervisionssitzungen besteht die Möglichkeit, die persönliche Familiengeschichte und die Zusammenhänge des eigenen Aufwachsens (im Hinblick auf die Beziehungsgefüge innerhalb der Familie) rückblickend zu *verstehen*. Auch andere bedeutsame, prägende Umstände und Ereignisse innerhalb der eigenen Biografie werden so zu einem Schlüssel des *Selbstverstehens*. Vor diesem sich erhellenden Hintergrund wird die eigene Persönlichkeit zunehmend durchleuchtet, »enträtselt« und erkannt. Auch dabei bleibt es nicht; eine gute Beratung hilft noch darüber hinaus: Bisher unbeschrittene Wege, die vorher nicht einmal in den Blick genommen wurden, erscheinen plötzlich als durchaus realistische neue Alternativen. Denn die Arbeit an der Vergangenheit und die daraus resultierenden Erkenntnisse ergeben immer auch einen Bezug zur Gegenwart. Anknüpfend an die angedeuteten Schwierigkeiten, die ein Mensch erlebt, wenn er »sich selbst im Wege steht«, lässt sich sagen: In der Supervision können in geeigneter (behutsamer) Weise Hemmschwellen und Blockaden aufgearbeitet werden, sodass einem Lehrer neue Handlungsweisen möglich werden. Statt sich selbst im Wege zu stehen, lernt er, »sich selbst an die Hand zu nehmen« und sich neu auszurichten.

Es gilt also, Verwicklungen und Verstrickungen zu erkennen, die wir nicht im Griff haben, weil wir zu tief mit eigenen Gefühlen und reflexartigem Verhalten einbezogen sind. Jürg Ruedi drückt es so aus: »Was trage *ich* in die heutige Situation hinein, mit *meinem* Rucksack aus der Kindheit?« (Ruedi 2009, S. 387). Besseres Verstehen leistet so einen Beitrag dazu, mit uns selbst »ins Reine« zu gelangen. Sobald wir beispielsweise imstande sind, zu erkennen, dass sich das störende Verhalten eines »schwierigen« Schülers gar nicht gegen uns persönlich richtet, sondern eine Übertragung ist, erleben wir die Situation als weniger belastend, denn ab dem Zeitpunkt interpretieren wir sie anders. »Erfolgreiche Selbsterkenntnis ebnet den Weg für die optimale Gestaltung der pädagogischen Interaktionen, damit diese nicht durch eigene biographische Erlebnisse bzw. Einengungen, Wiederholungszwänge oder subjektiv verzerrte Wahrnehmungen fehlgeleitet werden« (Ruedi 2009, S. 387).

Stellen wir uns als Beispiel einen Lehrer vor, der als Junge unter seinen Brüdern zu leiden hatte. Schon nach wenigen Jahren steht der Lehrer in dem Ruf, massive Probleme mit pubertierenden Jungs zu haben, wohingegen er die Mädchen »auffallend gut«, offenbar zu gut, zu benoten scheint. Nach zahlreichen eskalierenden Unterrichtssituationen bricht der Lehrer irgendwann unter den sich verschärfenden Konflikten zusammen. Zu diesem Zeitpunkt steht ihm die Hälfte seiner Klasse (alle Jungen) feindlich gesinnt gegenüber, manche der Schüler haben ihn ganz direkt bekämpft. Erst eine Analyse der Zusammenhänge seiner Kindheit hilft dem Lehrer, die Übertragungen und Gegenübertragungen zu erkennen, seiner Gefühle Herr zu werden und seine »schwirigen« Schüler als das wahrzunehmen, was sie sind – nur (männliche) Schüler.

Oft muss es tatsächlich erst zum Zusammenbruch beziehungsweise zur Krise kommen, bis ein Mensch sich selbst reflektiert und erkennt, dass seine bisherigen Sichtweisen und Problemlösungskonzepte durch neue ersetzt werden müssen. Ein Individualpsychologe würde es so ausdrücken: Irrtümer und ungünstige Lebensstilmuster sollten in Beratungen aufgedeckt werden, damit sie in diesem Rahmen professionell bearbeitet werden können.

Selbstverständlich nützt Supervision auch jenen Lehrern, die relativ wenige Schwierigkeiten erleben, weil Supervision grundsätzlich auch *prophylaktisch* ausgerichtet ist. Eine besondere Herausforderung stellt sich dabei in jedem Fall: Bei jeder Selbstreflexion wird der Verstehende zugleich Subjekt und Objekt seiner Untersuchung. Der Individualpsychologe Josef Rattner weist darauf hin, dass der Mensch im Gegensatz zu den Tieren eine Beziehung zu sich selbst haben kann. »Er ist dabei offenbar innerlich derart ›entzweit‹ oder ›aufgebrochen‹, dass der eine Teil mit dem anderen ins Gespräch kommen kann« (Rattner 1973, S. 49). Diese einmalige Gelegenheit, die in der Möglichkeit liegt, durch Selbstreflexion sich selbst näherzukommen, wird allerdings getrübt durch zahlreiche *Selbsttäuschungen*. Man kann sich das so vorstellen: Es läge zwar auf der Hand, sich einen Spiegel vorzuhalten, um sich darin selbst zu erkennen. In diesem Spiegel sähe der Mensch jedoch, allem Glauben zum Trotz, »nicht sein Ich, sondern nur die Summe seiner Selbsttäuschungen, durch die er zumeist nicht dringen konnte« (Rattner 1973, S. 53). Zu dieser Auffassung gelangen auch andere Autoren, unter anderem Dreikurs. Seinen Ausführungen zufolge ist jede Selbsteinschätzung schon dadurch eingeschränkt, dass dem Menschen die Möglichkeit fehlt, seine eigenen Gebärden und Handlungen beobachten zu können – was ihm dagegen bei einem anderen Menschen möglich ist (Dreikurs 1968, S. 365). In der Hauptsache aber, so erklärt Dreikurs, steht ihm seine Eitelkeit hindernd im Wege (Dreikurs 1968, S. 362). Rattner sieht andere Schwierigkeiten: Seiner Ansicht nach besteht die Gefahr einer »Selbstbespiegelung«, und zwar durch fehlende Umstellung beziehungsweise durch ein Steckenbleiben im reinen Erkenntnisprozess (Rattner 1977, S. 190).

Könnten Menschen nicht auch mit einem von der Wirklichkeit stark abweichenden Selbstbild (beziehungsweise Selbstverständnis) völlig zufrieden leben? Es ist gut möglich, dass wir Menschen den größten Teil unseres Lebens auf diese Weise mit uns *umgehen* – im doppelten Sinne des Wortes. Dies bestätigt zumindest die von den Individualpsychologen angenommene tendenziöse Apperzeption, die den Menschen ständig davor zu bewahren versucht, (auch) sich selbst in Zweifel zu ziehen. Sie wird daher von Robert Antoch als »tendenziöse Verschleierung« bezeichnet (Antoch 1981, S. 92). Allerdings dürfte es für einen Menschen nahezu unmöglich sein, für die Dauer seines Lebens nicht mit seinen Selbsttäuschungen in einen Konflikt zu geraten, besonders wenn diese massiv ausfallen. Nach Adler führt ein chronisches Verfechten des einmal gewonnenen Weltbildes und damit verbunden die zunehmende Einengung und Starrheit der Wahrnehmung in die Neurose. Elsa Andriessens macht darauf aufmerksam, dass es »auch ohne echte Neurose in besonderen Belastungen zu solch neurotischer Einengung kommen« kann (Andriessens 1982, S. 272). Wenn ein Mensch es also mehrfach umgeht, sein Selbstverständnis einmal zu überprüfen, ist die unausweichliche Folge eine zunehmende Einengung seiner Wahrnehmung. Nach Adler entspricht dies *Sicherungstendenzen* (Adler zit. n. Ansbacher/Ansbacher 1982, S. 82ff). Gemeint sind Tendenzen, sich das eigene *Selbstbild* sichern – zugunsten seines (irregeleiteten) *Selbstwertgefühls*.

Weiterhin wirken sich Selbsttäuschungen »als gewaltiges Kommunikationshindernis« aus (Rattner 1977, S. 92). Wer im Gespräch fortwährend darauf bedacht ist, sein Selbst- und Fremdbild nicht korrigieren zu müssen, kann nur bedingt ein offener Gesprächspartner für andere sein. Hinzu kommt ein anderer Aspekt, auf den Rattner aufmerksam machen möchte: Seiner Ansicht nach ist ein Mensch, der sich selbst nicht verstehen kann, auch nur bedingt verständigungsfähig (Rattner 1977, S. 43). »Wenn die Kommunikation des Menschen mit seinen Mitmenschen gestört ist, ist auch seine Kommunikation mit sich selbst behindert (und umgekehrt). Daraus folgt fehlende Ich-Identität und Selbstentfremdung« (Rattner 1977, S. 94). In der Beratungspraxis kann folgendes Phänomen oft beobachtet werden: Je weniger jemand sich selbst versteht, desto größer ist seine Schwierigkeit, sein Unverständnis zu vermitteln. Mitunter entsteht an solchen Stellen eine regelrechte Sprachlosigkeit.

Einen positiven Einschnitt bietet dagegen die Krise. Obwohl sie meist negativ erlebt wird, ist sie nicht unbedingt zum Schaden des Menschen, vielmehr stellt sie eine Chance für seine Entwicklung dar (Bollnow 1970, S. 98). Im Falle einer Krise häufen sich solche (Wirklichkeits-)Erlebnisse, die es einem Menschen nicht mehr gestatten, das bisherige Selbstverständnis aufrechtzuerhalten. Die Krise zwingt also den Menschen zu einer Revision seiner bisherigen Anschauungen. Dagegen wirkt sich »das starre Festhalten an der nicht mehr haltbaren Ansicht, also der Eigensinn, der sich gegen die bessere Einsicht verschließt, die Versteifung in der Subjektivität« für den Betreffenden verheerend aus (Bollnow 1970, S. 99).

Um sich auf eine tiefere Selbsterkenntnis einzulassen, sind gerade jene Zweifel und Erkenntnisse förderlich, die die Grundlagen des in der Kindheit gewonnenen Weltbildes betreffen und daher besonders schmerzlich für den betreffenden Menschen sind. Erst Erkenntnisse dieser Art sind nach Bollnow »echte« Erkenntnisse (Bollnow 1970, S. 99ff.). In ähnlichem Sinne argumentiert Rattner: »Nur wenn der Persönlichkeitskern eines Menschen angesprochen wird – seine Gefühle, seine Motivationen und seine unbewussten Einstellungen und Haltungen – …« kann eine Neuorientierung erfolgen (Rattner 1973, S. 70).

Die nicht selten aus Schwierigkeiten resultierende Selbstkritik ist zwar eine an sich willkommene Haltung, jedoch – ebenso wie das bis dahin aufrechterhaltene Welt- und Selbstbild – wiederum eigenen Täuschungen ausgeliefert. So gesehen spielt uns also auch die an sich begrüßenswerte Bereitschaft zu Selbstkritik einen Streich. Selbstkritik kann sogar besonders täuschend sein: Der Mensch revidiert immerhin sein vorheriges Selbstverständnis und wähnt sich von da an in dem Glauben, sich (und andere) besser zu verstehen. Möglicherweise stellt er daraufhin seine kritische Selbstreflexion wieder ein, statt weiter »hinzuschauen«. Kritische Eigenbetrachtung führt demnach nicht mit Sicherheit zu Selbsterkenntnis und tieferem Verstehen.

Mit der Hinzunahme eines Gesprächspartners steigt erfreulicherweise die Wahrscheinlichkeit, Erlebnisse objektiver betrachten und einschätzen zu können. Vorausgesetzt, der Gesprächspartner möchte einem nicht schmeicheln oder es einem bequem machen, indem er das bestehende Selbstbild lediglich bestätigt.

Wie viel kann also ein (kompetenter) Gesprächspartner zum Verstehen beitragen, wenn der Mensch allein nicht weiterkommt? Zunächst einmal erhält das Unverstandene in einer dialogischen Betrachtung einen anderen Stellenwert als in monologischer Betrachtung, denn es wird zum Gesprächsgegenstand gemacht. Natürlich erfordert der Schritt zum Dialog auch ein wenig Mut. Dafür wirkt es sich erleichternd aus, wenn »Seelisches auf die Ebene der Mitteilbarkeit gehoben« wird, wie es die Autoren Ringel/Brandl (1977, S. 116) bildhaft ausdrücken. Im Dialog wird vieles greifbarer. Gedanken und Gefühle müssen in einer Weise strukturiert und geordnet werden, dass sie artikuliert werden können. Indem ein Mensch sein Problem artikuliert, wird ihm manchmal überhaupt erst bewusst, was ihn belastet. Schließlich kann der Gesprächspartner das Problem zusammenfassend formulieren, indem er das (von ihm vermutete) Wesentliche anhand vorangegangener Schilderungen herausarbeitet. Mitunter trifft der Gesprächspartner dann genau den Kern des Problems, sodass der Ratsuchende sein eigenes Problem in der Formulierung des Gesprächspartners (wieder)erkennt. So gesehen ist Sprache verbindend, sie ist »der Boden der Intersubjektivität« (Habermas 1968, S. 198). Dies festzuhalten ist mir wichtig, weil – wie bereits ausgeführt – ein Mensch, der sich selbst nicht verstehen kann, nur bedingt verständigungsfähig ist und sich somit wie isoliert von seinen Mitmenschen empfinden muss. In diesem Sinne wirkt sich schon der Dialog an sich positiv aus, sofern er nicht an der Oberfläche bleibt.

Vieles dreht sich also um Verstehen und Selbstverstehen. Die Individualpsychologie wird nicht nur als eine »Psychologie des Verstehens« bezeichnet, sondern auch als eine »dialogische Psychologie« (Sperber 1982, S. 19). Daher impliziert jede Beratung oder Supervision bereits im Voraus die Aufgabe, einen guten Dialog herzustellen. Jeder Dialog stellt eine Übung dar, sich auf einen anderen Menschen einzulassen und darüber hinaus auf einen gemeinsamen Verstehensprozess, dessen Ausgang von beiden Gesprächspartnern beeinflusst wird. Schon Sokrates betrachtete die Dialogführung als eine große Kunst. Doch bleiben wir in erster Linie bei den Erkenntnissen Adlers: *Jedes Verstehen zwischen Menschen wirkt sich kommunikationsfördernd und im individualpsychologischen Sinne ermutigend aus.*

Kann der Mensch denn auch ohne die Hilfe eines Außenstehenden aus seinem »Zirkel der Befangenheit«, wie Rattner (1973, S. 54) es nennt, heraustreten? Diese Frage möchte ich offenlassen. Mir ist die Feststellung wichtiger, dass ein »Außenstehender« in diesem Kontext jemand ist, der außerhalb des eigenen Lebensstils steht. Schon diese Voraussetzung bringt die Chance mit sich, die eigene subjektiv eingefärbte Wahrnehmung einmal *anders* zu sehen beziehungsweise zu verstehen. Die Sicherheit, dass man von seinem Gesprächspartner »richtig« verstanden wird, gibt es ohnehin nicht. Entscheidend ist, ob ein Ratsuchender mit dem neu/anders gewonnenen Verständnis in irgendeiner Form etwas anfangen kann.

Für die Selbstreflexion ist also von Bedeutung: In einer dialogisch durchgeführten Selbstreflexion »erkennen/sehen vier Augen mehr als zwei«. Den komplexen und vielschichtigen Verlauf von Supervisionen hier zu erläutern würde den Rahmen des Buches sprengen, selbst wenn ich mich auf wenige exemplarische Darstellungen beschränken würde.

Da jede Beratung, die individualpsychologischen Prinzipien folgt, neben dem Reflexionsprozess die *Ermutigung* des Ratsuchenden zum Ziel hat, soll auch darauf näher eingegangen werden. Ermutigung in Beratungsgesprächen bedeutet unter anderem, dem Ratsuchenden (Lehrer) seine Stärken und Fortschritte zu verdeutlichen und ihm zu vermitteln, dass er die von ihm thematisierten Schwierigkeiten bewältigen wird. Ermutigung beinhaltet auch, kontinuierlich (mitunter akribisch) das Positive herauszuarbeiten – egal, ob es sich beispielsweise um ein persönliches Lebensstilmuster oder eine erlebte Situation handelt. Beide Gesprächspartner üben sich auf diese Art darin, Ermutigendes im Alltag beziehungsweise im Leben stärker wahrzunehmen und zuversichtlich zu bleiben. Elsa Andriessens empfiehlt eine »Analyse der Erfolge«. Sie »ist immer wieder wichtig als Ermutigung zum stetigen Weiterüben in der begonnenen neuen Richtung. Denn allzu leicht bleiben wir alle bei Misserfolgen hängen, die uns entmutigen, und zwar beide, Ratsuchende und Helfer« (Andriessens 1982, S. 274). Dem beratenen Lehrer muss mitunter erst gezeigt werden, was er selbst dazu beigetragen hat, dass ihm etwas gelungen ist.

Ich selbst hatte, nachdem ich eine sehr schwierige Klasse übernommen hatte, monatelang in einem Tagebuch aufgelistet, was gut geklappt hatte oder wo eine positive Entwicklung zu erkennen war. Das baute mich jedes Mal wieder auf und half mir, eine optimistische Sichtweise beizubehalten. Außerdem erkannte ich oft, dass viel mehr Positives abgelaufen war, als es meinem unmittelbaren Eindruck entsprochen hatte. Diese Form der Selbstermutigung lässt sich natürlich auch mit einem Gesprächspartner durchführen. Besonders sinnvoll ist das, wenn man dazu neigt, in erster Linie das Negative zu sehen.

Wie jede Hilfe kann auch Supervision natürlich nur so viel sein, wie der beratene Lehrer aus ihr macht – auf seinen Mut, seine Bereitschaft, sich zu verstehen und gegebenenfalls zu verändern, kommt es in hohem Maße an. Gelingen aber das Selbstverstehen und damit verbundene Umstellungen, ergeben sich daraus entscheidende Vorteile und Verbesserungen für die Lehrertätigkeit.

Supervision (Individualpsychologische) verhilft einem Lehrer zu einer positiven Selbsteinschätzung – aufgrund der ermutigenden Anteile der Beratung. Ein Lehrer vermag daraus die Kraft zu ziehen, den Anforderungen seines Berufes besser standhalten zu können. Und auf sein Leben bezogen lernt er, wertschätzend mit sich selbst umzugehen und den Mut zur Unvollkommenheit zu entwickeln, sprich: *sich selbst ein guter Freund zu sein*. Ein ermutigter Lehrer ist außerdem in der Lage, seine optimistische Einstellung auf Schüler und Kollegen zu übertragen. Solange ein Lehrer noch damit beschäftigt ist, sein Selbstwertgefühl vor verunsichernden Einsichten und Situationen zu schützen, kann er weder offen für seine Kollegen sein noch seine volle pädagogische Kompetenz entfalten.

Aufgrund der vielen Menschen, die in einer Schule zusammen arbeiten und lernen, erfordert die Lehrertätigkeit zahlreiche Verständigungsbemühungen. Gerhard Brandl vertritt die Auffassung, dass ein Problem meistens »nicht im ›Ratlossein‹ dieser oder jener Aufgabe gegenüber (liegt), sondern in der antikommunikativen Gesamthaltung« (1980, S. 110). Wer sich selbst (besser) versteht, wird dazu befähigt, sich mit seinen Mitmenschen gezielter zu verständigen. Nach Adler ist ein Mensch durch geringere »Ichbezogenheit« auch motivierter, sich verständigen zu wollen.

Zwei kurze Beispiele sollen die letzten Thesen veranschaulichen helfen:

In einer Beratung/Supervision wird die (zunächst unbewusste) Einstellung eines Lehrers aufgedeckt, er könne nur durch Machtausübung in der Schule anerkannt werden. In den Folgeberatungen kommt bei diesem Lehrer ein tieferes Selbstverstehen zustande. Anschließend erlebt er viele für ihn typische Situationen ganz neu. Der Lehrer steht diesen Situationen offener gegenüber und erkennt das eine oder andere Mal, dass seine bisherige Einstellung (auch) spontaneres Verhalten immer verhindert hat.

In einem weiteren Beispiel folgt hier ein Lehrer, der unter anderem das Lebensstilmerkmal hat, ständig alles planen und kontrollieren zu wollen. Durch die Beratung/Supervision wird ihm klar, dass dieses Lebensstilmuster zwar einerseits nützlich für ihn ist. Andererseits ist er jedoch schon länger dazu übergegangen, auch die Arbeit seiner Kollegen und Schüler zu kontrollieren. Schließlich wird für ihn nachvollziehbar, warum es einige Menschen immer stärker vermieden haben, mit ihm zusammenzuarbeiten, und ihm aus dem Weg gegangen sind.

Ich hatte im Kapitel »Abschied vom Perfektionismus« über die Entwicklung grundsätzlicher Zuversicht geschrieben und möchte dies hier wieder aufgreifen. Denn grundsätzliche Zuversicht bedarf einer weiteren Grundlage: Sie basiert auf der Fähigkeit, im Rückblick eigene Erfolge und Stärken wahrnehmen zu können. Darauf aufbauend wächst das Selbstvertrauen, sich bei neuen Schwierigkeiten auf seine Stärken verlassen zu können. Oft erkennen wir rückblickend, dass wir uns viel öfter selbst helfen konnten, als wir vorher glaubten, dass wir (in der Not) immer wieder erfinderisch waren, dass wir uns auf unsere Intuition verlassen konnten, dass wir Flexibilität bewiesen haben, dass wir uns auf unsere starken Nerven verlassen konnten, oder dass wir in der Lage waren, uns Hilfe oder Rat zu holen. Solche Einsichten stärken uns für zukünftige Situationen.

Vom Rückblick zum Ausblick: Es geht immer auch um die Erweiterung unserer Fähigkeiten. Es ist wissenschaftlich nachgewiesen, dass der Mensch selbst im hohen Alter aus seinen Erfahrungen lernen und seine Einstellungen revidieren kann. Nach der Auffassung von Manès Sperber (1978, S. 233) ist das sogar notwendig, da »in Zeiten wie den unseren, in denen Veränderungen in einem unwahrscheinlich beschleunigten Tempo erfolgen«, auch an den Einzelnen der Anspruch gestellt wird, sich fortgesetzt zu verändern (Sperber 1978, S. 234). Im Sinne Sperbers soll der Mensch vom Zeitpunkt der Beratung an zum Kritiker seiner Selbsterziehung werden (Sperber 1978, S. 233). Allerdings, so argumentiert Rattner, »(geht) die Fähigkeit zur Selbstreflexion von der Selbsterkenntnis aus« und kann erst dann diesen Lernprozess »lebenslänglich vervollständigen« (Rattner 1977, S. 184).

Letztlich geht es hier um Lernprozesse für Lehrer, die im Bereich Schule zunehmend häufiger für notwendig erachtet werden. Nicht nur in der Hamburger Lehrerfortbildung werden Kurse und Austauschgruppen mit Anteilen von Selbstreflexion eingerichtet, um die Professionalität der Lehrertätigkeit zu gewährleisten und zu steigern. Das ist höchst sinnvoll, andererseits möchten wir Lehrer nicht nur »für den Beruf« leben. Insofern ist es ein positiver Nebeneffekt, dass Lernprozesse dieser Art besonders jenen Lehrern zugute kommen, die ihr Leben bewusst gestalten und verändern wollen (sinngemäß bei Ruedi 2009, S. 376). Die Persönlichkeitsentwicklung wird also neben der beruflichen Entwicklung in gleichem Maße gefördert – wie könnte es auch anders sein?

Ich fasse zusammen: Ein jeder von uns sollte seine berufliche Praxis kontinuierlich infrage stellen, korrigieren und sich Beratung geben lassen, wann immer er unbewusste Blockaden oder irrtümliche Sichtweisen vermutet. Als Motto ausgedrückt: *Hinschauen, um sich weiterzuentwickeln.* Doch für so viel (mutige) Selbstreflexion benötigen wir zugleich Wertschätzung und Ermutigung – ermutigte Menschen sind am ehesten bereit, sich selbst kritisch zu betrachten und an sich zu arbeiten. Wertschätzung und Ermutigung erhalten wir in Beratungen und Supervisionen, die sich an den Konzepten der Individualpsychologie orientieren. Es wäre schön, wenn »Wertschätzung« und »Ermutigung« als Begriffe auch in die Leitbilder von Schulen einfließen und umgesetzt würden.

Danksagung

Mein besonderer Dank gilt:
Manuela Gärtner, die mich in meiner individualpsychologischen Tätigkeit immer wieder bestärkte und die erste Arbeitsfassung dieses Buches las, Iris Wedekind für ihre vielen Ermutigungen und Korrekturvorschläge zum frühen Manuskript, Lore Albers, Psychotherapeutin und Psychoanalytikerin, die mich bei der Thematik »Übertragung« fachlich beriet, meiner individualpsychologischen Lehrberaterin Beate Nielsen, die mir in vieler Hinsicht zum Vorbild wurde, und all meinen Schülern, die sich vertrauensvoll auf die Arbeit mit mir einließen.

Literatur

Adler, A. (1973): Individualpsychologie in der Schule. Frankfurt: Fischer.
Andriessens, E. (1982): Beispiel eines Beratungsverlaufs. In: Schmidt, R. (Hrsg.): Die Individualpsychologie Alfred Adlers. Ein Lehrbuch. Stuttgart: Kohlhammer, S. 267–278.
Ansbacher, H. L./Ansbacher, R. (1982): Alfred Adlers Individualpsychologie. München: Reinhardt.
Antoch, R. F. (1981): Von der Kommunikation zur Kooperation. München; Reinhardt.
Becker, P. (1985): Sinnfindung als zentrale Komponente seelischer Gesundheit. In: Längle, A. (Hrsg.): Wege zum Sinn. München: Piper, S. 186–207.
Bollnow, O. F. (1970): Philosophie der Erkenntnis. Das Vorverständnis und die Erfahrung des Neuen. Stuttgart: Kohlhammer.
Brandl, G. (1980): Sich miteinander verständigen lernen. München.
Dinkmeyer, D./Dreikurs, R. (^{5}1980): Ermutigung als Lernhilfe. Stuttgart: Klett.
Dreikurs, R. (1968): Zur Frage der Selbsterkenntnis. In: Intern. Zeitschrift für Individualpsychologie. 8. Jahrgang 1930. Amsterdam.
Dreikurs, R./Grunwald, B.B./Pepper, F.C. (2007): Lehrer und Schüler lösen Disziplinprobleme. Weinheim und Basel: Beltz.
Dreikurs, R. (^{11}2003): Psychologie im Klassenzimmer. Stuttgart: Klett.
Dreikurs, R./Grunwald, B. B./Pepper, F. C. (^{8}1995): Lehrer und Schüler lösen Disziplinprobleme. Herausgegeben von H. J. Tymister. Weinheim und Basel: Beltz.
Dreikurs, R./Soltz, V. (1971): Kinder fordern uns heraus. Stuttgart: Klett.
Eco, U. (^{6}1988): Einführung in die Semiotik. München: Fink.
Egler, R. (1994): Das LOLA-Prinzip. Oetwil an der Limmot: Editions d'Ott.
Estés, C. P. (1997): Die Wolfsfrau. Die Kraft der weiblichen Urinstinkte. München: Heyne.
Freud, S. (1924): Vorlesungen zur Einführung in die Psychoanalyse. Wien/Leipzig/Zürich: Internationaler Psychoanalytischer Verlag.
Gaschke, S. (^{4}2001): Die Erziehungskatastrophe. Kinder brauchen starke Eltern. Stuttgart/München: Deutsche Verlags-Anstalt.
Grabbe-Letschert, B. (2009): Schwierige Gespräche mit Eltern (unveröffentlichtes Manuskript für eine Fortbildung in Hamburg).
Habermas, J. (1968): Erkenntnis und Interesse. Frankfurt: Suhrkamp.
Heinert, K. (Hrsg.) (1979): Einstellungsänderung und Systemgeschehen. In: Heinert, K. (Hrsg.): Einstellungs- und Verhaltensänderung. München: Reinhardt.
Heisterkamp, G. (1980): Grundzüge der Therapie und Beratung. In: Zeitschrift für Individualpsychologie 1980/5, S. 65 ff. München/Basel, S. 65 ff.
Hosseini, K. (^{31}2008): Drachenläufer. Berlin: Berliner Taschenbuch.
Ikeda, D. (1984): Persönlichkeit und Erziehung (Essay). Darmstadt: Soka Gakkai International – Deutschland e.V.
Imhasly, B./Marfurt, B./Portman, P. (1979): Konzepte der Linguistik. Wiesbaden: Athenaion.
International Study Group Newsletter (1985): Denkschrift von deinem Kind (übersetzt von Erik Blumenthal). In: Grundschule 7/8, Braunschweig, S. 49.
Johnson, D. W./Matross, R. P. (1977): Methoden der Einstellungsänderung. In: Kanfer, F. (Hrsg.): Möglichkeiten der Verhaltensänderung. München: Urban & Schwarzenberg.
Jung, C. G. (1995): Symbole der Wandlung. Düsseldorf: Walter.
Könnecke, O. (2004): Anton und die Mädchen. München/Wien: Carl Hanser.

Lao Tse (^{3}1996): Tao Te King. München: Diederichs.
Lazarsfeld, S. (1926): Mut zur Unvollkommenheit. In: Neumann, J. (Hrsg.): Du und der Alltag. Eine Psychologie des täglichen Lebens. Berlin: Martin Warneck, S. 237–242.
Lehrhaupt, L. (2001): Stille in Bewegung – Tai Chi und Qi Gong. Berlin: Theseus.
Lessing, D. (1988): Das fünfte Kind. Hamburg: Hoffmann und Campe.
Miller, A. (1980): Am Anfang war Erziehung. Frankfurt am Main: Suhrkamp.
Millman, D./Bruce, T. T. (^{4}2001): Das Geheimnis des friedlichen Kriegers. Ascheberg-Herbern/Nördlingen: Falk.
Myong, K. (1994): Shinson Hapkido. Bewegung für das Leben. Hainburg/Darmstadt: AW Offset-Druck Hainburg.
Nadolny S. (1983): Die Entdeckung der Langsamkeit. München: Piper.
Nikelly, A. G./Dinkmeyer, D. (Hrsg.) (1978): Neurose ist eine Fiktion. München.
Peck, S. (1978): The Road less Travelled: A new Psychology of Love, Traditional Values and Spiritual Growth (dt.: Der wunderbare Weg). New York: Simon & Schuster.
Rattner, J. (^{2}1973): Selbsterkenntnis und Menschenkenntnis. München: Kindler.
Rattner, J. (1977): Verstehende Tiefenpsychologie. Berlin: Verlag für Tiefenpsychologie Bern/Stuttgart/Wien.
Ringel, E./Brandl, G. (1977): Situationsbewältigung durch Fragen. Das dialogische Prinzip im Lernprozess. Wien: Herder.
Ruedi, J. (1988): Die Bedeutung Alfred Adlers für die Pädagogik. Bern & Stuttgart: Paul Haupt.
Ruedi, J. (2009): »Selbsterziehung« – ein aktuelles Konzept der Individualpsychologie? In: Zeitschrift für Individualpsychologie. 34. Jahrg., 4/2009, S. 374–390.
Schoenaker, T. (1997): Mut tut gut. Das Encouraging-Training. Sinntal: RDI-Verlag.
Sperber, M. (1978): Individuum und Gemeinschaft. Stuttgart.
Sperber, M. (1982): Die zwischenmenschliche Beziehung im therapeutischen Prozess. In: Schmidt, R. (Hrsg.): Die Individualpsychologie Alfred Adlers: Ein Lehrbuch. Stuttgart: Kohlhammer.
Stegmüller, W. (1974): Teleologie, Funktionsanalyse und Selbstregulation. In: (ders.) Wissenschaftliche Erklärung und Begründung, Bd. 1, S. 526 ff. Berlin/Heidelberg.
Thadeusz, F. (2008): Magie des Augenblicks. In: Der Spiegel, Heft 34/2008.
Tymister, H. J. (1982): Erwachsenenbildung. In: Schmidt, R. (Hrsg.): Die Individualpsychologie Alfred Adlers: Ein Lehrbuch. Stuttgart: Kohlhammer, S. 220–230.
Tymister, H. J./Wöhler, H. (1989): Ermutigung. In: Dreikurs Ferguson, E. (Hrsg.): Equality and social interest. A book of Lectures from 1988 ICASSI in Greece. Edwardsville, Illinois. S. 58–73.
Watzlawick, P. (^{6}2006): Anleitung zum Unglücklichsein. München: Piper.
Watzlawick, P./Beavin, J. H./Jackson, D. D. (^{7}1985): Menschliche Kommunikation. Formen, Störungen, Paradoxien. Bern/Stuttgart/Wien: Huber.
Wilhelm, R. (1984): I-Ging. Köln: Diederichs.
Winterhoff, M. (2008): Warum unsere Kinder Tyrannen werden. Gütersloh: Gütersloher Verlagshaus.